天津市哲学社会科学规划项目"以青少年排球运动开展打造天津'排球之城''运动之都'路径研究"（项目编号 TJTY22-008）资助

# 天津市青少年排球运动发展研究

## ——开展打造天津"排球之城""运动之都"路径

李娟　张明　著

U0362412

南开大学出版社

NANKAI UNIVERSITY PRESS

天　津

**图书在版编目(CIP)数据**

天津市青少年排球运动发展研究：开展打造天津"排球之城""运动之都"路径 / 李娟，张明著.
天津：南开大学出版社，2025.2. — ISBN 978-7-310-06624-7

Ⅰ. G842.2

中国国家版本馆 CIP 数据核字第 2024LP3587 号

## 版权所有　侵权必究

天津市青少年排球运动发展研究
——开展打造天津"排球之城""运动之都"路径
TIANJINSHI QINGSHAONIAN PAIQIU YUNDONG FAZHAN YANJIU
——KAIZHAN DAZAO TIANJIN"PAIQIU ZHI CHENG""YUNDONG ZHI DU"LUJING

南开大学出版社出版发行
出版人：刘文华
地址：天津市南开区卫津路 94 号　　邮政编码：300071
营销部电话：(022)23508339　营销部传真：(022)23508542
https://nkup.nankai.edu.cn

天津创先河普业印刷有限公司印刷　全国各地新华书店经销
2025 年 2 月第 1 版　　2025 年 2 月第 1 次印刷
230×170 毫米　16 开本　13.5 印张　211 千字
定价：68.00 元

如遇图书印装质量问题，请与本社营销部联系调换，电话：(022)23508339

# 目 录

# 引　言

为全面贯彻党的二十大精神，推进天津市体育建设，实现体育强市的目标，依据《体育强国建设纲要》和《天津市国民经济和社会发展第十四个五年计划和二〇三五年远景目标纲要》，天津市政府发布了《天津市"运动之都"建设行动方案》。依据天津市目前的运动项目开展情况，对"运动之都"的建设提出了总体要求，并对下一步的重点任务进行了布置。任务指出，天津市"运动之都"的打造首先要强化竞技体育的引领作用，在竞技体育的带领下构建高品质的公共体育服务体系，将全民健身与竞技体育完美融合并相互促进，加强体育文化建设，推动体育产业的创业发展。

文化在社会发展的过程中占有很重要的位置，像一面旗帜指引着社会发展的方向，当今国际竞争激烈，更加突显出文化软实力对于国家及民族的重要性，只有具备较强的文化软实力，才能够站在文化发展的前沿，在国际竞争中获得主动权。针对体育文化软实力的提升，国家体育总局在2015年提出要充分挖掘体育文化的内涵，强化以文化发展为核心的体育文化建设，推动我国由体育大国向体育强国迈进。党的十八届三中全会中提出要增强国家文化软实力，坚持社会主义先进文化前进方向，坚持中国特色文化发展道路。党的十九大报告强调，文化自信是一个国家、一个民族发展中更基本、更深沉、更持久的力量。党的二十大报告提出要推进文化自信自强，铸就社会主义文化新辉煌。在建设体育强国的过程中，体育文化建设扮演着非常重要的角色，它的标志就是中华体育精神。中华体育精神激励着一代又一代运动员为了国家的荣誉在赛场上努力拼搏，也是代代体育人爱国爱党、团结奋进的精神动力。

国务院在2019年印发《国务院办公厅关于印发体育强国建设纲要的通知》，提出全面发展排球、足球、篮球运动，积极探索我国"三大球"运动的发展道路，构建政府主导、部门协同、社会力量积极参与的"三大球"

训练、竞赛以及后备人才培养体系。因此要提高我国排球队员的竞技能力水平，就应对我国排球项目的文化进行深入挖掘，以提高人们对排球运动的认知度及参与度。习近平总书记在会见中国女排时强调，中国女排在第十三届女排世界杯中获得了11连胜，为祖国赢得了荣誉，提高了人们对排球运动的认知度及参与排球运动的愿望，国人对中国女排的喜爱，不仅仅因为中国女排在比赛中取得了傲人的成绩，还因为女排运动员所展现的祖国至上、团结协作、顽强拼搏、永不言败的精神面貌。全面建设社会主义现代化强国，需要在各方面都强起来。实现体育强国目标，要大力弘扬新时代的女排精神，把体育健身同人民健康结合起来，把弘扬中华体育精神同坚定文化自信结合起来，坚持举国体制和市场机制相结合，不忘初心，持之以恒，努力开创新时代我国体育事业新局面。天津是我国篮球的发源地、排球的中流砥柱，是排球的发展，对建设美丽天津和体育建设都有着至关重要的作用。

2021年8月，《天津市加快推进"排球之城"建设实施方案（2021—2030年）》发布，其目的是将天津打造成"排球之城、运动之都"。该方案以习近平新时代中国特色社会主义思想为指导，坚持以人民为中心的发展思想，大力弘扬"祖国至上、团结协作、顽强拼搏、永不言败"的新时代女排精神，深入实施全民健身国家战略，筑牢天津市排球运动发展的制度基础、人才基础、设施基础、社会基础，持续提升排球发展的质量和效益，将排球运动打造成为天津城市发展的特色和品牌，为建设体育强市和健康天津奠定坚实基础。该方案规划在2030年以前将天津市打造成具有特色的"排球之城""运动之都"。

"三大球"是世界各国竞技体育关注的重点。目前"三大球"中只有中国女子排球在国际比赛中取得了优异的成绩，篮球和足球的成绩尚不尽如人意，由此可见，排球是现阶段中国体育的重要力量所在。查阅排球运动在国内的发展我们能够了解到，排球运动传入中国已经有一百多年的历史。旧中国由于国内局势动荡，国民对排球运动的关注度较低，新中国成立后，中国的竞技体育事业飞速发展。中国女排在1986年实现了"五连冠"的骄人成绩，这也标志着中国"三大球"中终于有一个项目达到国际领先水平，对于中国的"三大球"竞技具有历史性的意义。虽然之后的十多年，中国女排在世界大赛中的表现出现了下滑，但是中国女排的对于排球运动成绩的不懈追求从未间断，一直到 2004 年中国女排在奥运会中再次夺得冠军，说明女排精神一直都在，而且能够再创辉煌。

天津女子排球队于 1956 年正式成立，曾 5 次获得亚洲杯冠军，7 次获得全国排球联赛冠军，为国家队输送了大批人才，在国内女子排球中具有不可撼动的地位。经过近 70 年的发展，排球运动已经成为天津市体育文化重要组成部分，在排球文化的带领下，天津竞技体育产业得到了较好的发展，市级竞技俱乐部、国家级竞技俱乐部在天津成立，反映出天津体育竞技的成长壮大。随着《天津市排球之城建设实施意见（征求意见稿）》的发布，天津排球迎来了快速发展的机遇，本书将对天津市排球的发展历程、发展特征、文化底蕴等进行重点分析，并结合国内外的优秀案例，归纳总结打造天津"排球之城"的实施方案，为天津排球事业的发展贡献绵薄之力。

排球是我国人民十分热爱的运动项目之一，自中国女排在国际比赛中取得优异成绩后，便掀起了一阵排球热潮，群众对排球运动的认知度、关注度以及参与度有了明显提升。培养后备人才是推动我国排球事业持续发展的重要举措。然而体育人才培养并非一朝一夕能够实现，而是要经过长时间的淬炼，经过不断的训练累积更多的经验。培养的过程是一个复杂的过程。"三年成形，五年成器，八年成才"，这样的俗语在排球界广泛流传，可见，一名后备人才至少需要经历 8 年的成长期，在此期间需要进行各种训练、学习，面临各种压力。如果在人才培养过程中出现了空窗期，就会对排球事业的可持续发展带来较为严重的影响。青少年队员无论从年龄上、吸收能力上还是各种潜力上，都处于竞技体育后备人才培养的关键时期，要想提高后备人才的质量，就要抓住青少年训练的黄金时期，结合青少年生长及运动的特点，制定针对性的训练方案，才能够深入挖掘青少年的潜力。

要想进一步推动天津排球的长远发展，提升天津排球运动的质量与效益，就必须要打造独特的天津排球发展道路，充分地发挥排球运动在天津城市体育发展的推动作用。基于此，本书以天津排球运动为切入点，在搜集相关文献的基础上对天津排球运动进行全面的理论分析，从排球运动的背景、发展历程及推广现状，分析天津排球运动的发展趋势；结合青少年发育特点及与排球运动的关联性、排球运动的特点及功能，找出天津排球运动发展存在的问题，提出改善策略；对天津排球运动的精神文化进行分析，找出推动天津排球运动进一步发展的路径，为今后排球运动的训练与教学、提升天津排球运动的竞技能力水平以及稳在国际地位提供参考。

排球运动在自进入我国至今已有近一百多年的历史，得到了迅速的发展，是我国"三大球"中最先走在世界前列的运动项目。中国女排在 1981年—1986 年获得了"五连冠"的傲人成绩，受到广大群众的关注与追捧，掀起了排球的热潮，祖国至上、团结协作、顽强拼搏、永不言败的女排精神，成为我国体育精神的重要组成部分，同时也成为一种体育信仰。《体育强国建设纲要》的发布进一步推动我国"三大球"的发展，很大程度上提高了人们对排球运动的参与度，促使排球运动的蓬勃发展。习近平总书记指出，文化自信是国家、一个民族发展中最为基本、最深沉和最持久的力量。从文化的角度看，排球运动是文化的一部分，深入分析天津排球文化，深入挖掘天津文化特色，形成强大的文化凝聚力，让天津文化的内容丰富及延伸，为体育强市提供精神保障，对天津市竞技体育的发展有着非常重要的推动作用，也有利于提高社会经济的发展水平，增加天津排球产业的竞争力。对天津排球运动进行全面系统的研究和分析，是推动天津排球运动进一步发展的内在需求。本书将深入探索天津排球运动的发展规律，对天津排球运动发展历程进行总结和回复，以提高对天津排球运动的认知度及参与度，深入探究天津排球运动发展的影响因素，了解天津排球运动内部的各种关系，对"排球之城"提出具体的设想，助力"排球之城"的建设，进而推动我国体育事业良性发展。

在竞技体育发展历程的研究中，夏静等人在《我国竞技体育竞赛体制改革的发展历程、模式优化及前瞻思考》中，对国家竞技体育的政策与方针进行了研究和分析，指出我国竞技体育在发展过程中经历了两个时期和八个阶段，并从改革目标、主体、路径、方式及动力五个方面指出了存在的问题和改善建议。秦浩在《新中国成立后我国竞技体育的发展历程及未来展望》中，对我国的竞技体育发展战略进行了梳理和分析，认为我国的竞技体育在党和国家的引导下，在政治、领导以及制度方面占有一定的优势，但同样呈现出竞技体育的发展与实际的体育系统不平衡，运动员的全面发展过于依赖行政集权等问题，因此，要想进一步推动我国竞技体育发展，需要从这几个方面进行改善和调整。张祥府等人在《共同体视域下我国青少年竞技体育后备人才培养的历史演进、逻辑理路与展望》中，从人类命运共同体的视角，对青少年竞技体育后备人才的培养进行了研究，以培养青少年为依据，对不同时期的发展历程进行了分析、梳理和总结。牟羿名等人在《我国竞技体育后备人才培养的演进历程与展望》中，研究和分析了我国竞技体育后备人才培养的发展历程，对我国不同时期竞技体育发展的变化进行了梳理和整理。赵吉峰等人在《新中国成立以来竞技体育赶超发展的演进历程、现实问题与转型方向》中，以竞技体育组织权限的变化及不同阶段的发展目标为依据，结合我国体育发展的重要历史点，对竞技体育的发展阶段进行划分，追溯其初心，探索未来我国竞技体育的发展使命。

在学校体育发展历程的相关研究中，尹作亮等人在《建党百年学校体育价值取向的变迁历程、特征与路径选择》中，从体育价值取向的视角，对学校价值取向的变迁进行了研究和分析，以政治、军事变革为轴心，以重大历史事件为节点，以教育为主题，对我国学校体育价值取向进行了历史划分，指出学校体育价值观在发展的过程中会受到政治、经济文化的影响，学校体育价值观会随时代和社会的发展而不断调整和完善，逐渐形成以社会、学科、学生为辩证基础的"立德树人"的体育价值观。杨涛等人在《改革开放40年来我国学校体育发展历程与展望》中，根据不同时期体育课程的标准及教学大纲的内容变化，对学校体育发展阶段进行了划分，针对不同发展阶段的体育工作及教育思想进行了详细阐述，从国家、社会及个人三方面对我国未来学校体育的发展进行了展望。周坤等人在《中国共产党建党百年来学校体育的发展历程及经验研究》中，以我国社会进程为依据，结合当前学校体育工作的进展及变化进行细化和整理，对不同时期的体育教育的思想方针变化进行了梳理，从学校的体育秩序、规范确立和深化的进程，总结出促使我国学校体育稳定前进的经验，为进一步推动学校体育发展提供参考。刘艳在《改革开放以来我国学校体育发展历程及经验启示》中，从改革开放以来学校政策及体育思想两个维度对学校体育的发展进行回顾，并指出随着时代的不断发展，体育政治逐渐变得规范化、法制化，政策所涉及的范围也逐渐宽广，思想方面从重视学生的体质指标逐渐演变成重视学生的全面发展。

在排球运动发展的研究中，吴小明在《天津排球运动大发展历程研究》

中指出，作为三大球之一排球运动在我国开展得较为普遍，且在运动领域占很大比重，尤其是女排项目，自 20 世纪 80 年代女排取得"五连冠"的成绩后，该项运动便受人民群众的关注，随着体育强国战略的推行，我国对排球运动进行普及和推广，研究排球运动及其发展的文献也开始大量涌现。崔扬在《世界排坛的发展趋势"大型、全面、多样"》中，针对排球运动的起源及发展的过程以及排球运动在各届奥运会中的竞赛情况及各国排球运动的发展动态进行了全面、深入的表述。万桂春在《排球竞赛规则 60年（1947—2007）发展变化研究》中，以排球竞赛规则的产生、发展及演变为依据，将排球竞赛规则 60 年的演变历程分为了三个阶段，在此基础上对排球运动发展各个阶段的主导思想演变趋向、目的、意义等进行了研究和分析，并对未来排球竞赛规则的演变趋势进行了评估及预测。潘迎旭在《我国排球运动可持续发展的理论研究》中，从竞技的角度对排球运动发展历程进行了梳理，时间跨度从 1895 年到 2013 年。张波等人在《新中国70 年中国女排发展历程口述史研究》中，以中国女排参与三大赛事取得的成绩为主线，对队员在比赛中各个阶段技战术运用情况进行了统计整理，分析了各个阶段成功与失败的原因，总结了经验，以启示未来排球运动的发展。舒为平在《改革开放 40 年中国女排的发展历程与时代意义》中，以中国女排队员在世界大赛中的竞赛成绩为依据，划分为不同阶段性，认为中国女排的发展与我国改革开放同步，中国女排在比赛中的突出表现使我国在世界排球占有一席之地，女排精神为体育强国的建设提供了精神助力，推动着我国竞技体育的发展。李金等人在《中国女排精神的发展历程与价值旨归——基于电影《夺冠的体育叙事》中，以女排精神为导向，以国际重大比赛竞技成绩为主线，将中国女排精神的发展历程分为三个阶段，分别从国家、社会、学校、个人四个层面进行了全面分析。吴天昊在《中国排球文化演进研究》中，从文化生态学的角度对中国女排文化的演进历程进行了分析和研究，以历史发展、文化生态系统演变为轴心，对我国排球文化演进发展历史进行了阶段划分，对不同的阶段进行了详细的阐述，为我国女排的发展提供了重要的理论参考。

在天津排球运动发展的相关研究中，王晶在《中国女子排球竞技体育后备人才现状研究》中，以竞技后备人才的培养为切入点，分别从场地供应、训练模式、教练员队伍、队员的基本情况及参与情况、管理体制等，对中国女排后备人才的培养进行了调查，寻找制约中国女排后备人才培养的关键因素，针对不足之处，提出推动中国女排发展的建议。袁威在《可持续发展视角下天津市女子排球后备人才培养情况及对策研究》中，对天津女排球后备人才的培养进行了调查，在可持续发展的视角下，指出天津市体育运动为培养排球后备人才做出了较为突出的贡献，为天津市排球后备人才的培养提供了良好的物质基础。张欣在《制约天津市三大球后备人才培养的主要因素及对策》中，以后备人才培养为视角，对天津女排后备人才的培养进行了调查及研究，认为运动员的选拔、训练、教练员的能力水平、运动员认知及参与情况、资金投入、家庭及文化因素等，对于天津女排后备人才的培养有非常重要的影响。孙敬等人在《天津女排与八一女排攻防效果与特点对比研究——兼析天津女排三连冠制胜原因》中，对天津女排"三连冠"的原因进行了分析，认为其中一个重要原因是天津女排具备较高的后排防守能力水平。李娟等人在《天津女排核心竞争力评价模型的构建与应用研究》中，构建了天津女排竞争力评价模型，指出天津女排之所以在各大比赛中取得优异的成绩，原因在于具有充足的物质资源、完善的战略建议以及良好的技能知识水平，现有的竞技水平及排球训练的软环境及硬环境虽然让天津女排队员在比赛中占据一定的优势，但与其他国家队员相比较依然存在着很多的不足，建议在以后的训练中合理调整训练的负荷强度及训练量，加强人力资源的建设和提升组织管理能力。毕玉娟在《"排球之城"背景下天津市排球文化的建设研究》中，对排球运动的发展历程进行了研究和分析，认为排球最早起源于美国学校中的一种体育游戏，1905 年后传入我国，华南、华东及华北地区是最早接触排球的地区，直到 20 世纪 80 年代后中国女排获得奥运会、世界杯以及世界锦标赛的冠军，掀起了排球运动的热潮，促进了排球运动的推广和发展。笔者通过查阅文献，对天津女排运动发展进行了整理和分析，总结如下：我国排球运动发展的相关研究尚未形成系统，仅在一些著作中被简单概括，且不够完整。竞技排球的发展一直是中国排球发展的主要方面，并带动着校园排球与大众排球的发展，天津也是如此。目前研究中存在的问题是我们在研究天津市排球运动的发展时需要关注的重点问题，同时也为我们拓展思路、寻找研究角度提供了基础经验。

在有关排球文化的研究中，龚德贵在《论排球运动的社会文化意义》

中，将排球运动当成一种社会文化，详细地阐述了排球运动的意义，他将排球运动融入社会文化中，在更高的层次上对排球运动深入理解，挖掘排球运动对社会及人民群众的人文价值。苏玉凤在《排球文化的特性及社会价值探析》中，对排球文化进行了研究，认为排球文化指的是人们在排球运动历史的延续中所创造出来的物质财富及精神财富的总和，该研究详细论述了排球文化的时代性、民族性以及排球运动所具备的文化价值。王立华在《探析影响我国排球文化发展的外部动因》中，从广义及狭义两个层面对排球文化的发展进行了整理和分析。从广义的角度看，排球文化指的是人们在参与排球运动过程中创造出来的精神及物质财富的总和。从狭义层面看，排球文化指的是以人为主体，以排球为中介，以物质基础为条件，以排球运动中的特殊符号为象征，人们在参与排球运动的过程中遵循排球运动的竞赛规则，结合排球运动中运用的不同技战术配合，感受到排球运动价值所在的运动文化。许瑞勋等人在《排球运动文化的概念研究进展及研究趋势》中，从文化学的角度对体育运动文化进行了分析和研究，指出排球文化是体育文化的重要组成部分，合理的训练能够让参与者达到强身健体的目的，排球运动属于集体类的运动项目，在训练中队员不仅要练习个人技术，还要进行组合及团队形式的训练，其主要的目的是使队员长时间地接触后对彼此有深入了解，形成良好的团队配合默契，为进一步提升竞赛成绩，制定针对性的训练方案。牛海英等人在《排球文化元素审视》中指出，排球文化包含物质文化、制度文化、精神文化三种文化，三种文化相互促进、相互提升、互相关联，紧密结合。因此排球运动的训练需要从这三种文化的构件进行梳理，训练中不能厚此薄彼，而要强调三种文化的均衡性。陈铁成在《排球运动文化的内涵与特征》中认为，排球文化的结构划分为里层的指导思想层、中间层的管理体制层、外层的技战术打法层三个层面。王立华在《我国排球文化结构的初步探析》中认为，排球文化由物质文化、精神文化、制度文化以及象征文化组成，其中物质文化是基础和前提排球精神文化是导向，制度文化是关键和枢纽，象征文化是精神文化和物质文化的有益补充。康帆等人在《校园排球文化的结构审视》中，从物质、制度、精神三个层面对校园排球文化的进行分析，认为排球物质文化除了排球场地设施、器材、宣传海报等表层文化外，还应包括排球技战术；制度文化的含义指的是校园内关于排球赛事的组织、安排条例与政策；精神文化指的是排球观念、意识等。通过查阅排球文化方面的相关文献，笔者总结出排球文化具有丰富的内涵与多样的文化元素，是一个多层次的整体结构体系。在相关的研究中，尽管学者针对排球文化的结构划分有着不同的意见，但都以排球精神文化作为排球文化的内部核心，并以排球精神文化作为先导，使其充分发挥内部核心的导向作用，逐层实现外部文化的革新。研究成果多集中在校园排球文化的建设上，尤其是高校排球文化，对城市排球文化的建设研究比较少，更倾向于排球的育人功能以及排球运动的推广措施等。

在体育城市建设的相关研究中，肖焕禹在《上海建设国际知名体育城市研究》中，分析并研究了体育城市建设的含义，指出体育城市建设指的是国际城市发展的一种战略，体育城市的建设在经济、文化、政治发展中起着非常重要的推动作用。张家衡在《"排球之城"背景下天津市排球传统特色学校建设现状研究》中指出，天津市是我国排球运动发展的重要城市之一，先后为国家培养了许多优秀的排球队员，尤其是天津女排多次在比赛中取得了优异成绩，研究以排球学校建设为切入点，对天津市具备排球特色的学校展开了调查和研究，深入了解了天津特色学校排球建设情况，对天津排球学校建设情况进行了细致的分析及总结，为进一步推动天津排球的发展提供参考。朱淑玲在《我国国家中心城市建设与体育城市建设之融合研究》中，以国家中心城市的体育建设为切入点，注重在空间与政策上研究国家中心城市和体育城市协同发展的关系。肖焕禹等人在《上海建设国际知名体育城市研究》中，对上海作为知名体育城市的建设情况进行了相关的研究和分析，认为上海在国内经济发展中名列前茅，是我国知名的城市，但仍然存在着很多的不足。上海经济有着巨大的潜力，也是世博会的焦点，因而备受关注，人们的体育需求是上海成为体育城市的基础和动力。因为从发展的角度看，群众基础是推进体育城市建设不可缺少的重要组成部分。谭小勇等人在《上海建设全球著名体育城市语境下体育法治建设的探索》中，对上海体育城市的法治建设进行了研究和分析，认为上海体育城市的建设需要完善体育法规、协调机制，制定纠纷解决机制等。曹庆荣等人在《论体育城市品牌构建》中，以构建体育品牌为切入点，认为构建体育城市品牌应该遵循体育品牌建设的原则、结构的评价以及评价的指标，打造具有深远意义及一定国际影响力的现代体育城市。通过查阅相关的文献资料，笔者发现在体育强国城市的研究中，学者以上海市为样本，总结上海市体育城市建设与国外国家相比较存在着很大的差距，其中很重要的一点是群众对体育的认知和参与程度。学校体育教育是群众体育发展的基础，应该为人的终身体育发展打下坚实的基础。2021 年，天津市政府发布《天津市加快推进"排球之城"建设实施方案（2021—2030 年）》，提出通过建设发展排球传统特色学校，将排球项目打造成天津的体育明信片。

蔡嘉欣等人在《墨尔本全球体育城市建设经验及其对上海的启示》中，从体育城市建设的视角，研究并分析了墨尔本体育城市的建设情况，如结合上海的实际情况，认为应完善相关体育基础建设，提升居民体育健身理念，完善全民健身保障体系等。肖焕禹在《上海建设国际知名体育城市研究》中，对国际知名体育城市鹿特丹、曼彻斯特、巴塞罗那等城市进行了比较，总结出他们的共同特征，认为这些城市整体的经济水平、观赏水平都具有国际高度，具有民主体育文化，体育文化已融入每个人的生活中，成为人们生活的一部分，在体育城市建设中起着非常重要的辅助、支撑作用。马新阳在《体育到体娱——洛杉矶体育城市建设的历程、经验与启示》中，对美国洛杉矶体育城市的建设情况进行了研究、分析和总结，通过数据的统计整理与分析，针对我国目前体育城市建设的不足之处给出了改善对策及建议：政府部门在体育城市建设中应制定长期的连贯的体育城市营销战略，对体育城市的发展进行明确定位。陈林华在《"欧洲体育之都"评选促进体育城市建设实践经验与启示》中，研究和分析了欧洲体育城市的建设情况，对搜集到的相关文献及调查数据进行归纳和整理，并做出相应的总结，针对国内体育城市建设存在的不足之处提出了改善建议，提出了相应的策略，为今后相关领域的研究提供参考。

在青少年后备人才培养的相关研究中，侯海波等人在《国外竞技体育强国后备人才培养体制及启示》中，以竞技体育后备人才培养为切入点，对美国、德国、俄罗斯等国家的体育后备人才培养情况进行了研究和分析，探索了竞技体育后备人才选材的方式方法、培养模式，指出竞技体育后备人才培养体制需要政府部门支持。在美国，高水平体育队伍的相关事务主要是由美国奥林匹克委员会、美国大学体育协会和各类体育大联盟负责，后备人才力量主要来自各类院校的大学生队员，他们为美国体育事业发展提供了充足的后备人才力量。在运营模式上普遍采用商业化及半职业化模式，为美国各类队伍提供充足的资金、良好的训练条件和资源，为体育事业后备人才的培养创造了有利条件，推动着美国体育事业的发展。俄罗斯则通过巩固法律、完善体校地位、加大对各类体校资金投入、寻找合法的商业赞助、提高俄罗斯体校教练员工资的形式改善体校的管理体制，科研方面也占重要的地位，借助高科技仪器对体育后备人才进行筛选。德国高度重视竞技体育后备人才的培养工作，并将其定位为关系到奥运会排名的重要工作，运动员分为5个等级，包含3个后备人才运动员等级和2个顶尖运动员等级，担任培养任务的主体主要有体育俱乐部、乡镇体育运动协会、学校和当地政府。其中，体育俱乐部的训练条件最好，为后备人才培养提供了充足的资源及良好的条件。杨再淮等在《我国竞技体育后备人才市场的结构及其影响因素》中，以竞技体育后备人才市场的结构为切入点，探索其产生的影响，认为影响市场体系构成的因素包括竞技体育后备人才市场发展动力、市场保障、择业意向与升学意向等。严德一在《影响中国竞技体育后备人才资源开发的主要因素》中，对影响后备人才资源开发的因素进行了全面的分析及研究，认为当前我国竞技体育后备人才资源受到环境制度、发展目标、输送训练、社会保障、人力资源、社会保障等因素的影响，这些因素冲击基层训练体系，导致后备人才的输送渠道受到阻碍，提高了人才输送难度，制约着我国竞技体育后备人才的开发。张承玉在《世界女排强队盛衰规律探析》中，探析世界女排的强弱盛衰规律，认为日本是体育强国，在中国女排"五连冠"之前日本女排曾取得过世界冠军，而且日本在排球后备人才培养方面较为重视，几乎所有的中小学都有自己的排球队伍，并且参与大大小小各类比赛，从1981年再到今，日本排球队员的人数呈逐年成倍增长趋势。不同年龄阶段的排球队在参与各类比赛期间，会挑选出具有潜力的队员，对其进行强化训练，以提高队员对排球技战术理解和掌握能力，提升竞技能力水平。鲁灿章在《需要新鲜血液——卡尔波利谈俄罗斯女排现状》中，针对俄罗斯女排的后备人才培养进行了系统分析及研究，指出在后备人才培养方面，自苏联解体后俄罗斯的整体运动水平出现了下滑，参与少年体校的人数也在逐渐减少，少年比赛的体制也发生了很大的变化，虽然已有好转，整体的运动水平也逐渐恢复到原来的水平，但在教练员队伍建设方面仍存在缺乏年轻教练员的现象，这意味着老教练员退休后难以找到年轻教练员接力，这将对排球运动的发展及后备人才的培养造成很大的影响。凌国钊等人在《我国青年女子排球运动员的身体形态和专项身体素质》中，针对青年女子排球队员的身体形态及身体素质进行了研究和分析，认为青年女子排球队员的身体形态与成年运动员相比较存在着很大的差距，缺乏身材高大的队员，在助跑摸高和连续起跳方面不是很理想，需要进一步提高青年队员的身体素质水平。王海燕在《试论我国排球二线后备人才地域分布特征》中，调查了排球训练地域情况，认为我国竞技排球后备人才的培养区域大部分集中在东部地区，建议对东部地区进行巩固的同时，增加开发西部和中部地区的场地建设，使我国排球后备人才的培养区域更加合理。郭经宙等在《我国竞技体育后备人才培养现状分析》中，对我国竞技体育后备人才培养现状进行了相关的分析和研究，指出当前我国在体育后备人才培养方面出现了较为严重的断层现象，参与课余排球训练的人数越来越少，在选材方面出现选材少的问题，即使降低原有的选材标准也召不到足够的选材数量，导致我国竞技体育的"金字塔"体制出现了失衡现象。同时家长对排球运动的认知度及体育价值观也会影响到排球后备人才的培养，阻碍我国体育事业的发展。许东明在《安徽省排球竞技后备人才培养现状与可持续发展的研究》中，以后备人才培养为切入点，对安徽省排球后备人才的培养现状进行了分析及研究，认为安徽排球后备人才培养中存在着选材不足、场地供应不足、师资队伍水平欠佳等现象，对后备人才培养计划造成一定的阻碍，为此，建议安徽在进行后备人才培养时，及时更新人们对体育训练的思想观念，重视场地供应不足现象，并采取积极的调整和改善措施，发挥安徽省内优势，促进省内区域体育产业发展，提高教练员自身业务水平。石磊在《辽宁省排球运动后备人才培养的现状分析及对策研究》中，研究并分析了辽宁省排球运动后备人才的培养现状，发现辽宁省在排球运动后备人才培养方面，存在着训练方法、手段运用不合理，运动员参与度不理想，教练员整体的业务水平有待提高，训练场地及设备不足，管理方面缺乏科学，运动员训练中学训矛盾突出，文化课学习影响较大等问题，且辽宁省竞技排球后备人才培养还受到竞赛制度、家长支持、训练条件和选材等方面的制约 。

通过查阅相关文献,笔者发现国内外在竞技体育后备人才方面的研究比较多,对竞技排球后备人才的研究也不少。本研究将对天津市竞技排球后备人才的现状与竞技排球运动项目的可持续发展进行分析和讨论,发现问题,并提出有利于促进天津市竞技排球后备人才培养和发展的建议,为天津市竞技排球后备人才培养提供一定的参考依据。

在排球运动校园开展情况的相关研究中,郭星原等在《浅谈排球运动与青少年学生个性发展》中,提出排球是运动是对学生进行素质教育,促进他们全面发展的有效方法和途径。参与排球运动对规范学生自我意识和个人道德,使学生树立正确的价值观、明确自己在社会中扮演的角色方面起着十分正面的作用。杨一芃在《北京市东城区中学排球课程开展情况的调查研究》中,从排球运动的形式入手对当前我国学校排球运动的选择方式进行了分析和研究,指出九人制排球选择人数较多,在体育课程中适当增加排球活动有助于学生各项素质的提升以及体质的改善,还能够提高学生学习排球技能的积极性。丁海波在《小学体育健康课程开设气排球的可行性研究中》中,将气排球和普通硬排球进行了对比及分析,发现气排球入手门槛低,中小学生更容易上手,在中小学的体育教学和课余活动中引入气排球运动,可以使中小学生学会一项对身体有益的体育运动,强健体魄,为我国排球运动培养大批后备人才和热情观众。因此研究建议将气排球运动融入体育课程中以提升学生对排球运动的参与度。阳光体育运动的大力推广,对中小学生体育活动的开展有非常明显的推动作用,通常学生在学校中更关注文化课成绩,尤其是在考试阶段,学生会将更多的时间及精力用在文化课的学习中,导致学生参加排球运动的时间及次数有所减少。吴佩璋在《浅析排球教学中存在的问题》中,从教学角度探索了排球教学中存在的问题,发现在排球教学过程中存在着教学方法偏向于传统化和竞技化,缺乏趣味性和创新性,对学生的考核偏向于教师自身多年教学经验的累积,导致学生对排球课程不积极,课程缺乏科学性和系统性。通过查阅排球校园开展情况的相关文献资料,发现相比于其他运动项目,我国排球运动的开展效果不是很理想,优秀体育人才少、场地设施情况供应不足,教学方法选择不佳、学生学习态度不积极等,是当前我国排球运动校园发展中存在的主要问题,而我国校园排球运动发展需要从师资力量的组织、场地设施的供应、相关运动项目的推广以及教学方式方法的改进等方面，做出相应的调整。虽然众多学者对以上问题提出了由政府部门牵头、改善校园排球课堂教学现状、加强排球教师师资力量建设、改进教学方法和选课方式等建议，但始终没有对中小学排球活动开展的具体手段和方法、组织体制与政策作出深入研究。

# 第一章　天津市排球运动发展历程

> **本章提要**：阐述天津市排球运动发展历史，厘清天津市排球运动发展与政治、经济与文化之间的联系，全面分析天津市排球运动的发展脉络。

## 第一节　天津市排球运动发展阶段划分标准

天津市排球运动的发展阶段可以从两种不同视角来研究。一种是宏观视角，指在中国体育发展史乃至世界排球运动发展史的大背景下，结合天津市的地区特点来研究排球运动的发展；另一种是微观视角，指根据天津市的发展特点及发展规律，研究排球运动在其中的演变过程。从宏观视角来看，天津市排球运动的发展历程属于世界排球发展史、中国体育发展史、中国排球发展史以及天津发展史的子系统。

### 一、世界排球发展史的阶段划分标准

世界排球的发展史分为三个主要阶段：娱乐排球阶段，竞技排球阶段，现代排球阶段。1895—1945 年，这 50 年的时间是娱乐排球阶段，自 1946 年法国、捷克斯洛伐克与波兰商议起草并成立国际排联之后，世界排球发展从娱乐排球阶段进入竞技排球阶段，到 20 世纪 80 年代初期，又逐渐进入了现代排球阶阶段，并延续至今。如今，世界排球的发展是多元化的，包括技术、战术、规则等，随着排球运动发展不断创新、改革与发展。排球运动员的技术更加成熟，战术使用更加系统，排球规则更加完善，排球

运动开始向着商业化和职业化的方向发展。随着排球运动的群众基础越来越广泛，人们对排球运动的喜爱也加快了排球运动的普及，不同年龄段的人们开始认识排球、练习排球，排球运动进入了前所未有的大发展。除了人们熟知的六人制排球外，沙滩排球、软式排球以及气排球等形式也在不断推广与发展，这加快了排球运动现代化的发展进程。

### 二、我国体育发展史的阶段划分标准

1998 年，中国当代体育史学术研讨会在成都召开，详细探讨了我国体育发展史。在研讨会上，罗时铭认为，党的领导对我国历史阶段的变化有着决定性的影响，不同时期不同领导对体育的思想认知和决策在某种程度上决定了我国体育工作发展的走向。政治发展动态变化对我国体育发展的影响较大。颜绍泸则认为，我国体育史有一部分是根据社会的历史阶段进行划分的，尽管这种划分方式能够反映当时的实际情况，但是很难对体育本身的发展做出客观真实的评价，对体育的发展真相与发展规律也无法准确呈现。将社会的发展进程与体育发展适当融合，将体育发展作为主线来进行历史阶段划分，是较为客观的划分方式。伍绍祖将党史与体育发展相结合，提出中国体育发展的 7 个阶段，以"文化大革命"为节点，分为前后各三个阶段。并对前半部分做了更加细致的划分。2019 年，国家体育总局出版《新中国体育 70 年》一书，以社会发展和体育发展相结合作为划分标准，准确清晰地对体育发展史进行了划分。这些关于中国体育历史的阶段划分为本书的撰写提供了重要的参考。

### 三、我国排球运动发展史的阶段划分标准

1984 年，人民体育出版社出版的体育系通用教材《排球》一书，将我国六人制排球运动的发展划分为三个阶段。第一阶段是 20 世纪 40 年代末期到 50 年代的中后期，在这一阶段，我国学习苏联与欧洲的先进排球技术，巩固并提高我国排球运动的技术水平，并在全国范围内推广六人制排球运动。第二阶段是 20 世纪 50 年代后期到 60 年代，在这一阶段，我国排球运动迅猛发展，并在学习国外排球技术经验的基础上，逐渐探索并形成具有我国特色的排球发展道路。第三阶段是 20 世纪 70 年代至今，我国排球运动员在世界级比赛上屡次获得傲人成绩，自此，我国排球运动走上世界舞台，排球运动发展进入了全新的巅峰时代。

1987 年体育函授教材编写组编写的《排球》一书，将我国排球运动发展更加细致地分为五个阶段。第一阶段是 1950—1952 年，此阶段，我国排球运动处于学习时期，排球运动在我国的推广工作在逐步开展；第二阶段是 1953—1959 年，此阶段我国的排球运动在不断完善和发展；第三阶段是 1960—1965 年，我国排球运动开始分为多个流派，各个流派之间的竞争比较明显；第四阶段是 1965—1976 年，我国排球运动受到外界因素的干扰，但最终排除万难，重组队伍；第五阶段是 1977 年以后，我国排球运动迅猛发展，随着中国女排的"五连冠"，我国排球运动冲出亚洲，走上世界舞台。

1999 年全国体育院校通用教材《排球运动》和 2008 年北京体育大学编写的《我国排球运动发展的动态研究》，将我国排球运动发展分为四个阶段。第一阶段是 1905—1950 年，我国六人制排球运动之前的排球运动发展阶段；第二阶段是 1950—1972 年，我国六人制排球运动突飞猛进发展，并逐渐在人民群众的体育活动中推广开来；第三阶段是 1972—1982 年，随着中国女排在 1981 年夺得女排世界杯冠军，我国排球运动发展跻身世界领先水平；第四阶段是 1982 年至今，我国排球运动由辉煌到低谷到再次站在世界舞台之上，排球运动发展的起伏也见证了我国体育在世界体育舞台的发展。

袁伟民等人编著的《中国排球运动史》一书，将我国排球的发展史分为四个阶段。第一阶段是 1905—1949 年学习阶段，第二阶段是 1950—1959 年探索发展阶段，第三阶段是 1960—1977 年推广普及阶段，第四阶段是 1978—1990 年冲出亚洲走向世界阶段。

2009 年黄汉升主编的《球类运动——排球》一书，将我国排球运动发展分为四个阶段，第一阶段是 1950—1972 年，这一阶段是我国六人制排球运动的推广普及阶段；第二阶段是 1972—1982 年，中国女排的夺冠，让中国排球走上世界舞台；第三阶段是 1982—2002 年，是中国排球的低谷阶段，但是随着中国女排在各大国际赛事上取得优异成绩，中国排球再一次登顶世界舞台；第四阶段是 2002 年以后，我国排球运动养精蓄锐、精益求精，期待更多优秀的运动员的涌现，为我国排球发展添砖加瓦，巩固中国排球在世界排球的地位。

**四、天津市体育阶段划分标准**

天津市东临渤海、北依燕山，因其独特的地理位置，造就了开放包容的文化氛围。天津是中国近代体育的发源地，《拼搏历程辉煌成就——新中国体育 60 年（地方卷）》一书，对天津市体育发展历程进行了细致的划分，分别为解放前的天津体育、"文化大革命"前的天津体育、"文化大革命"时期的天津体育、改革开放以来的天津体育。

《新中国体育 70 年（地方卷）》一书，将新中国成立 70 年以来天津体育的发展分为 1949—1978 年、1978—2012 年、2012—2019 年三个阶段，这种划分方式较为笼统，只是将天津市的体育发展置于中国社会发展的历史阶段之中。

# 第二节　天津市排球运动发展阶段历程

本书以社会发展的时代背景以及天津市排球运动的大事件为轴线，将天津市排球运动发展历程分为七个阶段，结合具体时间和事件阐述天津市排球运动的发展历史。

## 一、传入阶段（1905—1949 年）

新中国成立之前，天津市排球运动就走在国内前列，以南敏排球队为代表的天津排球队在国内的各项排球比赛中取得了优异的成绩，天津排球队在国内排球队中成绩名列前茅，当时，排球运动的热潮甚至比足球运动还要高涨。

1895 年，美国威廉·摩根发明了排球运动，20 世纪初排球传入我国，最初，人们对排球运动不了解，因此排球运动的发展并不顺利。20 世纪 30 年代，我国排球比赛的形式是九人制，排球网高度与现在的高度相比要矮，而且是在室外进行，没有标志杆，参与比赛的九名运动员有各自固定的位置，每一排安排三名运动员，比赛中运动员不得改变自己的位置。

排球运动最初传入中国时，在我国的开展范围主要集中在教会学校，并且以游戏形式为主，学生们围成圆圈，用手托着球，传给身边的同学，以传球数量的多少来决定胜负，后来才逐渐演变成隔网对抗的比赛形式。南开大学、天津新书学院、北洋大学（天津大学前身）等是开展排球运动比较早的学校，这几所学校的学生对排球运动充满好奇心，因此在排球运动的推广中，这几所学校起到了一定的促进作用。1913 年第一届远东运动会的举办，推动了排球运动在亚洲的发展，之后，九人制排球正式成为全国运动会的比赛项目，这也为排球运动在天津的发展提供了契机。1927 年，中国近代著名爱国主义教育家张伯苓与中国银行经理白梅成立天津体育协会，并举办了天津中学生排球赛、全国大学生排球赛等多项比赛。比赛的增多，也使排球运动逐渐走向商业化，排球运动从学校拓展到企业，许多企业纷纷组建排球队，并报名参与天津市举办的多种排球比赛。在这样的排球参与热潮下，加速了排球运动在天津市的普及与发展。

1914 年以后，华北运动会和全国运动会也增设排球比赛，而且参与排球比赛的不仅仅是大学生，还有一些企业或者事业单位的员工组建的排球队，这大大激发了人们参与排球运动的热情。1930 年，第四届全运会在杭州召开，允许参与排球比赛的队伍以省、市、区、侨团等作为参赛单位报名，天津市开始在市内选拔运动水平和运动成绩较好的排球队伍，作为代表队参与国内高水平的排球比赛，天津市排球运动进入全新的发展阶段。

在众多排球队中，南开中学组建的南开排球队实力最强。1931 年，南敏体育会由南开大学的学生自发组织，最初的四个运动代表队中便有排球运动队，可见排球运动在大学生群体中的受欢迎程度。1933 年，张伯苓改变以往的行政班级制，成立排球俱乐部，以俱乐部为单位组建运动队，大大加快了排球运动在学校的发展，也提高了学生参与排球运动的热情，为排球运动的普及与发展奠定了坚实的基础。在张伯苓的带领下，南敏排球队聘请了陶少甫为球队的主教练。陶少甫在当时是天津较为知名的排球教练，他带的这支队伍作为代表队先后参与了华北运动会和在上海、南京等地举办的多项排球比赛，取得了良好的成绩。自此之后，排球运动在天津声名大噪，越来越多的人参与到排球运动中，天津南敏排球队的名号传遍全国。不少排球队在民间和学校中出现，天津市的排球运动也随着这些排球队的出现而蓬勃发展。

**二、推广普及阶段（1950—1965 年）**

我国从 1950 年 7 月开始推广和普及六人制排球运动，彼时天津市的六人制排球运动虽然并未完全推广开来，但仍保持了较为猛烈的发展势头。

因此，可以说天津市六人制排球运动的发展历程始于 1950 年。

1. 时代背景

表 1-1　1950—1965 年中国排球标志性事件

| 年份 | 事件 |
| --- | --- |
| 1951 年 | 新中国首次全国排球比赛成功举办、第一次国际赛事——中国学生代表队参加世界第二次代表大会的排球赛、组建国家队前身（中央体训班） |
| 1952 年 | 我国成为国际排联临时会员 |
| 1953 年 | 中国排球协会成立 |
| 1954 年 | 我国成为国际排联的正式会员 |
| 1956 年 | 我国实行裁判员等级制度、排球成为我国中学和高校的体育必修课、组建国家排球队。 |

新中国成立之初，我国百废待兴。1949 年，朱德同志在会议上指出，要大力发展体育事业，服务于人民的健康与国防建设。在这样的号召下，我国群众体育活动大力发展。1952 年，我国应邀参加在赫尔辛基举行的第 15 届奥运会。1954 年，中央人民政府体育运动委员会（简称"国家体委"）成立，中国体育工作逐渐系统化。1953 年，中国排球协会的成立推动了全国排球运动的发展，我国成为国际排球联合会（简称"国际排联"）的正式会员。

1956 年，在社会主义发展的热潮中，群众体育运动向高运动水平方向发展，竞技体育的发展势头越来越高。1958 年，国家体委提出在十年之内，我国竞技体育争取赶上主要运动项目的世界水平。1959 年，周恩来总理提出了"普及与提高结合"的思想，我国竞技体育开始朝世界高水平的方向奋勇拼搏。

2. 天津市竞技排球运动的开展

表 1-2　1950—1965 年天津市排球运动发展的重要事件

| 年份 | 事件 |
| --- | --- |
| 1950 年 | 天津市体育分会筹委会成立、天津市排球运动委员会成立 |
| 1951 年 | 天津市举行全国排球比赛大会 |
| 1952 年 | 中华体育总会天津市体育分会成立，天津市排球运动工作委员会成立 |
| 1953 年 | 天津举行全国排球比赛大会 |

| 年份 | 事件 |
| --- | --- |
| 1954 年 | 天津市体育运动委员会成立 |
| 1955 年 | 天津市正式组建高校体育工作委员会 |
| 1956 年 | 天津体育学校成立、天津市人民体育馆建成、天津市男排和女排组建 |
| 1957 年 | 天津市国防体育协会成立、天津市排球专业业余运动学校成立 |
| 1958 年 | 天津体育学院成立、天津女排进入全国甲级队列 |
| 1959 年 | 天津市体委建立市属体育场馆联合办公室 |
| 1960 年 | 天津男排进入全国甲级队列 |
| 1962 年 | 天津市体委组织编制了"体育工作十年规划" |
| 1963 年 | 天津女排战胜国家女排 |
| 1964 年 | 天津男子排球队在全国排球联赛中取得冠军 |

竞技排球的训练管理和排球队伍建设

在排球的发展历程中，亚洲排球经历过由十二人制到九人制再到六人制的改革变化，1927—1949 年，有 20 多年一直持续开展九人制的排球运动，在这一发展阶段中，排球运动在中国逐渐形成了有特色的打法。20 世纪 50 年代，苏联和东欧的排球队在世界上处于领先水平，很多大型的排球比赛都是在这些国家和地区举行。例如世界大学生运动会、世界青年联欢会等，世界级的比赛彰显了这些国家的排球水平，同时比赛的举办也促进了排球运动的进一步发展。

1949 年在捷克斯洛伐克举行的第一届排球世锦赛是一项六人制的排球比赛，该比赛也是六人制排球比赛推广到全世界的重要契机。1950 年，为了适应世界排球运动发展，同时也为了参与国际排球比赛，中华全国体育总会举办了六人制排球学习会议，会议上有专家指出，要全面开展六人制排球运动，并提高六人制排球的运动水平，以适应国际排球比赛的要求。因此自 1950 年起，天津市开始普及六人制排球运动。1950—1952 年，天津市的排球运动包括九人制和六人制。1950 年，国内组建了第一支字号代表队——中国大学生排球代表队，1952 年，中华全国体育总会创立中央体训班，也就是现在国家队的前身，中央体训班的主要任务是为国家培养优秀的排球运动员，并通过这些运动员来提高我国的排球竞技水平，从而推动排球运动在人民群众中的普及。天津市为了响应国家号召，成立了天津市男子、女子业余排球队，此后，六人制排球彻底代替九人制排球。

1953—1954 年，中国排球协会成立，并且成为国际排联的正式会员，这也标志我国排球运动进入全新的发展阶段。国家体委着手举办全国排球联赛和全国排球锦标赛，全国性排球联赛推动了排球运动的发展，也加速了六人制排球运动在我国的普及。1954 年，华北体工队排球队落户天津，在一定程度上推动了天津市排球运动的普及，并将天津市排球竞技运动水平提高到全新的阶段。1955 年，国家体委对苏联青少年业余体校进行考察后发现，在体校中培养青少年排球运动员能有效储备排球后备人才，因此，国家体委开始在各大城市比如北京、上海、天津等城市，开办青少年业余体校，为全国青少年业余体校的开展做试点。1956 年有关青少年业余体育学校方面的文件相继颁布，天津市积极响应国家号召，逐步在各区县建立青少年业余体校，积极培养排球运动后备人才。

　　随着排球运动在天津的普及和发展，1956 年 3 月，时任天津市副市长的李耕涛宣布成立天津市体育训练班。1956 年 6 月，天津男子排球队、女子排球队正式组建，代表天津市参与国家排球联赛。一系列举措进一步推动了天津市排球运动的发展与推广。

　　1958 年，天津女排参加全国排球甲级联赛，1960 年，天津男排参加甲级联赛。1960 年，中国遭遇重大自然灾害，国民经济形势异常严峻，体育事业的发展也受到严重影响。针对这种情况，国家体委调整战略方针，将群众体育的发展缩减，重点培养专业运动员。1963 年，在与国家队的比赛中，天津女排以微弱的优势获胜，成为第一支战胜国家女排的地方队，这场比赛极大鼓舞了天津市民，也燃起了天津排球队的斗志。也是在 1963 年，天津女排在全国女排联赛中获得 A 组亚军。1964 年，天津男排在全国男子排球联赛中获得 A 组冠军，这也是天津排球队第一次在全国性比赛中获得荣誉。

　　3. 天津市校园排球和大众排球运动的开展

　　1950—1954 年，鼓励企事业单位，排球比赛由表演赛逐渐变成竞技比赛，从而加大了排球的推广力度。为了响应国家体委对大众排球运动的号召，各地人民群众积极参与排球运动。在此时期，天津市有很多自发成立的业余排球队，球队的主要成员均是排球运动爱好者，后期也有退役运动员的加入，提高了球队的整体水平。1952 年之后，为了使排球运动更加专业化和规范化，天津市解散了企事业单位自行成立的业余排球队。组织开展工人体育干部短期学习班，学习班的学习内容比较丰富，包括足球、篮球、排球以及田径等各项运动。同时，天津市聘请专业退役运动员和排球方面的专家担任教练员或讲师，对学员进行专业指导和教学。学习班开办数次之后，各基层单位培养了很多排球方面的骨干人才，这为天津的大众排球和校园排球运动打下了较好的发展基础，也让排球运动在大众和校园得到了传播与推广。

为了响应中共中央的号召，1954 年 6 月，天津市成立了体育运动委员会，该组织积极促进天津市排球运动的发展和群众排球运动的发展，并在 1954—1960 年间，帮助各学校、企业、机关单位等成立体育骨干培训班。1955 年，在天津市体委和天津市总工会的协调配合下，培训出三百多名专项体育运动初级技术指导员。1956 年，天津市共建立了 1237 个基层体育协会，同年，天津市成立了高等院校体育工作指导委员会，并组织各大院校开展各类体育竞赛活动。这一系列举措大大促进了天津市排球运动的发展。1961 年，国务院发布《高等学校普通体育课与教材纲要》，并出版高校体育课教学参考书，将体育课设定为大学必修课程，排球就是其中之一。排球进入高校的体育必修课程，大大促进了排球运动的推广与普及，越来越多的大学生开始参与排球运动，不仅扩充了我国排球后备人才队伍，也提高了我国排球运动的整体水平。

1955 年，中国第一所少年业余体育学校在天津市成立，这所学校设有排球班，报名人数众多，显示出天津市民对排球运动的喜爱与支持。1957 年，中国第一所排球业余体校在天津成立。1958 年，天津体育学院揭牌。1959 年，天津市业余体校快速扩充。借着大环境发展，排球运动得到了较好的普及与推广，在一定程度上为天津市竞技排球运动的壮大提供了发展的契机。

20 世纪 60 年代初期，由于自然灾害的发生，我国经济发展遭遇挫折，体育活动也出现了暂时的停滞，大量的体育老师离职或者转业，体育场地器材受到严重的损坏。1964 年，我国经济逐渐复苏，体育事业也随之回暖，天津市开始恢复学校体育活动，完善并修建体育场地，在全市范围内逐渐开展各种规模和形式的体育竞赛活动，其中包括篮球竞赛、足球竞赛、排球竞赛等，同时有计划性地设定重点运动项目活动基地。此时，天津市的排球学校达到了 23 所。

### 三、停滞阶段（1966—1971 年）

1966 年爆发的"文化大革命"是停滞阶段的起点。1972 年，周恩来总理发表讲话，要求全力发展国家体育运动。排球运动自此开始崛起，因此1972 年是排球运动发展停滞阶段的结束时间。

1. 世界排球运动的发展

1964 年，排球成为东京奥运会的正式比赛项目，世界排球运动走向发展的新阶段。世界排球运动呈迅猛发展态势，人们对排球运动的喜爱日渐增长，参与排球运动的群体越来越多。在这一背景下，排球的运动规则和技战术也在创新改变，不同流派的出现使排球运动的技战术发展达到了崭新的高度。

2. 政治因素影响天津市排球运动的发展

"文化大革命"不仅严重影响了社会的发展进步，同时也使天津市乃至全国的体育事业体系遭到了破坏。中国体育事业遭到前所未有的打击，一度出现了发展停滞的现象。

1966 年，受"文化大革命"的影响，中国女排在准备世界排球联赛的途中被召回，之后的 8 年时间里，中国女排无法参与国际排联的比赛。在此期间，我国排球技术处于停滞状态，而世界排球技术却发生了突飞猛进的变化，我国与世界高水平排球技术的差距离越来越大。1967 年，天津市体委的工作也受到"文化大革命"的严重影响，基层体育组织被迫解散。天津市乃至全国的体育事业遭受到前所未有的重创。除了每年的"7.16"畅游海河和冬春季长跑活动外，其他活动均陷入自流状态，天津市排球运动也处于完全停滞的状态。

### 四、恢复阶段（1972—1991 年）

1972 年，国家体委召开全国训练工作会议，全国体育组织管理系统开始逐渐恢复。历经多年停滞，天津市排球队得以重组，并蓄势待发。随着中国女排连续五次夺得世界规模竞赛的冠军，"女排精神"一时间成为广大群众热议的话题，六人制排球运动在全国范围内快速重启和发展。

## 1. 时代背景

表 1-3　1972—1991 年中国排球运动发展的标志性事件

| 年份 | 事件 |
| --- | --- |
| 1972 年 | 全国五项球类运动会排球比赛、全国三大球工作会议、建立漳州排球训练基地 |
| 1976 年 | 重新组建国家男子、女子排球队 |
| 1979 年 | 国家男子、女子排球队获得亚洲冠军 |
| 1981 年 | 国家男子、女子排球队获得世界杯亚洲预选赛冠军，女子排球队获得世界杯冠军 |
| 1982 年 | 中国女子排球队获得世界女排锦标赛冠军 |
| 1984 年 | 中国女子排球队获得洛杉矶奥运会冠军 |
| 1985 年 | 中国女子排球队获得世界杯冠军 |
| 1986 年 | 中国女子排球队获得世界女排锦标赛冠军、男排获得韩国汉城亚运会冠军 |

1971 年"九一三"事件后，周恩来总理主持中央工作，逐步消除"文化大革命"对各行各业造成的不良影响，我国体育事业也在此时逐渐恢复。70 年代初期，"乒乓外交"使我国的体育外交达到了一定的高度，我国体育与世界体育重新接轨，我国选手应邀参加了一些国际体育赛事，并取得了较为理想的成绩。排球运动也快速恢复，在漳州和郴州建立了排球训练基地。

1978 年，国家体委将排球（女）设置为全国重点项目。1979 年，国际奥委会通过《名古屋决议》，我国从此走上世界体育的舞台。1984 年洛杉矶奥运会上，我国运动健儿为国家赢得金牌总数第四的好成绩，实现了奥运会"零"的突破。中国女排也获得了本届奥运会冠军，这一成绩大大振奋了国人，全国燃起了体育热潮。一时间各行各业学习"女排精神"，将团结奋进作为工作与生活的口号。同一年，国家发布《中共中央关于进一步发展体育运动的通知》，对新中国成立以来的体育成绩表示肯定，并提出在 20 世纪末成长为体育强国的战略目标。1992 年，我国开始进行社会主义市场经济体制改革，体育事业的改革也进入全新的发展阶段，体育事业以全民健身为基础普及和推广。

### 2. 竞技排球的训练管理和排球队伍建设

表 1-4　1972—1991 年天津市男排、女排在国内的比赛成绩

| 年份 | 比赛类型 | 比赛队伍 | 比赛成绩 |
| --- | --- | --- | --- |
| 1972 年 | 全国五项球类运动会（排球） | 男排 | 第九名 |
| | 全国五项球类运动会（排球） | 女排 | 第三名 |
| 1973 年 | 全国联赛 | 男排 | 第九名 |
| | 全国联赛 | 女排 | 第三名 |
| 1974 年 | 全国联赛 | 男排 | 第十名 |
| | | 女排 | 第十一名 |
| 1975 年 | 第三届全运会排球赛 | 女排 | 第九名 |
| 1978 年 | 全国乙级联赛 | 男排 | 第四名 |
| | 全国乙级联赛 | 女排 | 第五名 |
| 1979 年 | 全国甲级联赛 | 男排 | 第十三名 |
| | 全国乙级联赛 | 女排 | 第一名 |
| | 第四届全运会排球赛 | 男排 | 第十二名 |
| | 全国乙级联赛 | 男排 | 第六名 |
| 1980 年 | 全国乙级联赛 | 女青队 | 第五名 |
| | 全国甲级联赛 | 女排 | 第十二名 |
| 1981 年 | 全国甲级联赛 | 女排 | 第十五名 |
| 1984 年 | 全国乙级联赛 | 男排 | 第一名 |
| | 全国甲级联赛 | 女排 | 第十四名 |
| 1985 年 | 全国甲级联赛 | 男排 | 第十三名 |
| | 全国甲级联赛 | 女排 | 第十四名 |
| 1986 年 | 全国乙级联赛 | 男排 | 第三名 |
| | 全国乙级联赛 | 女排 | 第三名 |
| 1987 年 | 第六届全运会排球赛 | 男排 | 第九名 |
| 1988 年 | 全国甲级联赛 | 男排 | 第十名 |
| | 全国甲级联赛 | 女排 | 第七名 |
| 1989 年 | 全国甲级联赛 | 男排 | 第八名 |
| | 全国甲级联赛 | 女排 | 第十五名 |
| 1990 年 | 全国甲级联赛 | 男排 | A 组第七名 |
| | 全国甲级联赛 | 女排 | C 组第六名 |
| 1991 年 | 全国甲级联赛 | 男排 | B 组第五名 |
| | 全国乙级联赛 | 女排 | 第一名 |

1972 年，周恩来总理到广东视察工作，鼓励排球运动的开展，此后，国家要求所有省市自治区的排球队恢复正常训练，并在 5 年之内达到国际水平。天津市排球队重新组建，恢复了 15 所业余体校，但是这时的天津排球整体水平相对不高，成绩不理想。

1972 年 6 月，全国五项球类运动会召开，天津男排获得了第九名，女排获得了第三名。1973 年，全国排球联赛恢复，各地排球队相继恢复了正常训练。此时，全国的排球运动竞技水平与世界水平仍有较大的差距，但是随着排球队恢复训练，各项训练计划提上日程，排球运动员日复一日坚持不懈训练，我国的排球运动水平呈不断上升趋势。

1973 年，在周恩来总理的积极推动下，天津市与日本神户市正式结为友好关系城市，期间，天津友好排球代表团在神户市进行了四场友谊赛，并取得了较好的成绩。1974 年，天津男排和女排的成绩不甚理想。1975 年 4 月，天津男排出访多哥、尼日利亚和索马里三国，期间进行了多场交流赛。1987 年，天津市举办"海鸥杯"国际女排邀请赛，多个国家应邀参赛，中国女排取得了亚军。在国内的比赛中，天津女排的成绩相对优于男排。1975 年以后，各地的青年运动员逐渐成长起来，1976 年，国家队的重组加速了全国排球运动水平的提高。

20 世纪 80 年代，我国体育水平逐渐提高，国家体委提出由高校重点培养后备人才，组建高水平的运动队。1987 年，天津市体委在南开大学组建了一支女子排球队，并代表天津市参加全国高校的排球比赛与全国排球联赛。

3. 竞技排球的运动理论建设

1972 年，排球运动在全国范围内逐渐恢复，但是我国排球运动后备力量薄弱，运动人才短缺，因此国家开始大力促进青少年排球运动员队伍建设，组织集训活动选拔各地优秀的青少年排球运动员，提高其技术水平的；采取女排队员由男队员陪打的训练措施，队风的建设也作为重点工作来抓。1972 年 11 月全国训练工作会议根据我国当时排球运动发展的实际情况，对排球运动的技战术指导思想进行了全面的梳理，使教练员和运动员对排球运动的指导思想有正确的认知，并在实践训练中贯彻落实。

1978 年十一届三中全会召开，我国体育工作的重点由原来的突出政治向竞技体育转变，这一变化鼓舞了全国的体育工作者，也让沉寂了多年的体育事业迎来了春天。排球运动在党和国家的重视之下，纠正训练作风，做好思想工作，积极利用排球规则的变动进行技战术的升级创新。在 70 年代末期到 80 年代中期，中国男排排名亚洲第三、世界第八位，而我国女排则靠着顽强的拼搏精神和精湛的技战术水平创造了"五连冠"的优异成绩，极大地促进了我国排球运动和体育事业的发展。女排精神鼓舞着各行各业。

1989 年，全国排球训练工作会议召开，经过讨论与商议，最终确定排球技战术的具体指导思想。各省市地区积极学习新理念、新技战术，并将学习成果体现在实践训练中，逐渐形成具有地方特色的技战术。但是天津排球队在此阶段成绩并不十分理想，发展陷于瓶颈状态。

4. 天津市校园排球与大众排球运动的开展

（1）高校排球运动的开展

1972 年，天津高校逐渐恢复体育课程，起初以军训为主，没有实质性的教学内容。1979 年"扬州会议"召开，国家体委和教育部共同发布了《高等学校体育工作暂行规定》，高校的体育课程逐渐恢复，并增设了许多体育运动项目，如足球、篮球、排球、乒乓球等。1980 年，天津医学院（天津医科大学前身）举办高校体育课排球学习班，推动天津高校的排球课程形成系统的教学模式与教学内容，统一了课程的具体内容。国家也通过各种手段推动各大高校开设体育课程，引导各高校根据学生的兴趣爱好和学校自身发展条件，尽可能地开设多样体育课程，激发学生的参与兴趣，大力发展学校体育事业。例如，南开大学开设的排球课非常受学生欢迎，学生参与度特别高，培养了一批热爱排球运动的学生，推动了南开大学排球运动的发展。

随着体育课程的恢复，各高校也积极开展班级之间、院校之间的排球比赛活动。排球传统特色学校通过课外辅导等方式，让学生更深入了解排球运动发展的历史和相关理论知识，增加了学生对排球运动的认知，培养学生对排球运动的热爱。

1986 年，我国开始试办高校排球运动队。1987 年，各大院校响应国家号召，大力开展排球运动，培养排球后备人才。以南开大学为代表的高校建立校园排球运动队。1988 年，天津市将试点高校与传统排球学校进行队员和师资的融合共通，打通了后备人才输送渠道，极大提高排球运动后备人才的培养效率，排球后备人才的小、中、大学培养链接形成。南开女排在第三届全国大学生运动会排球比赛中获得第二名，在 1989 年的全国女排乙级联赛中获得冠军，并升入甲级，1990 年出访日本与七所日本大学女排队的比赛获得全胜。在 1993 年第九届全国大学生排球赛中以全胜的优异成绩横扫赛场。

（2）天津市中小学排球运动的开展

表 1-5　1972 年—1993 年天津市排球传统特色学校

| 区县 | 学校名称 | 设立时间 |
| --- | --- | --- |
| 南开区 | 第四十三中学 | 1989 年 |
|  | 黄河道小学 | 1985 年 |
| 河西区 | 南楼中学 | 1981 年 |
|  | 红光里小学 | 1989 年 |
|  | 中心小学 | 1992 年 |

从 20 世纪 70 年代后期开始，天津市的中小学体育课程逐渐恢复，20世纪 80 年代初期，原天津市体委和市教委推动举办排球校际比赛，加快促进了天津市中小学排球队的成立与发展。

为了加强并提高天津市中小学排球队的建设与发展，做好排球后备人才的培养工作，原天津市体委在 1985 年制定了"1014"体育发展战略，以 10—14 岁的学生为主要对象，将排球列为重点发展项目，在全市进行普及训练，从中发现后备人才，优化选材、系统训练，为天津市排球队伍建设注入新的血液。1986 年，国家体委发布关于学校开展课余训练的相关规定，规定指出，通过开展课余体育训练，发现优秀的体育人才进行系统训练，优化体育人才培养，为国家输送体育后备人才。随后，天津市逐渐开始建立并发展排球传统特色学校，如南开区的四十三中学、黄河道小学、红光里小学，河西区的中心小学等。随着排球传统特色学校的建立，大学、中学、小学一体化的后备人才培养模式逐渐成熟。例如，天津市形成了红光里小学—南楼中学—南开大学的排球后备人才输送一条龙渠道。这样的人才储备模式大大推动了天津排球后备人才的培养与发展，提高了天津市排球运动的整体水平。

1971 年，红光里小学组建了自己的排球队，前中国女排队员杨锡兰便出自该小学。1987 年，红光里小学承办了全国六个省市小学生"育才杯"排球邀请赛，大大提升了天津市排球运动的名气。1993 年，红光里小学被评为全国先进传统项目学校。

1971 年，南楼中学排球队成立。1973 年，南楼中学排球队参加了全国第一届中学生运动会的排球比赛，获得了男子甲组、乙组冠军和女子乙组冠军。后来，南楼中学男子排球队与女子排球队先后多次参与国家层面的排球比赛，均获得了较好的成绩。1990年，南楼中学女子排球队代表我国参加世界中学生排球锦标赛，在比赛中凭借不服输的精神、较高的技术水平和团队之间的紧密配合，最终取得了亚军的好成绩。南楼中学为国家培养了多名优秀的大学生运动员。南楼中学结合自身的实际情况，积极解决排球运动中普及与提高的关系，推动排球运动在学校现有体育课和户外体育活动中开展，让排球渗透到学生的日常学习生活中。1990年，日本中学考察团到南楼中学参观，见证了南楼师生对排球运动训练的热忱。排球运动已经融入南楼中学师生的日常学习生活中，成为不可分割的一部分。

（3）天津大众排球的开展

20世纪80年代后，我国大众体育开始向自办体育的方向发展。各单位的体育工作由各部门主管负责，不同行业之间开启了体育联合会的自建工作，大众体育以高涨的势头迅速开展起来，极大激发了各单位和人民群众的参与热情。大众排球运动自此进入全新的发展阶段。原天津市体委、市总工会联合下发文件，要求各区、县、单位积极恢复体育协会。这既说明政府部门对体育工作的重视，同时也反映了人民群众对体育发展的迫切期盼。为满足人民群众的不同体育爱好，单项体育协会也在细化中逐渐成立起来，市、区等积极举办多种项目的竞赛活动，如排球、篮球、羽毛球、游泳等项目比赛，带动了大众体育运动的热潮，也吸引了大量体育爱好者参与，极大促进了天津市体育事业的发展。

在此期间，天津市的大众体育成绩尤为突出。天津市不仅积极举办各级别的比赛，同时还积极承办国家级比赛，如全国女排联赛等。天津市的体育成绩极大地鼓舞了天津市民，也推动了排球运动在人民群众中的传播与发展，同时也使排球整体运动水平得到一定的提高。

在天津市政府的积极帮助下，排球运动场所越来越多，各种级别和规模的比赛也越来越多，大众参与排球运动得到的专业指导也越来越多。中国女排在1981—1986年取得的优异成绩更是激发了中国人民对排球运动的热情。人们开始多关注和了解排球运动上，排球运动的知名度越来越高，群众基础也越来越深厚，这对今后排球运动的大众化发展产生了重要的助推作用。

### 五、崛起阶段（1992—2002 年）

天津市排球运动的崛起以 1992 年在广东省召开的"中山会议"为起点，以 2003 年天津女排夺得全国女排联赛冠军为终点。在这一时期，我国体育改革进入了全新的发展阶段，天津市排球运动也在大环境下取得了一定的成绩。

1. 时代背景

1992 年，党的十四大召开，确立了社会主义市场经济体制的改革目标，社会主义体育事业也进入了新的发展轨道，并引入市场机制。在此阶段，我国开始重视竞技体育与大众体育的协调发展。1993 年，天津市体委、北京体育大学、天津体育学院等联合草拟了《全民健身计划纲要》，《纲要》在 1995 年由国家正式颁布实施，目的是提高中华民族的体质与健康水平。1995 年，《奥运争光计划》颁布实施，进一步加快了大众体育的发展。1993 年，国家体委就体育改革发布了一系列文件，旨在提高国民体质、深化体育改革，推动我国体育事业的发展，使我国体育与世界体育迅速接轨，朝着社会化、科学化和产业化的方向发展；此外，还对体育项目做出具体的细化分类，将排球运动列入国家重点投入项目，并实施体教结合的发展路线。自此，我国排球后备人才的培养进入了全新的阶段，通过教育系统与体育系统的联合，培养高水平的运动人才，储备大量的运动后备人才，为我国排球事业发展添砖加瓦。

在这一阶段，意大利男排和荷兰男排迅速崛起，以极高的排球水平，在国际上取得了领先地位。女排朝向男子化方向发展，以古巴女排和巴西女排最为突出。赛场上不断出现高水平排球运动员，将排球技战术水平提高到一个全新的阶段。意大利的职业俱乐部发展迅速，而且大众排球运动的发展，使意大利的排球运动水平呈快速直线上升趋势。排球职业化成为世界排球运动发展的必然趋势。

1996 年，我国在世界排球运动发展的大趋势下，逐渐开始推进排球联赛的职业化改革，取消全国排球甲级、乙级联赛，改为全国排球联赛和全国排球优胜赛，并实施升降级制度。中国排球联赛改革开始走向全新的发展阶段，排球职业化向世界排球运动发展趋势靠拢。1997 年，国家体育总局成立排球运动管理中心，并积极采取多种手段提高联赛水平，办好每一场排球联赛，用多种方式开发排球联赛的市场。在这一发展形势下，全国各省市地区的群众参与排球的热情更加高涨，排球俱乐部如雨后春笋般成立。这其中有国家和地方政府资助的俱乐部，也有自发成立的俱乐部，同时还出现了外国公司赞助的俱乐部。各种不同类型的排球俱乐部点燃了全民参与排球运动的热情，也促进了排球运动的大众化发展。2001 年，北京申奥成功，当年的排球工作会议围绕奥运会制定了新的排球运动发展方案，包括建立国家队管理新体制等。天津市排球运动在全国排球的发展浪潮中悄悄涌动。

2. 竞技排球的训练管理和排球队伍建设

表 1-6　1992—2003 天津市男女排国内比赛成绩

| 日期 | 比赛名称 | 名次 |
| --- | --- | --- |
| 1992 | 全国女子排球锦标赛 | B 组第 8 名 |
|  | 全国男子排球锦标赛 | B 组第 8 名 |
| 1993 | 全国女排青年队联赛 | 第 11 名 |
| 1994 | 全国女排青年队联赛 | 第 2 名晋升乙级 |
| 1995 | 全国女排乙级队联赛 | 第 2 名晋升甲 B |
| 1996 | 全国女排甲级队联赛 | B 组第 1 名 |
| 1997 | 全国女排优胜赛 | 第 2 名晋升甲 A |
| 1998 | 全国女排联赛 | 第 5 名 |
| 1999 | 全国女排联赛 | 第 6 名 |
| 2000 | 全国女排联赛 | 第 9 名 |
| 2001 | 全国女排联赛 | 第 8 名 |
|  | 全运会女排预选赛（唐山赛区） | 第 1 名 |
|  | 全运会女排比赛 | 第 5 名 |
| 2002 | 全国女排联赛 | 第 3 名 |

90 年代初期，天津男子排球队解散，直到 2001 年才重新组建，由天津工业大学负责排球队伍的训练。当时天津男排队员的技能水平参差不齐，基本都是各个地区招来的排球特长生，因此水平明显不如其他专业排球队，屡次在大赛上失利。与此同时，天津女子排球队也濒临解散。1992 年，王宝泉加入国家队后，天津女子排球队没有主教练，因此女排队伍的训练情况比较混乱。1993 年，天津女子排球在全国青年联赛中排第 11 名，同年，天津市体育工作会议正式决定保留天津女排，并任命赵雪琪为主教练。赵雪琪上任之后，积极选拔年轻、技能水平比较出色的新队员，经过一段时

间的训练后，天津女排的运动水平有了质的提高。1994 年，天津女排以第二名的成绩跻身全国女排青年队联赛乙级联赛，1995 年晋升全国女排甲级队 B 组联赛，1996 年获得甲 B 第一名的好成绩。

1996 年 4 月，全国排球工作会议在天津召开，此次会议对排球赛制进行了改革，中国排球职业赛就此起步。此举极大地激发了天津市搞好排球运动的信心。1996 年，天津女排在全国排球联赛中失利，但在 1997—1998 赛季全国联赛中以优胜赛第二名的成绩进入甲 A 队列。1997 年，天津市体委积极寻求外资的帮助，与韩国锦湖集团共同建立天津锦湖轮胎女排俱乐部。1999 年，俄罗斯运动员契连科娃加入该俱乐部，天津女排成为国内首家引入外援的球队。2000 年，天津女排更名为天津普利司通女子排球俱乐部。

1998—1999 年，天津女排队员李珊入选国家队。2001 年，赵雪琪退休，天津女排的成绩日渐下滑。2001 年，王宝泉担任天津女排主教练，天津女排的成绩逐渐上升，并在后续的比赛中稳步提高。在这一时期，天津女排一直积极进行对外交流，1996 年与日本女排进行交流比赛，1998 年参加澳门举行的首届东亚排球锦标赛，2002 年远赴美国进行海外拉练比赛。天津女排频繁与国外排球队进行交流比赛，符合排球发展的新形势，也使天津女排走出了自己的发展道路。2003 年，天津女排在全国排球联赛和全国排球锦标赛中均获得了冠军。

3. 竞技排球的运动理论建设

90 年代初期，国家体委非常重视运动训练的理论建设工作。为了适应国际排坛的发展形势，1993 年，我国调整了排球运动的技战术指导思想，旨在全面发展排球运动的攻防技战术，提高技战术水平，不断创新思维，培养高水平排球运动员。但是，我国排球运动员水平距离世界高水平排球运动员的差距仍然较大。1995 年，国家体委主持召开男女排球队工作汇报会议，重新确立了我国排球运动发展的目标和任务，提出要全面发扬奋勇拼搏的精神，针对自身的不足找到问题、解决问题。2001 年 3 月，全国排球工作会议在北京召开，会议阐明了当前世界排球运动的发展变化，反思了当前中国排球发展面临的困境，提出了全面发展排球运动、提高运动员身体训练的指导思想。

1994 年，天津市体委发布向马俊仁同志学习的决定，要求一方面要加强责任心与事业心，认真贯彻落实科学训练的原则；另一方面要对体育事业的发展葆有创新意识和创新能力，刻苦钻研，加强队伍的管理与训练。1995 年，天津市召开体育工作会议，指出要进一步提高排球竞技训练水平，进一步完善具体的训练方案，包括训练的指导思想、训练作风、训练的技术以及排球教练员师资队伍建设等。1996 年，天津市加大了对第八届全国运动会的项目参与投入，并采取多种方式发展竞训理论，提高训练的科学性与创新性，重视比赛队伍的精神文明建设和心理素质的培养。

20 世纪 90 年代初期，天津女排由于主教练职位空缺，队伍散漫、人心不齐，训练懈怠、比赛状态更是不佳。1993 年，赵雪琪教练上任后，根据队伍的实际发展状况，重新定位技战术训练思路，整顿队伍，提升了队伍的团结性与凝聚力，提出了艰苦劳作的训练精神，对队员严格要求和管理。1999 年，天津女排在新老教练员的交替中，放弃惯用的抓防守、抓反击的战术打法，转而重视训练队伍的整体攻击性，强调一攻的质量。2001 年王宝泉上任后，针对天津女排的实际情况，重新定义天津女排的战术风格，在训练中严格要求每一位队员，拉近团队成员的距离，重视对队员的思想教育，带领队员提高排球技战术水平。

4. 天津市校园排球与大众排球运动的开展

（1）天津市高校排球的开展

表 1-7　1995 年天津市试办高水平运动队的高校

| 院校名称 | 项目 |
| --- | --- |
| 南开大学 | 排球 |
| 天津纺织工学院（现天津工业大学前身） | 排球 |
| 天津财经学院（现天津财政大学） | 篮球 |
| 天津大学 | 篮球 |
| 天津轻工学院 | 乒乓球 |
| 天津师范大学 | 乒乓球 |

1995 年，国家教委颁布《关于部分普通高等院校试办高水平运动队的通知》，为了全面促进我国大学生运动水平的提升，在全国范围内设置了 50 多所试点院校。全国多个省市响应国家号召，建立省级试点院校，天津市设立的试点院校有 6 所，分别为南开大学、天津纺织工学院、天津财经学

院、天津大学、天津师范大学、天津轻工职业技术学院。其中南开大学开办了女子排球项目、天津纺织工学院开展了男子排球项目。在 1996 年的世界大学生运动会上，天津的男子和女子大学生排球运动队作为代表参加了比赛。虽然未在比赛中获取好成绩，但是作为大学生排球运动队参与国际性的比赛在天津史上是第一次。随着竞技体育的改革，高校与体工队联合办班的方式逐渐出现。2001 年，天津市体委和天津纺织工学院共同组建了男子排球队，并且由天津纺织工学院负责球队的主要运营。

国家对试点高校的扶持工作有力推动了高校排球运动队的组建与发展，而政策扶持对学校的招生也起到了巨大的促进作用。天津纺织工学院曾经以辽宁省青年队的主力队员为基底，组建学校的男子排球队，提高了队伍的整体实力和知名度。因此，天津纺织工学院男子排球队的成绩在各大高校中遥遥领先，成绩远超其他高校男排队伍，但这也导致其他高校参赛队伍减少，观赏性降低，前来观赛的观众也越来越少。

南开大学女子排球队成立于 1986 年，自成立时便一直保持着较高的运动竞赛水平。经过多年的发展与探索，南开大学形成了具有学校特色的排球队伍管理模式。南开大学坚持自主办队，并且积极寻求专业队员的加入，招募退役排球运动员，提高排球队伍的整体水平。南开大学始终坚持培养高水平的大学生排球运动员，同时也坚持培养高水平合格大学生，在训练中坚持半天学习、半天训练的模式，为国家输送全面发展的综合型人才。在这种训练模式下，运动员训练学习两不误，在全国排球甲级联赛中常年处于 B 级水平。2003 年，南开大学女子排球队还以优异的成绩获得了世界大学生运动会的冠军。南开大学的运动员培养训练模式值得其他高校借鉴与学习。

（2）天津市中小学排球的开展

表 1-8　1995—1997 年天津市排球传统项目学校

| 区县 | 学校名称 |
| --- | --- |
| 河西区 | 中心小学 |
|  | 红光里小学 |
|  | 南楼中学 |
| 南开区 | 黄河道小学 |
|  | 四十三中学 |

1995 年，国务院与国家体委先后发布《全民健身计划纲要》和《奥运争光计划》，学校体育发展是这两项计划实施的重要环节，而体育传统项目的责任更为重大。为促进体育事业的发展，天津市体委和教委共同修改了《天津市体育传统项目学校管理办法》，在条例中增加了三年命名制的动态命名方法，以此督促传统项目学校的办学动力和责任感，为传统项目学校的开办注入新的动力。为了贯彻落实国家教委和体委提出的开展课余训练提高学校体育运动水平的要求，天津市教委调整了后备人才试点学校层次，建立小、初、高一体化的人才培养模式。1995—1997 年天津市排球传统特色学校有 5 所中小学，包括河西区的中心小学、红光里小学、南楼中学和南开区的黄河道小学、四十三中学。

学校是教育的摇篮，是人才培养的重要基地，是实施《全民健身计划纲要》的重要场所。天津市一直秉持学校教育为体育发展的理念，将学校体育教育工作放在工作的首位，不断强化学校课余体育训练。各学校在政府的督促与引导下，积极开展学校体育教育活动，为后备人才的培养储备贡献自己的力量。而传统育项目学校更肩负起培养高水平体育人才的重任。因此，天津市开展"希望之星"活动，以此促进学校课余体育训练工作的顺利开展，同时政府鼓励学校与业余体校之间进行有效合作，提升后备人才培养的质量，丰富学校课余体育活动的内容，创新教学方法，激发学生积极主动参与其中。在此期间，学校的体育工作开展比较成功，市教委与体委积极开展市级、区级等中小学生排球比赛。1997 年，南楼中学建立了华胜排球运动中学，学生在接受文化课教育的同时，通过参与体育课、课余体育活动和体育训练等方式，对排球运动知识有了更深入的了解，对排球运动的喜欢也不断增加，大大提高了学校排球运动的参与人数。南楼中学因为排球运动的影响力被国家体育总局授予"青少年体育俱乐部"的称号。2000 年，河西区南楼中学与南开区黄河道小学先后成立"青少年排球俱乐部"，以此带动全市中小学排球运动发展。自此，天津市中小学排球运动发展进入全新的发展阶段。

（3）天津市大众排球的开展

自 1994 年开始，天津市全面开展各项体育工作，随着全民健身计划的不断深入，加大对于体育的报道与宣传力度。如《天津日报》《今晚报》等都增加了相关宣传内容。2003 年，天津女排首次登上全国女排联赛冠军的领奖台，天津电视台对决赛进行了长达 5 个小时的全程直播。随后《天津日报》等报纸头条纷纷报道了这一重大新闻。在媒体的强势助攻下，天津市各行各业积极组织学习天津女排精神，将天津女排精神贯彻落实到工作中。

1995 年，天津市体委在体育工作会议上提出全面实施全民健身计划，并将其作为天津市体育发展的首要任务。为了更好地完成和实施全民健身计划，天津市的公共体育场馆对外开放，学校、企事业单位的场馆也对外开放，为排球运动的发展提供了强有力的物质保障。与此同时，政府也加大了排球运动场馆的建设，增加场馆数量。各行各业也响应政府的号召，纷纷加入到排球运动当中。在此时期，排球运动的群众基础越来越扎实，为大众排球运动的发展提供了强有力的保障。社区等团体组织开展不同规模的排球竞赛活动，均有力地促进了天津市大众排球运动的发展。

**六、稳定发展阶段（2003—2012 年）**

稳定发展阶段以天津女排在 2003 年获得的两项冠军为起点，以 2012 年党的十八大开启中国特色社会主义发展新时代为结点。这一阶段由于 2008 年北京奥运会的成功举办，我国体育事业发展达到了全新的高度，中国体育实力跻身世界领先水平的行列。

1. 时代背景

北京奥运会的成功举办和党的十六大胜利召开，为我国体育事业的发展指明了全新的道路，也使我国体育健儿为国家荣誉奋斗的热情更加高涨。2001 年北京申奥成功，我国体育事业的发展迎来了前所未有的机遇。奥林匹克精神融入了人民群众的心里，全民体育意识大大增强，各地区和高校体育运动队热情高涨。2008 年北京奥运会胜利举办之后，胡锦涛总书记提出要努力推动我国由体育大国向体育强国迈进，这标志着我国体育事业的发展进入全新的历史发展阶段。天津作为北京奥运会的协办城市，也依靠奥运会盛事，进入了体育发展的快车道。

2. 竞技排球的训练管理和排球队伍建设

**表 1-9　2003—2012 天津市女排国内外比赛成绩**

| 日期 | 比赛名称 | 名次 |
|---|---|---|
| 2003 | 全国排球联赛 | 第 1 名 |
| | 全国排球锦标赛 | 第 1 名 |
| 2004 | 全国排球联赛 | 第 1 名 |
| | 全国排球锦标赛 | 第 1 名 |
| 2005 | 全国排球联赛 | 第 1 名 |
| | 亚俱杯女排赛 | 第 1 名 |
| | 第十届全运会排球赛 | 第 1 名 |
| 2006 | 全国排球联赛 | 第 2 名 |
| | 亚俱杯女排赛 | 第 1 名 |
| 2007 | 全国排球联赛 | 第 1 名 |
| 2008 | 全国排球联赛 | 第 1 名 |
| | 亚俱杯女排赛 | 第 1 名 |
| 2009 | 全国排球联赛 | 第 1 名 |
| | 亚俱杯女排赛 | 第 2 名 |
| | 第十一届全运会排球赛 | 第 1 名 |
| 2010 | 全国排球联赛 | 第 1 名 |
| | 亚俱杯女排赛 | 第 4 名 |
| 2011 | 中国排球联赛 | 第 1 名 |
| | 亚俱杯女排赛 | 第 2 名 |
| 2012 | 中国排球联赛 | 第 3 名 |
| | 亚俱杯女排赛 | 第 1 名 |

随着我国排球运动职业化的改革，全运会、全国排球联赛作为龙头赛事代表了国内排球运动的最高水平，2005 年，全国排球联赛参赛队伍由 12 支增加到 16 支，各地排球队伍参与热情提高，竞争难度也增加了。2005 年，天津女排通过出访国外参加交流比赛，积累了丰富的比赛经验，使全队的运动水平得到了较大的提高。在此发展阶段，天津女排曾八次获得全国联赛的冠军，并两次登顶全运会，取得四次亚俱杯冠军。优异的成绩大大激励了天津女排的斗志，也让天津市排球运动进入全新的发展阶段。

由于天津排球运动快速发展，天津市体育局也加强了女排队伍的建设工作，以国家队的管理方式来管理天津女排，从训练工作、梯队建设以及后勤保障等方面，全力支持天津女排的发展。2005年，天津女排实现了第一次大满贯。此后，天津市加快后备人才队伍建设，做好老旧交替的工作，以张静坤为主教练的二线队伍继承了天津女排的技战术风格，并经常与一线队伍切磋比赛，二线队伍的水平在短时间内得到了较大的提升。2010年，王宝泉任中国女排主教练，天津市体校的排球教练刘晓明成为天津女排主教练，他在原有的训练基础上，融入全新的训练方式，重视年轻队员的培养，在第三届全国女排大奖赛上，带领队伍赢得大奖赛冠军。此后，刘晓明带领天津女排取得2010—2011全国女排联赛冠军、2011—2012全国女排联赛第三名。刘晓明的带队思路让年轻队员迅速成长起来，完美地完成了新老交替的工作，鼓舞了年轻队员的斗志，提高了女排队伍的整体运动水平。

3. 竞技排球的运动理论建设

天津女排的两位主教练带队方式各有特色，但是在带队风格上依然保持技术全面、战术灵活多变的原则，两位教练员在锐意进取、迎难而上、顽强拼搏、争创第一的女排精神根植于每一位排球运动员的思想当中，并将其落实到训练和比赛中，鼓舞运动员的比赛士气和训练热情。天津女排的技战术指导思想也与时俱进，在学习新的国际前沿技战术的同时，还根据本队的特色进行改善与创新。在此期间，天津女排在国内一直保持相对领先的水平，理想信念教育也助力了天津女排精神的延续。

2003年，天津市委市政府决定加强天津女排的党组织建设。天津女排党支部将女排的思想工作放在首位，要求女排老队员以身作则，为新队员做好榜样，使所有队员向组织靠拢。而后，天津女排的党员队伍日渐壮大，越来越多的年轻队员加入党组织队伍，党的先进性与天津女排精神的加持，使女排队员们在训练和比赛中无往不胜，为天津女排提供了充沛的活力。

2003年，天津女排首次夺得全国女排联赛冠军，天津市委市政府号召全市人民向天津女排学习，学习其顽强拼搏、团结协作的精神，鼓励各行各业的人们将天津女排精神融入工作中，科学钻研，发挥集体荣誉精神。2009年，天津女排在十一届全运会上再次夺得冠军，时任天津市委书记张高丽在总结会上嘉奖女排队员，指出要向天津女排运动员学习锐意进取、迎难而上、顽强拼搏、争创第一的精神。

4. 天津市校园排球与大众排球运动的发展

（1）天津市高校排球的发展

在天津市排球运动稳定发展阶段，高校承担起培养排球后备人才的任务。国家致力于建设高水平的排球运动队，并将高校排球队伍建设作为重点工作之一。2003 年，南开大学女排夺得世界大学生运动会冠军。2004 年，北京航空航天大学男子排球队在全国联赛预选赛上取得了六胜一负的好成绩，并成功晋级全国男排联赛。这两支高校排球队取得的成绩引起了国家和社会的高度关注，也让高校排球队伍建设进入新的发展阶段。

1987 年，我国开始试办高校高水平运动队，高校高水平运动队的数量在短时间内迅速增加。到 2006 年，已经有 200 多所高校建立高水平的运动队伍，并在发展中逐渐形成了自主助办和体教结合等多种办队模式。南开女排坚持自主办队，并依托专业队招募退役运动员，坚持边学习边训练的模式。南开女排的办队模式受到国家体育总局的肯定，并逐渐在其他高校推广开来。南开大学为排球运动在高校的推广发展做出了很好的榜样，同时也影响了中小学排球运动的开展，为其提供了有效的经验参考，同时南开大学的办队模式，也为退役运动员的就业安置问题做出了突出的贡献。

（2）天津市中小学排球的开展

2011 年，天津市的体育传统项目学校开始大幅度缩减，由最初的 300多所缩减到 156 所。随着体育传统项目学校数量的减少，红光里小学、岳阳道小学等曾经培养过优秀运动员的学校退出名单。究其原因与升学压力的增加和家长对学生的过度保护有一定的关系。这也使天津市小学体育工作的开展遇到阻碍。体育训练经费不足，无法满足学校众多学生的体育锻炼需求；体育师资数量和质量无法保证；体育部门对体育传统学校的认知不足……这些情况均导致天津市中小学排球发展出现了困难。

（3）天津市大众排球的开展

在大众排球发展方面，天津市在 2006 年颁布了《天津市全民健身条例》，天津市群众体育的管理从此走上了法制化的道路，天津市的群众体育组织与体育活动设施也因此受到了重视，配置和设施比较齐全，能够满足人民群众的健身需求。各种排球活动也相继开展，全面助推了天津市全民健身活动的开展。天津女排在此期间取得了优异的比赛成绩，天津女排精神鼓舞了人民群众，丰富了天津市的排球文化，营造了良好的体育锻炼氛围，为天津排球的发展注入充沛的活力。

## 七、全面发展阶段（2012 年—至今）

天津市排球全面发展阶段以党的十八大召开为起点。这一阶段我国体育事业进入全新的发展阶段，以习近平同志为核心的党中央领导对体育工作高度重视，天津市排球运动也进入全面发展的新阶段。

1. 时代背景

党的十八大后，习近平总书记多次提及体育强国梦，强调体育强国的重要意义，以及体育对人民健康、幸福生活的意义。新时代，中国特色社会主义发展快步向前，中国已经从体育大国逐渐到体育强国的方向开拔，建设中国特色的体育强国。在《体育强国建设纲要》中，体育事业的发展与强大是实现中华民族伟大复兴的重要推手，在建设体育强国的过程中，全国人民体质的提高成为体育强国梦的根本任务，全民健身服务于全民健康和体育强国，人民健康水平提升也会提高幸福生活指数，同时也是全面建成小康社会的重要指标之一。

2. 竞技排球的训练管理和排球队伍建设

2016 年，中国女排夺得里约奥运会冠军，全国为之沸腾，女排精神再一次震撼中华大地，全国掀起了新一轮的排球热。2017 年，第十三届全运会在天津举办，这一体育盛会也大大促进了天津的"体育强市"建设，提高了天津市排球运动的发展水平。为了进一步巩固天津市排球运动基础，打造具有地区特色的排球运动，助力城市发展，天津市政府将"排球之城"建设纳入天津市"十四五"规划中。2021 年，天津市政府颁发《天津市加快推进"排球之城"建设实施方案（2021—2030 年）》，引导全市力量建设"排球之城"。

表 1-10  2012—2022 年天津市女排国内外比赛成绩

| 年份 | 比赛类型 | 比赛成绩 |
| --- | --- | --- |
| 2012 年 | 中国排球联赛 | 第一名 |
| | 第十二届全运会 | 第一名 |
| 2014 年 | 中国排球联赛 | 第二名 |
| | 亚俱杯女排赛 | 第二名 |
| 2015 年 | 中国排球联赛 | 第七名 |
| 2016 年 | 中国排球联赛 | 第一名 |
| 2017 年 | 中国排球联赛 | 第三名 |
| | 第十三届全运会 | 第六名 |
| | 亚俱杯女排赛 | 第三名 |
| 2018 年 | 中国排球超级联赛 | 第一名 |

| 年份 | 比赛类型 | 比赛成绩 |
| --- | --- | --- |
| 2019 年 | 中国排球超级联赛 | 第二名 |
|  | 亚俱杯女排赛 | 第一名 |
| 2020 年 | 中国排球超级联赛 | 第一名 |
| 2021 年 | 中国排球超级联赛 | 第一名 |
|  | 第十四届全运会 | 第一名 |
| 2022 年 | 中国排球联赛 | 第一名 |
| 2023 年 | 全国女排联赛 | 第一名 |

2016 年，天津市为扩大天津女排的优势，通过多种方式加大对天津女排的投入，包括资金、运动员、后勤保障等方面，尽全力保障天津女排的训练和比赛。此外，天津市政府还充分调动社会力量的积极性，鼓励社会企事业单位助力天津排球运动的发展。近年来，天津市体育局不断改革完善竞技体育管理体制，任命前中国女排队员李珊为天津市排球管理中心主任，并聘请退役国家队运动员和康复教练加入天津女排，打造专业的排球管理团队和高水平的排球教练员团队。

2016 年，天津男排成功冲入甲 A 联赛，并在 2016—2017 赛季获得了第八名的好成绩。天津男排虽成绩不及女排，但是也在天津女排精神的鼓舞下，不断提高运动技能水平。2020 年，利用"八一"军体改革的契机，天津男排引入多名"八一"男排队员，极大地增强了天津男排的整体实力，鼓舞了天津男排的斗志。2021 年，天津男排在 2020—2021 中国男排超级联赛的 5-6 排位赛上，取得了较为优异的成绩，在 2021 年全国男排锦标赛上，天津男排夺得亚军，也刷新了天津男排近年来的最好成绩。在天津市"排球之城"建设目标的引领下，天津男排也有了更加完善的保障，队伍整体的水平有了较大的提升。2023 年全国女排超级联赛，天津女排以绝对实力夺得桂冠，这也是天津女排历史上第 16 次获得冠军荣誉，刷新了上海男排 5 年前在国内排坛联赛 15 次的夺冠纪录。天津女排的 16 个冠军是在 22 个赛季实现的，成绩之优异让人叹为观止，也让天津市民为之骄傲。天津女排的崛起离不开天津市对排球运动的重视，在天津"排球之城"的建设中，女排精神成为天津响亮的城市口号，排球运动也成为天津独具特色的城市名片。

3. 竞技排球的运动理论建设

天津女排一向以顽强的作风和扎实的技术著称，在排球运动全面发展阶段，天津女排依然沿袭这种作风和特点，紧跟国际女排发展潮流，并根据自身情况在技战术训练和体能训练上做出相应的调整，例如聘用专业体能教练和康复教练，在训练中积极创新探索全新的手段等。在此阶段，世界排球运动水平达到了全新的高度，虽然要在此基础上继续创新技战术存在一定的困难，但可以从团队合作能力和技战术的实用性方面进行调整和完善。

随着科学技术的不断发展，天津排球队重视将科技手段应用于技战术的训练中，加快体育科技的创新发展，构建体育科技创新平台。例如，在排球后备人才的选拔上，使用基因技术进行筛选，促进科学选材，提高后备人才的基础能力；通过穿戴设备对运动员的运动负荷及训练情况进行实时监测，便于教练员更加准确地掌握和调控运动强度，了解训练过程中运动员的身体变化和训练效果，根据监测结果更好地设计训练方案，进而提高训练的效果和效率；DataVolley 软件的使用大大提高了对排球技战术的分析能力，对运动员的技战术训练起到了科学的指导作用。

4. 天津市校园排球与大众排球运动的发展

（1）天津市校园排球运动的发展

为了促进天津校园排球运动的发展，在天津市体育局的支持下，天津市排球运动协会举办了多届青少年排球赛事，如自 2015 年开始，每年举办天津市青少年排球冠军赛与天津市青少年排球锦标赛。同时，天津市各大中小学校大力开展阳光体育大课间活动、特色体育社团活动等，将排球运动以多种形式融入学校体育教学中，扩大排球运动的宣传范围，深化体教融合思想，培养排球后备人才，提高学生体质健康水平，将人才培养与国民教育体系相融合，推动学校体育教育事业的发展。

2021 年，天津市排球运动协会为促进排球运动发展，开展了"天津市排球校园公益行"活动，与各区县教育局和体育局合力建设青少年排球训练基地，并且根据各区县实际发展情况，完善校园排球竞赛体系。在此活动中，天津女排的教练员和运动员受邀参与活动，为广大师生普及排球知识，展示排球技战术动作，宣讲排球的运动内涵和排球精神。此次活动激发了学生对排球运动的热爱，也增加了天津市排球后备人才储备的厚度。

表 1-11　　"排球之城"天津市排球传统特色学校名单

| 区县 | 学校 |
|------|------|
| 滨海新区 | 天津市滨海新区大港油田一中 |
| | 天津师范大学滨海附属小学 |
| | 天津市滨海新区塘沽渤海石油第一小学 |
| | 天津市滨海新区塘沽贻成小学 |
| | 塘沽二中心小学 |
| | 塘沽向阳第一小学 |
| | 塘沽第五中学 |
| | 天津师范大学滨海附属学校 |
| | 塘沽渤海石油第一中学 |
| | 天津滨海高新技术产业开发区第一学校 |
| | 天津经济技术开发区第一小学 |
| | 天津港保税区空港学校 |
| | 天津经济技术开发区第一中学 |
| | 天津港保税区空港实验小学 |
| | 大港栖凤小学 |
| | 大港第十二小学 |
| | 大港第二小学 |
| | 大港第一中学 |
| | 大港第一中学 |
| | 大港实验中学 |
| | 大港第四中学 |
| | 大港海滨第二学校 |
| 和平区 | 天津市耀华中学 |
| | 天津市和平区西康路小学 |
| | 天津市和平区万全中学 |
| 河北区 | 天津市第七十八中学 |
| | 天津市河北区育婴里小学 |
| 河西区 | 天津市新华中学 |
| | 天津市海河中学 |
| | 天津市河西区东楼小学 |
| 河东区 | 天津市第七中学 |
| | 天津市河东区实验小学 |
| | 天津市河东区第二实验小学 |
| | 天津市河东区第一中心小学 |

| 区县 | 学校 |
| --- | --- |
| 南开区 | 天津市南开区中心小学 |
| 红桥区 | 天津师范学校和苑附属小学 |
| 东丽区 | 天津市东丽湖未来学校 |
| | 天津市东丽区华明小学 |
| | 天津市东丽区丽泽小学 |
| 西青区 | 天津市西青区杨柳青第一中学 |
| | 天津市西青区实验小学 |
| 津南区 | 天津市咸水沽第五中学 |
| 北辰区 | 天津市北辰区普育学校 |
| 宝坻区 | 天津市宝坻区第一中学 |
| 静海区 | 天津市静海区实验中学 |
| 宁河区 | 天津市宁河区桥北街实验学校 |
| | 天津市宁河区潘庄镇朱头淀小学 |
| 武清区 | 天津市武清区杨村第八中学 |
| | 天津市武清区杨村第十小学 |
| | 天津市武清区杨村街第二小学 |
| 蓟州区 | 天津市蓟州区燕山中学 |

2021年，"排球之城"建设方案全面开启。校园排球运动的发展进入了快车道。天津市开始着手强化天津市中小学排球特色学校的建设工作。截至2023年末，天津市排球传统特色学校实现全市覆盖。

（2）天津市大众排球的开展

2015年，天津市推出"全运惠民工程"，以此推动全市群众体育事业的发展，提高全民健康水平，完善公共体育服务体系。而后，天津市体育"十三五"规划出台，将"三大球"和"三小球"作为全民健身活动的重点工作，天津市体育局大力支持鼓励市民参与各种形式的体育项目联赛，例如足球联赛、篮球联赛、排球联赛等。2020年，天津市河西区开展以宣传推广"全民健身日"为主题的哪吒体育嘉年华活动，其中大众沙滩排球系列比赛深受人们喜爱，参与人数众多，有力扩大了排球运动在天津市的群众基础。

为了推广和打造体育精品文化工程，弘扬女排精神，2020年，天津市体育局、天津体育学院等共同主办"国家荣誉——中国女排精神展"，在天津市美术馆向全社会免费开放，展示自 1956 年中国女排建队以来取得的各项优异成绩，目的是宣传"女排精神"。女排的"祖国至上、团结协作、顽强拼搏、永不言败"精神感动了无数观众，天津女排精神也激发了天津人民群众对排球运动的喜爱。

为了推进"排球之城"建设，天津大力推广大众排球运动，加强对市级、区级排球协会的管理与支持，并广泛利用全市各社区、公园等公共体育场所，组织各种形式的排球竞赛活动，鼓励全市人民积极报名参与，以排球竞赛形式满足天津市快速发展的排球市场。2021 年，河西区哪吒体育嘉年华活动组织了 200 多场排球赛事，此后参与人数逐年增加。2022 年起，天津市体育博物馆举办"海河回响——女排精神展"文化巡展，向人们展示天津女排的发展历史和奋斗历程，广泛传播排球文化。

## 第三节　天津市排球运动发展与政治、经济和文化之间的关系

近年来，我国体育事业迅速发展，体育影响着人们的生活，也为人们的生活带来了诸多益处。体育对社会的影响已经渗透到政治、经济、文化等各个领域。排球运动是三大球"运动之一，拥有深厚的群众基础，社会影响力巨大。排球运动是我国重点发展的运动项目，排球运动的发展对我国的经济、政治和文化等有着直接的影响。

在天津市排球运动的推广普及阶段，我国的体育事业开始快速发展。在天津市排球运动的停滞阶段，由于国内政治动荡，全国的体育机构纷纷解散，我国的体育事业发展按下了暂停键。在天津市排球运动的恢复与崛起阶段，我国体育事业也开始快速腾飞。在天津市排球运动稳定发展和全面发展阶段，以习近平同志为核心的党中央对体育工作高度重视，制定体育强国计划，带领我国体育运动事业朝世界领先水平迈进。天津市排球运动也乘国家政策的东风，砥砺向前。

### 一、天津市排球运动发展与政治之间的关系

体育服务于国家的政治，体育在一定层面上代表着国家的政治面貌，

国家稳定，体育事业才能够健康发展；体育事业的强大，反过来也会对国家的发展产生积极的影响。20 世纪 60 年代，日本排球教练大松博文受邀访华，这一举动大大促进了中日女排的交流，后来的"乒乓外交"对当时我国的国际交往起到了一定的影响。中国女排的"五连冠"，极大地鼓舞了中华儿女，"女排精神"一时间家喻户晓。中国女排的夺冠，激发了国人的民族自信，也是我国体育事业发展中的辉煌事件，充分体现了中国特色社会主义制度的优势。

从 20 世纪 50 年代初期到 60 年代中期，我国体育事业发展在政治的影响下异常迅速，当时整个中国处于高度政治化的状态，举全国之力发展竞技体育。改革开放初期，国家体委提出了"侧重抓提高"的工作方针，国家高度重视竞技体育的发展，以期能够在奥运会上获得更优异的成绩。在这种竞技体育工作思路的引导下，我国竞技体育发展进入了快车道，在训练体制、竞赛体制方面均有国家政策保障，而后才有了我国女排"五连冠"的优异成绩。新中国成立以后，运动员代表国家参加比赛，赛会组织者为获胜者升国旗、奏国歌，激发了国人的爱国热情和民族自豪感，每个国家运动员的成绩都与国家形象相关。再加上媒体的宣传，更加强化了国家形象，激发了民族意识。赛场上的每一次比赛都是国家与国家间的竞争。20 世纪 50 年代，中国女排参加世锦赛，初登世界排坛，就以第六名的成绩进入世界前十强，这一成绩奠定了中国排球运动在世界排坛的地位，也让全世界看到了中国女排的实力和中国的体育事业发展成绩。可惜，之后在"文化大革命"的影响下，我国的体育运动事业出现停滞，排球运动的发展也受到了严重影响。在"文化大革命"结束之后，我国排球重返世界排球赛场，中国女排在 20 世纪 80 年代以"五连冠"的优异成绩向全世界展示了中国体育事业的腾飞。"女排精神"一度成为人们引以为傲的谈资，也成为各行各业争相学习的榜样。中国女排的优异成绩塑造了中国在国际体坛的形象，同时也对中国体育的发展起到了巨大的推动作用。

天津市排球运动在几十年的发展与继承中，同样承载了几代天津人的期望，在一定程度上为天津市民带来了巨大的荣耀，也扩大了天津在全国的知名度。天津女排一度成为天津的城市代言，为天津的城市发展起到了重要的促进作用。各类排球运动和赛事的开展，满足了不同人群对排球运动的需求，同时也为天津市全民健身活动提供了良好的平台。

### 二、天津市排球运动发展与经济之间的关系

经济是我国体育事业发展的基础，排球运动的发展受经济因素的影响和制约。天津排球运动是天津经济发展的重要组成部分，经济发展水平越高，排球运动的资金投入越多，排球场地设施越完善，排球运动的发展也就越好，也就越能够满足人民群众对排球运动的需求。

在计划经济时代，我国体育发展采取高度集中的管理模式，进入社会主义市场经济时代，我国体育体制进行了全面的改革，开始引进市场机制，进行体育联赛职业化的改革，构建全新的发展模式。天津市施行一系列政策推进排球运动职业化发展，包括成立排球俱乐部、举办排球职业联赛等。政府积极引导社会资本投入排球运动中，逐渐形成排球运动发展的新模式，促进排球运动的推广与普及。

体育产业作为新兴产业受到社会的广泛关注，当前排球运动在我国的普及度越来越广泛，我国的排球市场蕴含着无限的发展潜力。体育产业发展使大众排球运动和竞技排球运动的关系更加紧密。竞技排球产业的消费群体多为排球运动爱好者，大众排球运动的参与者也多为排球运动爱好者，越来越多的爱好者极大地促进了排球产业的发展。我国竞技排球运动水平不断提升，激发了人们参与排球运动的积极性，进而也加快了排球产业的发展，促进了大众排球运动的推广。

随着我国社会主义市场经济体制的建立，人们对排球运动的参与度越来越高，排球人口逐年增加，我国第三产业也迅速发展。2019 年，天津市体育产业总规模达到了 563 亿元，占当年全市生产总值的 1.17%。体育产业成为天津市经济发展的重要组成部分。近年来，排球运动的普及程度越来越高，排球的习练人群遍布多个年龄阶段。天津女排在各大排球赛事上取得的优异成绩，为比赛门票、广告、电视转播等带来了可观的收益。天津市承办了各种规模的排球赛事，激活了与排球相关商品的需求，也增加了排球服装、器材以及交通、餐饮、住宿和旅游等方面的收益。人们对排球运动的消费增加，推动了体育消费水平的提高，也在一定程度上提高了天津市的整体消费水平。

随着市场经济的建立与完善，体育产业化也在蓬勃发展，竞技排球运动为社会创造了一定的经济价值，也为竞技排球的参与者创造了一定的收入。体育产业化朝着积极正向的道路发展，体育的经济功能也广泛应用于

社会经济的发展。体育的娱乐功能和经济价值已经成为社会经济发展的一部分。排球运动的发展推动了天津市的经济增长,越来越多的排球运动员、教练员以及排球运动管理人员等也因此获得丰厚的收入,更多排球运动人才加入排球运动队伍当中,壮大天津排球运动的队伍,提高了天津排球队伍的整体实力。

### 三、天津市排球运动发展与文化之间的关系

文化可以净化人的心灵,体育文化有助于人们规范自己的行为,培养顽强的意志品质和团队合作精神。排球文化是人们在参与排球运动的过程中所创造的物质财富与精神财富的总和。排球文化包含体育文化和文化的特性,同时还包括排球文化的特性。无论是何种文化,都是以人为核心。有学者将排球文化分为物质文化、精神文化和制度文化。物质文化指的是与排球相关的实质物品,例如排球的服装、器材设施、场地以及从衍生出的培训教学机构等。排球精神文化是借助排球文化来表达的职业道德、情感倾向等,以及排球运动体现出的团结协作、奋勇拼搏精神。制度文化指的是排球活动中的规章制度以及执行制度的机构组织,例如排球竞赛的规章制度、排球裁判法等。

随着排球运动的不断发展,排球文化的特性被定义得越来越多。首先,排球文化具有一定的传承性。排球运动具有百年的发展历史,随着社会的发展与进步,排球运动不断革新与发展,排球文化也在发展中不断沉淀与积累。排球运动如今在世界上大多数的国家均有开展,排球文化出现了多元化发展态势。以天津女排为例,在过去的 20 年间,取得了多个冠军,天津女排精神在一代又一代的运动员中传承。多年的辉煌使天津女排队员和教练员收获了人们的关注和喜爱,也让无数天津市民宣传和传承天津女排精神。其次,排球文化具有一定的创新性。任何一个国家的进步与发展都离不开创新,排球文化亦是如此。排球运动在百年的发展中历经无数次革新与发展,中国排球在技术上结合我国排球运动员的特点进行创新与摸索,形成了多变、全面和快速的技术风格。再次,排球文化具有一定的时代性。排球在百年前诞生,最初仅仅是具有娱乐性质的活动,后来在不断的发展演变中,逐渐形成了稳定的运动体系和竞赛规则,并成为大众喜爱的体育运动项目之一。20 世纪 80 年代,排球运动开始走向职业化和商业化。由最初的十六人制、十二人制、九人制到现在的六人制排球,不同形式的排

球运动满足了不同社会群体的发展需求，并出现了沙滩排球、气排球和雪地排球等更多新型排球运动形式，受到不同年龄、不同职业、不同性别人们的喜爱。2017 年，第十三届全国运动会在天津市举办，让更多的天津市民能够近距离观看排球竞赛，进一步推动了大众排球运动的发展。排球文化在时代的发展长河中，凝聚了一批又一批的爱好者。最后，排球文化具有一定的精神传播性。文化需要依托人类的精神活动，排球文化也是如此，排球作为一项集体运动，需要团体之间的合作才能够完成。多样的攻防战术体系有助于队员之间的紧密合作和协调行动。例如，天津女排在逆境中奋勇拼搏、永不言弃的精神，吸引了众多的排球爱好者为她们加油打气。排球文化的精神传播助力排球运动的传播与发展。

在天津排球的发展历程中，已然形成了具有地域特色的排球文化，天津女排经过几十年的艰苦奋斗形成的天津女排精神，是天津排球文化的核心。天津女排奋勇拼搏的精神为排球运动爱好者树立了积极正面的榜样，也塑造了健康正确的价值观，鼓舞着每一个人。天津女排的精神滋养着天津市民，激发了天津市民对排球运动乃至体育运动高涨的热情，同时也促进了天津排球事业的发展。

天津排球文化随着时代的发展不断累积，竞技排球、校园排球、大众排球的结合让排球文化更加包容和多元。学校是文化传播的重要场所。越来越多的青少年加入排球运动当中，扩大了排球运动的受众群体。大众排球的发展带动了排球文化的传播与普及，创新了排球文化的形式。

## 第四节　天津市排球运动推广现状

### 一、天津市排球推广战略现状

战略指的是根据大局制定的发展目标或者谋略，战略是发展的根本，也是发展的指导思想，是发展成败的关键。天津排球运动发展的推广战略指的是依据客观形势以及本地区发展的实际情况，依据国家的指导思想，采取一定的举措发展本地的排球运动，以计划体制为主，带领天津排球运动向国内领先水平发展。当前我国排球推广主要依靠国家体育总局排球运动管理中心的社会发展部，天津排球运动推广主要依靠天津市排球运动协会，排球推广的主体主要是政府行政机构，排球推广的产品与服务等由政府引导和控制，经费的来源也是政府，政府提供坚实的后勤保障，保障排球运动的健康发展。

**二、天津市排球推广组织现状**

我国的排球推广活动组织者以排球协会为主，教育部门和各工作单位为辅。天津市排球运动协会是具有一定公益性和影响力的组织，能够比较方便地组织各级各类排球推广活动，并且与本地区的教育部门和政府相关机构之间有着较为有效的沟通合作。

当前我国排球运动推广组织包括国家体育总局排球运动管理中心（以下简称"排球中心"）和中国排球协会，前者属于政府机构，后者属于民间组织。排球中心主要负责排球和沙滩排球等的业务管理，并负责接洽与国外排球组织的交流、组织与国外排球队进行友谊赛的事宜。排球中心在2015年成立社会发展部，在原有职责的基础上又增加了大众排球运动的推广和排球文化的传播。中国排球协会属于自愿结成、非营利性的负责管理排球运动的体育社团组织，其主要职责是团结排球运动员和排球工作者，贯彻落实我国的全民健身计划和排球运动普及计划，推进排球运动技术水平的发展，增进人们对排球运动的了解与参与，丰富人们的业余体育文化休闲娱乐生活，促进社会精神文明建设。中国排球协会近年来积极参与国际排联和亚洲排联的各种活动，加强各地区之间的排球联系，对我国排球运动水平的提升起到了一定的促进作用。

天津市排球运动协会属于地区性的排球运动组织，与中国排球协会的相关职能相同。天津市排球运动协会成立于1991年，由天津的排球运动爱好者和排球运动员组成，助力天津市排球运动的推广与发展。天津市排球运动协会集合全市的排球工作者，调动一切积极因素，努力推动天津排球运动的开展，努力培养排球运动后备人才，为天津排球队备战奥运会、全运会等大型比赛提供后备保障支持，努力推动天津市各大中小学校校园排球活动的开展，遵守社会体育风尚道德，遵从党的领导，协调天津排球运动开展，促进全市排球运动蓬勃发展。

# 第五节　天津市排球运动发展趋势

## 一、校园化趋势

在国家发展的良好形势下，天津排球运动发展也呈现出良好的稳定上升趋势。我国体育事业的近年来发展迅猛，国家将体育事业发展的焦点放在了体教融合上。排球运动的发展同样离不开校园体育的支持。天津"排球之城"建设也提到了校园排球运动的重要性。

天津市排球运动朝向更加深入、更加全面、更高的位置发展，排球之城的发展任务包括校园排球运动、大众排球运动、职工排球运动和竞技排球运动，并且详细制定了关于各类排球赛事的建设、排球产业的发展以及排球文化建设与排球人才的引进等政策，通过这些政策的制定与实施，加快天津市排球运动的发展，将排球运动的设施基础、社会基础和人才基础打得更加牢固。

天津市政府要求学校以提升学生体质健康为目标，逐步构建体育健康知识、基础运动能力和专项运动能力的发展体系，学校通过聘请排球运动专家或者排球退役运动员等方式，结合"排球之城"的建设目标，制定出学校的排球运动教学发展目标。从短期目标上看，开展校园排球运动主要是为了提高学生对排球运动的兴趣，加大排球运动在校园的普及与推广程度，同时增加排球运动人口，让学生了解并参与排球运动，从而发现更多有排球运动天赋的学生，培养排球后备人才。充分利用小升初的特长生政策，宣传排球特色学校，吸引更多热爱排球运动的学生积极参与其中，充实学校的排球队伍建设，提高学校排球运动水平。从长期目标来看，主要是从各个学校选拔比较优秀的排球运动员，以年级为单位组建排球运动队，安排排球教练员组织排球训练，促进排球可持续发展。

在"排球之城"的建设规划中，校园排球建设占了较大的比重，因此天津排球运动发展趋势之一便是校园化趋势，例如，积极开展排球运动进校园、排球课程进体育课程中，加强并增加排球传统特色学校建设，培养高校高水平的排球运动队，建设排球教育科研基地等。天津市充分利用"排球之城"的建设契机，积极发挥天津排球的优势，为我国排球运动的发展做示范。

### 二、产业化趋势

我国的社会经济不断发展，体育事业的发展涵盖了与体育相关的方方面面，体育产业化趋势是未来体育事业发展的主要方向。现如今，体育事业不仅局限于福利性事业，也不单单依靠国家拨款，而是通过体育产业的多元化发展，开发体育的经济功能，自身创造经济价值，同时还能够将体育产业价值回馈于社会，达到双赢的局面。

体育产业发展是体育大国的重要标志，自我国排球职业化改革以来，排球产业的发展已经平稳度过了起步阶段，逐渐向着更高的发展阶段迈进。在互联网经济的推动下，我国体育事业发展迈入快车道，体育产业推动了我国体育事业的发展，其中就包括排球产业。排球运动是一项团体运动，需要团队之间的配合、技战术的灵活运用，并且运动员必须有一定的团队精神和不服输的运动精神，才能够取得良好的比赛成绩。由排球运动衍生出的各种排球产业也因人们对排球运动的热爱而被追捧。排球产业的发展需要革新管理理念，针对当前的管理体制进一步完善与加强，使其更加具有全面性。一直以来，我国将体育作为单纯的福利事业，不仅大包大揽竞技体育的全部费用，同时负责群众体育的建设与运行，这种资源配置方式显然不符合现阶段体育产业发展的趋势，同时也抑制了体育产业化发展的速度。我国排球运动早在 20 世纪 80 年代中期便开始尝试产业化发展，通过联赛的冠名、电视转播、企业赞助等方式与企业单位建立合作关系。同时中国排球协会还进一步挖掘排球赛事的市场价值，开发国家队服装广告和装备使用权，这些市场运作都会产生收入。中国排球协会通过多种形式的排球产业开发，为竞技体育发展和大众体育发展筹集资金，实现产业收益，提高排球运动的推广力度。经过多年的产业化发展尝试与摸索，我国的排球产业已经具有一定规模，并获得了诸多成功的经验，天津作为我国排球运动发展比较领先的城市之一，在体育产业方面的发展趋势更为明显。

天津在"十四五"规划和"排球之城"建设方案中均提到将体育事业作为重点发展目标，体育的产业化发展也为天津的经济发展提供了有力的帮助。排球运动是天津的城市名片，因此在诸多体育运动项目中，排球运动作为先驱理所应当为体育产业化发展贡献力量，同时也为其他体育运动项目的产业化发展打好头阵。天津排球充分利用自己的项目优势以及良好的群众基础，打造排球赛事品牌，并在不断的发展中打造具有天津特色的排球文化，扩大天津排球在全国乃至全世界的影响力，积极探索排球文化与旅游等产业之间的融合方式，逐渐形成排球产业链条，使排球产业逐渐成为天津体育产业发展和经济发展的重要支柱。

### 三、文化传播趋势

体育文化是在人民群众参与之下逐渐发展起来的，涵盖了人本精神、团队合作精神、公平公正的精神等，是中华民族精神的一部分，也是建立民族自信的重要基础之一。增强体育文化的软实力，是我国迈向体育强国和文化强国的必经之路。

在我国从体育大国朝向体育强国发展的道路上，体育文化作为必不可缺的主要动力，在体育事业发展上起到了重要的推动作用。"十四五"体育规划纲要重点指出，要全面弘扬女排精神，将其作为体育精神的代表发扬和传承，展现中华民族的文化软实力，深入推动各项体育项目向高水平迈进，彰显中华民族传统体育文化。天津作为我国体育强市，排球运动的发展处于国内领先地位，天津排球文化建设也是排球项目发展的内在动力。天津"排球之城"建设也是体育文化传播的重要表现形式和主要发展路径。"排球之城"的建设与实施，极大地推动了天津成为体育强市的发展。人们通过参与排球运动既能够增强体质健康，同时还能够丰富精神文化生活，提高自我价值感和生活满足感。因此体育文化传播是当前天津市排球运动发展的主要趋势之一。

"排球之城"建设是天津排球发展的动力，也是天津排球文化传播的重要资源。"排球之城"的实施方案明确提出建设的任务与建设的目标，并对任务和目标进行了细致的划分，全面开展"排球之城"建设工作，完善场馆的各项设施，推进天津市排球文化建设。这一举措也展现了天津市政府对排球运动发展的决心。随着经济的发展，人们的物质生活水平相应提高，体育事业也稳步向前。天津女排对天津体育事业影响重大，因此，进一步探索天津女排精神的文化建设不仅是天津"排球之城"发展的必经之路，同时也是天津体育事业发展的重要支撑。

近年来，天津市排球运动逐渐向排球文化传播的趋势发展。在天津市体育强市和"排球之城"建设中，都提到关于如何推动天津市体育文化传播发展。天津女排作为天津市的体育精神代表，必然会成为天津体育文化传播的中坚力量。要通过影视传播、图文展览等方式充分发挥天津女排的精神文化传播，激励天津市民的体育精神，发挥排球运动的团结、奋斗拼搏的势能，利用天津女排的精神优势，积极开展各种公益活动，加快排球文化的传播与发展，带动天津市民的精神文明发展。

天津市"排球之城"建设的推进，意味着天津市排球运动即将进入一个全新的发展时期，同时也展示了天津市排球运动向校园化排球、排球产业化和排球文化传播的发展趋势。

### 四、技战术多样化、全面化发展趋势

排球运动要求运动员具有全面的技术，既能够承担进攻的任务，同时也能够进行有效的防守。有效的组合战术应发挥运动员不同的特长，使战术更具个性化，发挥团队的优势。排球运动员的身高和弹跳能力有所差异，后排扣球技术的应用越来越普遍，如今世界高水平的排球比赛中多使用后排扣球技术。运动员有较好的弹跳能力、爆发力和身高优势，在比赛中便能够先发制人，获得比赛的主动权。排球比赛重视团队之间的配合，三号位远离快球，四号位平拉开，战术配合的合理使用，技术灵活应用，才有助于减少失误，赢得比赛。实践证明，排球运动员的技术越全面，排球队的得分越多。一直以来世界领先的排球队都比较重视高度和速度，在排球技战术不断发展的当下，技术的全面化发展已经成为高水平排球运动员的标配。各个单项技术的运用从单调打法向多样化发展。经过多年的发展与变革，天津排球队技术体系经历了点、线、面、体的演变过程，战术的运用趋向合理化。排球队的发展进入了全新的时期，无论是在速度、力量等水平上均向更加稳定的方向发展。同时，队伍的攻手技术越来越全面，战术风格具有个人特色，心理层面也在全面提高。天津排球技战术多样化、全面化的发展趋势，将引领天津排球运动朝向更加高水平的方向稳步发展。

### 五、科研化发展趋势

科研是为排球的教学和排球训练服务的，是互联网时代下排球运动高质量发展的必然趋势。科研人员用文献研究和实证研究等不同的方法，关注排球教学、排球训练、排球竞赛。从科研功能看，排球运动方面的研究人员倾向于排球研究成果的推广应用研究，促进排球教学训练的改革与发展。排球运动科研化的水平也随着排球运动的发展而不断提高，科研技术

手段也更加多样。早在 20 世纪 70 年代末 80 年代初，美国女排就开始利用计算机技术，在比赛现场进行技术分析和指导。另外，日本队采用三维摄影分析扣球的技术要领等。而后，在排球训练和赛场上陆续出现了便携式计算机、无线通讯设备等科技设施，使排球训练、教学和排球竞赛更加科学化和精确化。随着相关科研的发展，现代科技手段在排球运动中的运用已经成为必然趋势。现代排球运动科研从研究竞技排球到娱乐排球方向发展，大众排球也越来越受到重视。在研究方式上，学者们重视同一对象进行多学科同步综合测试和研究。在研究方法上，学者们通过定性和定量相结合的方式，使研究结果更加真实准确。在研究手段上，学者们从手工操作逐渐用计算机工具代替，手段更加便捷化、自动化。在研究思路上，学者们重视现代科学思想的融入，将排球运动通过现代理论思想进行建构和重组，借鉴已有的研究成果和科技成果，对排球相关内容进行深入探索。在 21 世纪科技迅猛发展的今天，排球运动适应科技化发展是必然趋势，也是排球运动推广与传播的重要手段。

# 第二章　青少年排球运动的特征与功能

**本章提要：**具体阐述青少年排球运动的特征与功能，分析天津市青少年排球运动发展存在的问题。

## 第一节　排球运动与青少年发展的关联性

青少年的发展包括身体与心理的发展，其中身体发展指的是随着年龄增长身体各个器官与身体各部位的发展，而心理发展包含的内容则较为广泛，包括自我意识、社会交往、意志品质、社会认知以及社会适应能力等。青少年的心理发展逐渐演化成个性发展。个性的发展与先天遗传有一定的关系，但是后天的培养更为重要。良好的心理发展能够促进学生养成好的学习习惯和生活习惯，促进其德智体美劳的全面发展，对其意志品质和思想品德的发展也有重要的推动作用。青少年承载着国家发展、民族振兴的重要职责，因此，培养青少年学生开拓创新、积极进取的竞争意识，是当前学校教育工作的重要目标。

排球运动具有独特的项目特点，属于集体运动项目，排球运动在学校体育教育有着重要的作用。无论是从排球运动的健身性、娱乐性还是从竞争性来说，排球运动都非常适合学生身体素质的发展。排球运动完全可以作为素质教育发展的重要手段，在学校教育工作中起到重要的作用，而且排球精神对学生意志品质的培养也有着得天独厚的优势。

### 一、排球运动与青少年的人际交往能力的关联

在排球运动中，青少年的人际互动是面对面的，并通过有效的沟通与交流，最大限度地展现自己的个性。这种人际互动方式能够有效帮助学生提升人际交往能力，让青少年敢于表达自己、会表达自己。排球运动是一项集体活动，可以让青少年学生深切感受到自己并非孤军奋战，而是与团队的伙伴共同努力，这种群体向心力的形成，很容易让青少年学生产生团队认同感，进而增强团队精神与团队荣誉感。排球运动有助于培养青少年学生的自信、自尊、自强，并且在训练中培养学生的独立性、合作性。有助于促进学生发展多层次、多方位的人际关系，使排球运动的社会化功能在青少年群体中体现得较为明显。

### 二、排球运动与青少年自我意识形成的关联

自我意识是个体以不同的身份出现，但不同于该身份相适应的角色行为而产生的相互社会关系。在排球比赛中，个体可能是组织者、对手，也可能是同学或者教练员等。无论是谁，为了集体荣誉，都需要承担属于自己的职责，将自己的任务做好，自觉遵守集体规则与比赛规则，出于这种角色需求，个体既可以是别人，也可以是自己。在排球运动的"角色扮演"中，个体通过语言、肢体动作、眼神来表达思想观念和个人情感，并将这些转化为语言符号，作为特定的互动形式，使个体在不同背景下有更大范围可能性来表现自我。学生在排球运动中感受到集体精神，也在排球运动的合作中体会到队友之间的信任与支持，增加队友之间的友谊。

### 三、排球运动与青少年规范行为的关联

在排球比赛中，所有运动员都要遵守一定的规则。规则是对运动员的行为、语言等的内部限制，比赛的规则是建立在公正和道德判断上的，并且融合了不同的伦理标准。参与比赛的每一个人必须遵守基本规则，否则会受一定的处罚甚至被取消比赛资格。排球比赛的顺利进行，离不开每一名运动员的规则意识。青少年参与排球运动，不仅能亲身参与团队合作，还能获得团队共同合作完成比赛的成就感和自我认同感。排球比赛需要青少年具备良好的行为准则，严格遵守排球竞赛规则，按照规则进行活动，自觉服从裁判的判罚，自觉遵守群体规范，排球比赛能够培养青少年的团

队意识，增强个体与队友的沟通交流。排球运动具有独特的运动特点，因此参与排球运动，能够规范青少年的行为，做到踊跃性和谨慎性有机结合，把握行为的积极性与克制性之间的分寸，懂得遵守规则的重要性。

### 四、排球运动与青少年竞争意识的关联

排球运动是隔网对抗的体育运动项目，排球比赛是在连续不断的运动中进行的，在比赛过程中队友之间需要相互配合才能取得比赛的主动权，进而取得比赛的胜利。因此队员要做到有效沟通，同时制定精密的攻击和防守计划，通过团队之间的智慧、技巧，在遵守排球运动规则的基础上，战胜对手，取得比赛胜利。在这个对抗过程中，青少年的竞争意识被激发出来，同时团队之间紧密配合，这有助于加强学生的团队合作能力，培养青少年的合作精神。

## 第二节　青少年排球运动的特点

排球运动具有百年的发展历史，在发展过程中，这项集体隔网对抗性运动也在不断变革规则，推动排球运动在全世界范围内的推广与普及。排球运动的技术与战术不断创新发展，国际赛场上也不断涌现出高水平的排球运动员和排球队伍。作为集体隔网对抗性运动，排球运动项目要求运动员学会团队合作，在互帮互助下完成各项技术动作，在与对手激烈对抗的同时，还要服从裁判的判罚。青少年是社会群体的一部分，属于被社会保护的群体，在学校和家庭中逐渐形成自我意识和价值观。青少年参与排球运动不仅仅是一种兴趣爱好，更是一种帮助青少年养成终身体育意识的良好方式。青少年排球运动具有诸多独有的特点，以下具体阐述这些特点。

### 一、青少年排球运动的教育特点

中国传统文化中，教育主要是引导学生学习书本上的知识，其中"教"指的是学生仿效教师的行为，向教师学习知识，而"育"则指教师教学生如何为人处事。教育是一个系统的工程，并不单单指学校教育、家庭教育等，但是"教"与"育"是不可分离的，教育工作离不开学校和家庭的配

合。在学校教育中，能够实现"教"的目的，将技术知识、学术理论等教给学生，但是很难做到"育"，包括学生的感知觉、思维能力、想象能力以及健全人格的养成等，这些需要系统的培育才能够做到。"育"是青少年自然而然的学习和探索，是建立健全的人格和完善健康的心理的重要途径。学习和探索过程能得到自我的参与感与满足感，同时也会激发内心的同情心、责任感等。弗洛伊德对心理动力学规律的研究表明，人的精神层次包括意识、前意识和潜意识三个层次，前意识指的是在意识中能够被召回的部分，潜意识很难进入到意识，但是前意识可以进入意识。如果将"育"中的社会道德部分弱化，那么前意识便会被边缘化，学生的精神层次会出现混乱模糊的状态。在应试教育背景下，"教"和"育"没有绝对的划分标准，在很多时候二者被混为一谈，教育变得更加笼统，以学生掌握基础知识和技能为目标，以获取高分和成绩为目的。这种应试教育已经影响了几代人。而结果就是使学生陷入了为结果而努力的僵局，无法形成独立的人格与健康的心理。因此"育"的问题，已然成为教育改革的重点。

蔡元培先生曾说过，完全人格首在体育。很显然，在体育教育中完成"育"，是现代教育亟待完成的工作。在学校开展排球运动，宣扬排球文化，能够达到一定的育人功能。排球运动包含很多育人的要素，例如体验、积累、思考、创新、创造等，可以帮助青少年形成正确的人生观、价值观。在学校中开展排球运动，对于道德培养有着重要的意义。排球运动属于集体活动，需要队员的紧密配合，发挥出每个人的技战术水平，从而击败对手，获得比赛的胜利。排球运动的系统分工，需要队员之间下意识的配合，要求每个人都具备较高的团队意识。排球运动能够让青少年感知到什么是合作精神，什么是包容性，什么叫团队荣誉感。另外，排球运动也是一项智慧型的运动，在运动中，每一个人都参与其中，意识到若想取得比赛胜利，需要整个团队之间的相互合作、相互尊重。在排球运动的长久影响之下，青少年会形成合作与互信的习惯，遵守比赛规则，这也就是蔡元培先生倡导的"完全人格、首在体育"。

学校排球运动的开展，让学生参与其中，充分体现了从潜意识、前意识、下意识到意识的心理动力学规律。潜意识进入意识很难，而前意识容易进入到意识。青少年排球意识的获得过程，是脱离应试教育的束缚、获取自然的心理动力学规律的作用过程。因此，在排球运动的参与过程中，青少年会形成各种运动意识、集体意识和竞争意识。

　　学校排球运动对青少年综合素质的培养也有着重要的作用。排球隔网对抗，不仅需要青少年具备良好的技战术，同时还要在瞬息万变的比赛过程中，根据对手的情况迅速做出选择，是该如何灵活走位还是与队友配合，同时结合自己的技术与战术，做好防守，发起反攻。每一次的技术的动作都会有所变化，每次的战术运用也是根据对手和队友的变化而随机应变。这对培养青少年的创造性和灵活性有着重要的作用。

　　学校开展排球运动，让青少年在健康的环境中自然成长，在愉快的氛围中锻炼体能、智能，有助于学生培养终身体育的意识。青少年在充满生机活力的排球运动中，形成积极进取的人生态度，展现青少年的个性，这就是健康培育，也是快乐培育。

　　排球运动对青少年的心理和生理健康的发展有着重要的意义，是人在自然环境中自我实现的显性方式，既锻炼了学生的心理素质，培养了团结合作精神，也帮助学生养成良好的体育锻炼习惯，形成终身体育的意识。因此青少年排球运动具有强烈的教育特点。

### 二、青少年排球运动的教改特点

　　"应试教育"的弊端是以成绩为教育的目标，忽视学生的全面发展，因此在初中和高中阶段的青少年过度重视考试分数，忽略其他方面的发展。

　　排球运动在校园的开展是学校体育教育工作的重大变革，也是对当前教育体制的补充。

　　青少年排球运动具有教改特点。首先，体现在从"教"切换到"育"的教改路径。开展校园排球运动，能够让学生在玩中学、在学中玩。校园排球运动是天然的、健康的和本真的教学，也是当前学校教育迫切需要注入的新能量，对学生身心健康的发展起到重要的推动作用。从应试教育发展到素质教育，从考试成绩为主体发展到以学生身心发展为目标，更加重视学生的思想品德教育、文化科学知识学习、劳动技能的掌握以及文化素养的提升，学校应根据这一思路创建属于学校自身特色的教育实践途径，创新和改革办学体制与办学模式，而开展校园排球运动恰好为学校提供了改革的空间与思路。

　　中国教育存在的问题之一便是教育资源分配不公。但校园排球运动的开展不存在这一问题。校园排球运动对场地和器械的要求不高，这就对学校教改工作有较大的实施空间，有助于学生开展实验性内容。当前中学教改的重要问题是如何培养学生的创新意识、实践能力、团队意识以及社会适应能力等。应试教育背景下，学生之间相互竞争，互相比成绩，而在排球运动中，更加强调团队合作。排球运动发展的内部动力是排球运动技战术的一次次革新，排球竞赛规则的不断变化，其比赛形式也在发生变化。排球运动的内在规律是创新。参与排球运动的人必须具有创新意识，排球运动是集体之间通过团队合作完成的，因此参与排球运动的人必须具有团队意识。青少年参与排球运动，既锻炼了身体，同时也培养了自己的综合判断能力和创新精神。在比赛中，情绪调节能力和心理抗压能力也得到了锻炼。

排球运动有助于青少年逻辑思维和形象思维的发展，同时有助于学生形成健全的人格。校园排球运动倡导学生主动发挥，引导学生主动提出问题、思考问题和解决问题，培养学生的独立学习能力和探索问题的能力。排球文化与当前学校教改的思路相契合，强调其创造精神与实践能力。

中国教改的实际问题，是课程改革和教材改革问题。校园排球运动的课程安排和教材安排与其他文化课程相比，改进的空间非常大，比较适合作学校教改试点课程。因此青少年排球运动具有较大的教改价值。

## 第三节　青少年排球运动的功能

20 世纪 80 年代，我国女排创造了世界排球史上的第一个"五连冠"，"女排精神"成为各行各业学习的精神。时至今日，"女排精神"依然意义深远，影响了一代又一代人。彼时的中国体育事业发展距离世界领先水平还有一定的距离，经过近 40 年的不懈努力和奋斗，无数的运动健儿在赛场上抛洒汗水，现如今我国体育事业发展已进入到快车道，很多运动项目逐渐达到世界领先水平。随着时代的发展与进步，体育运动项目的竞争也愈加激烈，我们需要继承和发扬"女排精神"，让新一代的青少年学习和了解"女排精神"，在成长中永不言弃、奋勇拼搏。排球运动具有一定的观赏性、休闲娱乐性、竞技性等，因而深受青少年的喜爱，在参与排球运动的过程中，青少年学会公平竞争、学会团队合作、学习运动技能等，青少年排球运动具有诸多积极的功能，以下具体阐述这些功能。

## 一、陶冶功能

青少年阶段需要面对三个环境主体，一个是日常生活，一个是科学文化知识的学习，一个是自己的内心。素质教育倡导培养学生的社会责任感，塑造正确的价值观，学校的任务便是在教育教学工作实践中培养学生的综合素养，让学生成为全面发展的人才。排球运动是一项集体运动项目，开展校园排球运动能够让每一位参与排球运动的学生缓解学习压力，全身心地投入团体活动当中，振奋精神的同时锻炼学生的身体素质。排球运动需要所有队员相互配合、相互帮助，在排球竞赛中不存在个人英雄主义的行为，每一位队员都有可能击出关键的一球。中国女排奋勇拼搏、永不服输的精神激励鼓舞着每一名国人，在校园排球运动教学中，同样需要将"女排精神"灌输给青少年学生，陶冶并升华学生的情操，让女排精神根植于青少年的心中，这对其以后的学习生活和工作有着极大的帮助。

## 二、审美功能

现代体育运动项目多起源于古希腊，排球运动的诞生地则是美国。排球运动减弱了运动的激烈对抗性，更具美感。

排球运动具有一定的运动美感。参与排球运动的青少年身体更加健硕、协调和灵敏，体型较为匀称，运动中干净利落的动作彰显了运动之美。战术上的运用既丰富多变又具有一定的规律，这种秩序的美感也是排球运动独有的特点。

排球运动具有一定的精神美感。这主要体现在运动中青少年的力量与智慧和团队之间的合作精神相统一。能培养青少年懂得欣赏美、表现美的情感，培养乐观开朗的心理品质。青少年在参与排球运动的过程中能够释放压力、表达情感，与教师和同学建立一种亲密和谐的合作情感，并在团队合作过程中培养健全的人格，体现自我的价值。

排球运动具有一定的生命美感。这主要体现在自然、生命和个体的共生美学。排球运动能够激发青少年对体育活动的参与兴趣，让学生切实感受到体育活动带给自己的益处。青少年在排球运动的学习和竞赛活动中，能够充分张扬自己的个性，展现自己的个人魅力，同时在排球竞赛活动中，发扬"女排精神"，学会挑战自我、超越自我，并养成奋勇拼搏、不服输的优秀意志品质。

青少年排球运动是集休闲娱乐、强身健体、提高社交、增加审美为一体的运动，在排球运动中团队之间的合作与沟通，可以培养青少年的合作意识、创新能力、人际交往能力等。体育文化与校园文化有着一定的互通性，排球文化是体育文化的组成部分，因此正确认知排球运动的审美功能，有助于培养青少年的审美精神，并将这种精神扩展到未来的学习、工作和生活中。

### 三、心理功能

青少年阶段是学生身心发展的黄金时期，在这一时期，学生在生理上出现了青春期的各种变化，有了更多的自主意识，在情绪和意志方面也渐渐成熟，内心渴望独立的同时又有着依赖心理，自认为内心已经足够成熟实则仍需要别人的理解和帮助。部分青少年身体的迅速发育与心理的成熟度匹配不上。

在参与排球运动中，青少年的这些矛盾心理大多能够得到一定的化解。酣畅淋漓的排球运动能够让身体得到放松，在与同伴的合作中，找寻到自我价值感和团队合作的社交。运动场上富有生命力的每一个击球，能够让青少年的心理得到最大的放松，情绪也得到很大的缓解。青少年在排球运动中不断感知体育运动的魅力，其内心深处的情绪和情感都能得到较好地宣泄和释放。排球运动为青少年提供了广阔的活动空间和释放空间，青春本该有的活力在训练场上肆意挥洒，青少年在运动的过程中感受到快乐。

排球运动是对抗性比较强的体育运动项目，但大多数青少年接触排球运动的时间短，需要在比赛中具备强大的心理素质，才能够应对激烈的比赛。排球运动的每一个得分都有着严格的要求，因此要求每一位参与运动的青少年具有良好的心理素质和专业的技战术水平，并有拼搏进取、坚持到底的精神。在参与排球竞赛时，青少年也要学会沉着应战，在平时还要接受放松训练、语言暗示、模拟训练，因此参与排球运动的青少年多数具有比较好的情绪调控能力，能够控制自己的情感和行为。

校园排球运动中，教练员应多鼓励、帮助青少年队员，深度挖掘每一位青少年的潜能，使其意识到自己对团队的重要性，提升青少年的自我价值感。平时缺乏自信的青少年，通过参与排球运动也会提高自我认同感，激发出自己的潜能。因此，排球运动有助于青少年的心理素质的培养。

### 四、健身功能

　　青少年是身体发育的第二个高峰期,这一时期青少年的骨骼更加坚韧,肌肉力量逐渐增强,体态丰满健硕,心肺功能等生理指标也在发生变化。参与排球运动能够有效促进青少年的身体发育和成长。排球运动训练中的跑、跳、扣等动作,能有效锻炼青少年的四肢与心肺功能。排球运动中每一个技术动作都需要身体肌肉和关节的紧密合作,是无氧运动和有氧运动的有机结合,技术动作需要不断重复练习,能有效提升青少年的身体素质。练习排球能够给青少年带来快乐和自由的感受,也有助于青少年热爱体育运动、养成终身体育的意识。

　　近年来,“快乐体育”的口号在各大中小学校流传开来,根据学生的身体素质发展需求,灵活多样化地组织各种体育活动,让青少年在快乐的氛围中参与体育活动,既锻炼身体,也娱乐心理。创造自律的环境能够积极唤醒青少年的主体意识,让青少年了解体育锻炼对自身体质健康和心理健康的益处,也有助于提高青少年走向社会后的人际交往能力。快乐体育的教育模式搭建了综合教学评价体系,能够很好地体现青少年的学习态度、学习能力以及成长发育的个体化差异。在学校开展快乐排球运动是快乐体育的重要途径。校园排球运动的开展以快乐为主旨,必然会吸引学生热情积极参与,在愉快的氛围中学习排球运动技能,同时有助于青少年学生放松身心、缓解压力,也有助于增进师生间的和谐关系、学生与学生间的友好相处。

　　排球训练教学应该重视青少年的心理健康和快乐教育,充分发挥青少年的主体地位,激发青少年的学习积极性,提高青少年的身体素质,培养综合素质发展的人才。

### 五、导向功能

　　排球运动需要集体配合才能完成。个人即便有再好的技术,如果不能与其他人合作配合,也无法取得比赛的胜利。集体之间的配合需要默契,只有在默契配合之下,才能够完美发挥战术和技术。再好的二传手,如果一传接发球不到位,也无法施展自己的技术,无法做更好的战术分配。水平再高的进攻手,如果没有二传到位的球,也无法完成进攻。在排球赛场上,每一个人都有自己的位置和职责,在比赛中,应当充分发挥好自己的职责，与其他队友相互配合，完成每一次进攻和防守。在排球运动比赛中，每个人都需要严格遵守比赛的规则，把握比赛节奏，提高自我约束力和自我控制力。开展校园排球运动能够深刻影响青少年的思想行为。排球运动的内容和规则形式等均是客观的存在，对青少年的行为意识和认知能力有着重要的制约和规范作用。因此，排球运动中的自我约束和责任意识对青少年具有一定的导向功能。

## 第四节　排球运动对青少年的作用

### 一、排球运动促进青少年的智力发展

智力是人们在从事客观事物的过程中所形成的稳定心里特征的组合，智力是在认知过程中表现出的各种能力的总和。智力包括观察力、记忆力、想象力等，同时还包含抽象思维能力。人的大脑在功能区分上比较明显，语言、思维、空间想象主要分布都在左脑。形状知觉、空间知觉和音乐知觉主要分布的右脑，通过规律的系统的体育运动，能够有效促进大脑的血液循环，加快大脑的新陈代谢，使人产生愉悦感。体育运动能够激发右脑的潜在功能，对各个感知觉起到一定的刺激作用，活跃大脑思维，促进大脑的想象力与创造力。

在排球运动中，运动员需要判断球的路线、速度以及对方来球时可能达到的位置，从而做出正确的判断和快速的回击。人的大脑顶部有一个凸起的中央前回，便是肢体运动中枢，主要负责身体的运动。在这个皮层部位，定位的大小与身体各部位的动作发展和灵活程度成正比。其他的球类运动项目均有规定的身体触球部位，只有排球运动允许运动员利用身体的各个部位触球。因此排球运动能够在运动中充分调动自己的全身各个部位，灵活地发球或者触球，展现自己的击球技巧。排球运动的很多动作需要手指和手腕相互配合完成，例如扣球、吊球等，其中最为典型的就是传球，一名优秀的二传手不仅需要具有扎实的技术，同时还要具备良好的心理承受能力，面对队友的信任和对手的压迫，利用手指与手腕的配合打出不同的技战术，传出力度和速度适当以及具有合理方向的球，完成扣球队员配

合。二传手良好的球感与技战术水平离不开平日的训练，而排球运动锻炼
了人的右脑，开发了运动潜能，激发运动员观察力和想象力。因此，青少
年排球运动能够有效促进其左右脑开发，促进其智力水平的发育。

### 二、排球运动有助于青少年的情绪调控

情绪的表现多种多样，有悲伤的、愉快的、压抑的等，现代医学认为，
积极的情绪有助于激发细胞活力，提高身体免疫力，进而保持身体健康，
而消极的情绪则会影响人的正常新陈代谢，造成气滞淤堵，久而久之便会
耗费人的精力，进而损害身体健康。在排球竞赛活动中，成败往往就在一
瞬间，前一秒为得到的一分而欢呼雀跃，后一秒可能就要落后，情绪的大
起大落需要运动员具有良好的心理承受能力，避免在竞赛活动中因情绪的
失控而导致失分。排球运动员在日常训练中会加入心理素质方面的训练，
主要针对赛前、赛中和赛后运动员的心理进行辅导。科学系统的心理辅导
有助于激发运动员的比赛积极性，从而产生强烈的求胜欲望，能够在比赛
中一鼓作气，凭借高涨的气势压倒对方，再加上队员之间的技术发挥，更
好地掌握比赛的主动权。运动员在比赛之前或者比赛中，会对自己进行心
理暗示，比如告诉自己"我一定能行""要认真，不能大意"等，这种语
言的激励能帮助运动员稳定比赛状态，从而发挥出正常或者超常的技战术
水平。因此，排球运动能帮助青少年进行情绪调控，让其在日常的体育锻
炼和生活、学习都能够保持稳定的情绪状态。

### 三、排球运动有助于培养青少年良好的意志品质

意志是一切行动的动力，意志在人的实际行动当中发挥着巨大的作
用，没有意志，便无法克服困难，没有意志，会让人沉溺于现状而不思进
取。现在的青少年大多是独生子女，缺少锻炼环境，没有养成吃苦耐劳的
精神，一旦遇到挫折困难便容易退缩。从长远来看，青少年是国家的希望、
民族的未来，假如青少年缺乏良好的意志品质，那么对我国未来的发展会
产生不利影响。从这个意义来看，青少年意志品质的培养是教育工作的重
要组成部分，也是每一位教师、家长、教练员的责任。排球运动需要高强
度的体能训练和技战术训练，来保证比赛所需的体能和技能，若想要取得
好成绩，需要自觉克服困难，勇敢拼搏。而支配训练的动力便是意志品质。
排球运动是耐力与力量并存且强度较大的运动项目，排球运动训练，能够

培养青少年、坚韧不拔的意志品质，即便在环境较差的条件下，拥有良好的意志品质的学生仍然会不畏艰难、刻苦训练。排球属于集体项目，在排球竞赛中，球不能落地，而且击球最多 3 次必须过网，这是排球运动特有的规则，也是每一位排球运动员必须遵守的。因此青少年参与排球比赛，需要随时准备应对这种击球次数接近 3 次的情况，共同弥补同伴因为失误而导致的困难因此青少年参与排球运动需要具备团结协作的精神和良好的体育道德规范。同时经常参与排球运动，能够有效培养自身坚韧不拔、永不放弃的意志品质。

### 四、排球运动提高青少年的自我价值感

自我价值感对人的情绪和行为有着重要的影响，同时也影响个体缓解压力以及参与竞争的应对方式。自我价值感高的人，普遍比较乐观、热情，而且喜欢帮助别人，平时也不会有焦虑心态，给人的感觉是时刻充满热情和力量。自我价值感低的人，往往会孤独、失望、自卑，会特别在意别人的看法，对自己没有自信，平时也不喜欢交朋友，习惯独处。体育锻炼鼓励个体参与全新的挑战，并培养完成新任务的能力，系统长期的体育锻炼，不仅能够使个体的身体素质有所提升，同时也有助于提升个体的自我价值感，让个体相信自己、认同自己，提高个体的自尊和自信。

在排球运动中，运动员需要具备充足的自信心来面对训练和竞赛活动。自信心是人们对自我的评价和肯定，是自我价值感的重要体现。在运动训练或竞赛活动中，一个人有足够的自信心，才可很好地适应环境，游刃有余地面对训练和竞赛活动。在人的一生中难免会出现挫折与困难，能够在挫折和困难中突破自我获取成功，很大程度上取决于是否具有一定的自信心。自信并不是先天就有的，而是需要在后天的锻炼中培养出来，在无数次的尝试和突破中而产生。青少年通过参与排球训练，在教练员和队友的帮助下，不断强化自己的行为，在面对困难时能够表现得更加积极乐观。排球运动需要每个队员用自己强大的防守应对对手的每次进攻，充满信心地给予对手回击。因此参与排球运动的青少年在意志品质和自信心方面更加坚毅，在遇到困难和挫折时能够表现出更加理性与积极的态度，同时排球运动有助于青少年的自我价值感提升。

经常参与排球运动的青少年，会学习到很多如何调整情绪和心理的方法，心理训练已经在排球运动训练中的普及，教练员非常重视给予青少年

及时的心理辅导，在比赛失分时，教学生不气馁，当比赛得分时，要戒骄戒躁，顺利完成比赛全程，并取得良好的成绩。当比赛胜利时，青少年的自信心增加，自己的能力得到肯定，自我价值感也得到了提高，当自我价值感提升后，青少年的心理也会越来越乐观，从而对待训练越来越积极，训练效果也比平时要好。因此，排球运动能够很好地提升青少年的自我价值感。

**五、排球运动培养青少年的社交能力**

在体育运动的竞赛场上，运动员需要与其他运动员、教练员、裁判等有效沟通，通过身体语言、面部表情等方式，表达自己的想法。排球运动是一项隔网对抗类体育项目，运动员和其他运动员之间的身体接触较少，对抗程度却异常紧张。在排球竞赛中，运动员需要通过自己的判断，做出应对的动作，通过观察对手的击球和战术形式，预测球的走向和对手的攻击。排球运动也是一项多人参与的体育运动项目，个人特长在同伴配合的前提下才得以发挥，因此在排球运动的训练和竞赛活动中，青少年需要具备良好的应变能力，同时也需要对对手有详细的了解，提高赛场上的机敏、应变和协调配合能力。

在排球运动比赛中，我们经常看到队员之间通过拥抱或者握手等身体接触，表达友好之情。这种交流方式有助于增进运动员之间的默契，使队员之间的沟通交流更加顺畅。青少年在学习、生活乃至工作中，都会受到这种社交的积极影响。将这种社交形式应用到社会生活当中，能够加强人与人之间的合作，提高青少年的人际交往和社会交往能力。

随着自我意识的增强，青少年身体和心理发展水平也在不断提高，同伴关系在青少年的心理发展过程中越来越重要。青少年开始追求同伴之间的平等关系和共鸣关系，喜欢结交更多志同道合的朋友，以满足自己的心理需求和社交需求。同伴之间的相处能够促进青少年健全人格的形成，对青少年的社会认知与自我概念的形成有着重要的影响。排球运动是集体项目，每支队伍中有12名队员，而且性别相同，年龄相仿。现如今我国排球运动项目的选材比较严格，每一支排球队中队员年龄、年级等大致相同，而且每个队员的身体条件和精神状态也是相近的。组建这样的队伍有助于提升青少年的社会交往能力。队友之间的互帮互助能够增进队员之间的感情。一支业余青少年排球队的训练时间在六年左右，甚至会更长。在这段时间里，队员们朝夕相处，每天共同训练，学校的同学会随着毕业或者分班等情况而分散，但排球运动队的队员则会有更长的时间在一起训练，为了共同的比赛目标而奋斗。而且，同一支球队的队员还要不定期参加各种排球比赛活动，共同面对激烈的竞技体育竞争，所有队员要相互信任、相互帮助、相互理解，为共同的比赛目标而奋勇拼搏。因此，参与排球运动能极大促进青少年的社交能力。

### 六、排球运动培养青少年的责任心

责任心是指对自己、对家庭、对集体、对国家、对社会负责任的情感认知和信念，以及对相互之间需要遵守和履行的义务的一种态度。责任心作为人类生存的基本素质，同时也是家庭和谐、个人成长、集体发展以及社会进步的重要条件。

排球运动属于集体对抗类的体育运动，需要集体成员的共同合作，这就要求所有参与队员默契配合。每一名队员的每一次击球对下一次击球或者其他队员的击球动作都会产生重要的影响，所以参赛队员在对自己负责的同时也要对整个队伍负责，需要每一名参赛队员具有强烈的责任心。赛场上决不允许出现个人英雄主义，要坚持遵守球队的荣誉高于一切的原则。在排球运动中，责任心不单单是对自己，而且涉及整个球队乃至整个国家的荣誉。

作为处在身心发育黄金时期的青少年，参与排球运动能够培养强烈的责任心，可以让青少年养成良好的团队意识。每一位队员都是队伍中的一分子，牵一发而动全身，每个人的成绩都关乎团队的成绩。从宏观意义上讲，新时代的社会发展与国家的进步需要每一位公民的努力，责任心是每一位公民应当具有的良好品质。青少年是国家的希望、民族振兴的后备力量，只有培养出具有责任心的青少年，国家未来才能够更加繁荣。青少年强烈的责任心，不仅仅体现在文化课学习中，还应该在体育运动实践中养成有责任、有担当的品质。

排球运动与其他体育运动项目不同，赛场上不需要"英雄"的出现，强大的集体力量才是帮助队伍取得比赛胜利的关键。排球运动需要每一位队员尽力做好本位置的任务，无论是防守还是进攻位置，都有着不可替代的价值。排球比赛的串联性比较强，需要每一位排球运动员以强烈的责任心来完成每一次的击球动作，并且要意识到自己的每一个动作对其他队员和整个队伍的重要性，不允许盲目进攻或者防守。足球或者篮球运动可以通过个人的带球获得得分，而排球比赛不同，它需要队员通过轮换转位和高超的技术、意志力以及责任心，才能够完美地完成每一次的击球动作，每一位队员都有可能击打出最关键的一球，获得事关比赛成绩的重要得分。排球队员之间的紧密合作，加上队员们的智慧与意志力，是保证有效击球和比赛胜利的关键。因此，参与排球运动能够有效培养青少年的责任心。

### 七、排球运动提高青少年的抗压能力

从科学角度看，排球运动训练会占用学生的文化课学习时间，对学习产生一定的影响，但从另一角度看，参与排球运动，反而可以提高学生的文化课学习成绩和学习效率。经科学验证，合理的体育锻炼有助于人们放松身心、缓解压力。青少年学生的学习任务较多，学习压力比较大，尤其是面临中高考的学生每天闷头学习，大脑处于极度紧张的状态，很难得到放松。适当的体育锻炼活动可以减轻这种紧张的状态，有效缓解压力、放松身心。排球运动训练涉及生理学、心理学等方面的知识，对这些知识进行系统的学习能够有效增进青少年的学习能力，排球的学习和训练还可以加强青少年心智技能的学习。

排球运动是一项技能要求较高的体育运动项目，属于隔网项目类中难度较大的集体项目。排球运动中比赛双方不直接与对手进行身体接触完成各种击球动作和攻防动作。由于不直接接触对手，隔网进行对抗，因此比赛中的压力主要来自于队员自身及其队友。在排球比赛中，除需要队员具有良好的技术能力之外，还需要具备强大的抗压能力。在一传和防守中，是否能够合理处理对手的球，在球的衔接中能否及时送到位等，均会对队员产生一定的心理压力。而这种压力也是促进队员们奋勇拼搏的动力。假如排球运动员能够承受住这种压力，那么在比赛中也能够更加勇猛；如果运动员缺乏良好的抗压能力，那么很容易在比赛中因经受不住压力而出现退缩状态，就会频繁失分导致比赛失利。在排球比赛中，压力是无处不在的，因此比赛全程都要求运动员有强大的抗压能力，只有这样才能够完美地完成每一次击球动作，与团队默契配合，最终取得比赛的胜利。排球运动不同于篮球和足球运动，这一次进攻失败还有下一次，排球的攻防转换非常快，而且每一次的击球都能够由进攻转为防守，或者从防守转为进攻。

攻防转换的灵活性与快速性不仅考验运动员的技术水平，同时对运动员的抗压能力也是极大的考验。心理学中的"瓦伦达效应"认为，当你摆正心态、轻装上阵，精力高度集中到那场比赛时，一般会发挥出比较正常的水平，且能够顺利完成比赛任务。如果你考虑到必须要赢、不能输，或者对自己的定位不准确、自信心不足的话，那么很容易受其他因素的干扰，影响自己的比赛状态，结果可想而知。这种心态称作瓦伦达效应。

抗压能力的形成需要一个长期磨炼的过程，在排球运动训练中，对青少年施加的压力越大，青少年的抗压能力便会越强，但是需要通过合理的、科学的训练量，才能够达到理想的效果。压力过大，青少年的心理承受不住，会出现适得其反的效果。压力过小，那么无法起到一定的抗压能力培养效果，在排球训练或者比赛中，青少年通过掌控和利用抗压压力，将压力变成比赛的动力，就会在比赛中发挥出更好的水平。因此，良好的抗压能力不仅需要科学的排球训练，同时还需要运动员学会自我调控和自我疏导。此外，教练员也应当关注青少年的心理问题，做到及时帮助和引导，助力青少年培养良好的抗压能力。

### 八、排球运动培养青少年的换位思考能力

由于排球场地的大小与上场队员人数的限制，排球比赛中的六名运动员分前排后排站位。换发球时，双方的运动员必须在本场区内按照轮转次序转位。只有换发球时才有位置轮换，如果一方连续得分则不用轮换。轮转换位规则让很多刚开始学习排球运动的人感到很困惑，但是一旦搞清楚轮转换位规则，就会发现排球运动的这个规则非常人性化，而且具有一定的科学性。排球运动的轮转换位不同于篮球和足球的轮转换位，在篮球轮转换位中通过换位来实现挡拆，足球的交叉换位是为了对对手造成一定的战术干扰，而排球中的轮转换位是为了让每一位排球运动员都能够参与到进攻和防守中，每一位队员都有可能成为击出关键球的那个人。轮转换位的变换规则让人们对比赛结果的期待值拉满，也增加了比赛的竞技性与激烈性，以及每一位队员对自己有可能成为胜利决定者的期待。轮转换位的规则能够激励每一位排球运动员在比赛中用尽全力。在轮转换位中，排球运动员通过换位思考，为其他队友着想，和队友之间相互理解、相互配合，这样才能够拥有更好的团队凝聚力。

对于青少年而言，换位思考能力是青少年在学习和未来工作与生活中

必不可缺的基本能力。排球竞赛规则的特殊性要求在比赛中有轮转换位，每一位队员要站在不同的位置进行进攻和防守，这些位置有的是运动员比较熟悉的，也有不熟悉的，如果是后者，那么很容易因为对位置不熟悉而造成失分或者失误的情况。在比赛中，每一名队员都会出现这种情况，需要队友之间的相互谅解，学会换位思考，包容对方的失误。在排球赛场上，每一位队员都为了比赛的胜利而努力拼搏，每次接球的质量好坏都会影响到另一位队员接球的质量，排球的接球动作环环相扣。因此，排球队的队员需要长期的配合，形成良好的默契，并学会换位思考，思考自己的接球是否正确合理，会不会影响到其他队员的接球质量等。青少年在排球运动中学习这种换位思考的能力，能够帮助其在学习和生活养成良好的大度心理和体谅他人的良好品质。

### 九、排球运动培养青少年的自我目标定位能力

青少年时期还要培养自身自我同一性。自我同一性是由美国心理学家埃里克·埃里克森（Erik Erikson）提出的心理发展概念，主要指个体需要在过去、现在和未来这三个宏观时间界定中，确定自己想要成为什么样的人，明确自己想要的是什么，对自己的诉求有明确的目标和目的，对自己的人生有一定的规划和定位。培养青少年的自我同一性，参与课外体育活动的方式是一种很好的实现途径。尤其对一些自身身体条件比较具有体育优势的学生而言，参与运动有着诸多的便利，成绩也会有较好的提升。排球运动按位置分为主攻、副攻、接应、二传和自由人等，每一名运动员都有自己的责任和位置，在比赛中需要通过相互合作取得胜利。排球运动中不存在个人英雄主义，每个人都有可能击出关键性的球。每一名队员都需要服从集体，同时也有自己的独特的打法。一般来说，二传手是在排球赛场上比较积极活跃的队员，因此二传手一般需要比较活泼好动的性格，而且二传手在比赛中需要具有较好的付出精神，需要心胸豁达。副攻手担任球场上的拦网任务，因此需要具有良好的灵敏性，一般有自己的战术打法，具有独特的个性。主攻手是球场上负责主要进攻的队员，因此主攻手必须具备统筹能力和大局观，具有管理能力和灵活的思维能力等。

排球运动选材会根据青少年的性格特点进行筛选，而青少年也需要根据自身的性格特点和身体条件决定自己在队伍中的位置，在教练员的培养下逐渐朝着更好的方向发展，并在训练和竞赛中形成自己独特的特点，明

确自己的定位，从而更好地努力。青少年的自我目标定位准确，才能够找到自我价值感，从而明确努力的方向。青少年在排球运动训练中或者比赛中获得了自我认同感和集体荣誉感，明确自己的定位，增加对自己的了解，有助于在未来的生活与工作中选择与定位。

### 十、排球运动培养青少年的公平竞争意识

竞技体育比赛需要各种竞赛规则，以确保竞赛结果的公平与公正。竞赛活动包括竞赛规程、运动员作风、竞赛规则等多方面，通过裁判的监督实施。排球运动的规则经历了多年的发展和演变，具有一定的规范性与强制性，同时也能约束运动员在赛场上的行为，保证竞赛活动的顺利进行和竞赛结果的真实性。青少年参与排球运动同样需要遵守一定的运动规则。排球运动训练和竞赛活动从某种角度看，是青少年适应社会活动的过程。排球运动属于隔网对抗性的运动项目，在这项运动中，对手与对手之间没有肢体接触，有的只是面对面地扣球、进攻、防守等。参与排球运动可以避免因肢体接触而引发各种纠纷，因此可以帮助青少年逐渐养成良好的竞赛规则意识，懂得遵守竞赛规则，避免与对手产生肢体冲突。公平竞争属于社会规范的范畴，青少年接受的社会规范不仅仅是书本上的知识，更需要在社会生活中磨炼和了解，在实践中逐渐培养公平竞争的意识。在排球竞赛活动中，裁判判罚都须遵循竞赛规则，每一个动作都有具体的规则要求，因此，青少年可以在排球竞赛中学会遵守竞赛规则，并不断加强自己的公平竞争意识。

# 第五节　天津青少年排球运动的现状与问题

### 一、天津青少年排球运动的现状

1. 排球特色学校的数量及分布

2020 年，为深入贯彻落实《国务院办公厅关于强化学校体育促进学生身心健康全面发展的意见》，经过自主申报，后经省级教育行政部门审核、推荐，再经专家遴选与公示，最终认定排球体育传统特色学校近 2000 所，

其中天津市有 35 所中小学入选。包括滨海新区 19 所、河西区 1 所、红桥区 2 所、南开区 4 所、津南区 3 所、北辰区 5 所、河北区 1 所。滨海新区的排球特色学校比其他地区的数量明显较多，说明滨海新区在排球特色学校的发展建设方面取得了较好的成绩。

2021 年，为了加快实施"排球之城"的建设，天津市相关部门发布了《关于命名"排球之城"2021 年天津市排球传统特色学校的通知》，要求各学校开展多方面的自评活动，经区体育局和教育局初审，根据学校的实际发展情况，择优推荐和申报，然后在天津市体育局和市教委组织相关方面的专家对参与评选的学校一一评审，经过市体育局公示程序无异议后，最终选入 25 所学校。其中包括滨海新区 5 所、和平区 4 所、南开区 4 所、河西区 4 所、红桥区 4 所、津南区 4 所。2022 年，天津市共命名排球传统特色学校 34 所，其中滨海新区 4 所、和平区 3 所、河北区 2 所、河西区 3 所、河东区所 4、东丽区 3 所、南开区 1 所、红桥区 1 所、西青区 2 所、北辰区 1 所、津南区 1 所、宝坻区 1 所、静海区 1 所、蓟州区 1 所、宁河区 2 所、武清区 3 所。排球传统学校已遍布天津市的 16 个区，实现了全市范围内覆盖。由此可以看出，排球传统特色学校各个地区的数量分布比较均衡，其中学校数量最多的还是滨海新区，这说明近年来，滨海新区致力于排球运动的开展，并在学校排球运动课程和教学方面取得了较好的成效，因此才会在评选中有多所学校入选。其他地区可以向滨海新区学习排球运动开展方面的经验，促进本地区的排球运动发展，增加排球传统特色学校的入选数量。

2. 青少年排球运动组织管理现状

天津市教委和体育局联合出台的相关文件要求，排球传统特色学校需要建立完善的排球管理制度，将排球运动纳入学校的体育教育发展规划中，并设立专门的排球领导小组和监督小组，监督和管理学校开展排球运动，在排球教学中，严格按照课程标准进行。排球运动组织管理工作直接影响排球传统特色学校的长期稳定发展。

在管理制度方面，天津市排球传统特色学校均已制定校园排球活动的规章制度，其中包括排球教师的培训制度和人才引进制度。排球传统特色学校的成立时间较短，需要在管理制度上进一步完善，才能够约束和监督学校排球运动的开展，保证学校排球教学活动、竞赛活动顺利实施，管理制度也是促进学校排球运动发展的基本条件和重要推手。学校各部门相关人员需要严格按照管理制度执行，规范排球教学、排球训练行为，有效促进学校排球运动的发展。

在排球发展规划方面，天津市排球传统特色学校制定了排球长期发展计划，并在计划中完整规划了排球运动开展的各项事宜以及排球运动发展的长远目标，包括排球课程建设目标、排球师资建设目标、排球课外活动建设目标、排球项目竞赛成绩建设目标以及排球文化健身目标等。一项体育运动的发展需要合理的发展规划，让管理者和从业者有章可依、有规可循。只有这样，体育项目才会朝着更加健康稳定的方向发展。排球运动亦是如此，在排球运动的开展过程中，需要学校多部门配合，才能够让校园排球运动稳定发展。

在排球运动经费方面，学校开展体育运动项目离不开经费的支持，排球传统特色学校的建设，同样需要足够的经费。排球传统特色学校需要在场地器材等硬件设施方面进行完善，此外还要在排球教学、排球训练、排球师资、排球培训以及排球的竞赛活动等方面一一完善，同时还包括排球文化活动的推广等。这些工作均需要大量的经费投入，才能够保证正常的工作开展。据了解，天津市排球传统特色学校的排球运动经费主要来自于教育部门拨付的教育经费。而体育主管部门给予的相关排球经费相对不足，学校也没有其他经费来源渠道。经费投入不足在很大程度上会影响校园排球运动的开展，不利于排球运动的长期发展。教育部门虽然对排球传统特色学校有一定的资金支持，但是由于总体经费有限，难以支撑排球运动学校大量的经费支出。

在排球场地和排球器材方面，排球的练习场地和排球器材是排球运动开展的基本条件。排球场馆的数量、排球场地的材质、排球训练器材的数量和质量等均会影响排球运动的发展。据了解，当前天津市排球传统特色学校中均设有排球馆，有部分学校的排球馆是综合体育馆，在体育馆内可以开展多项体育运动项目。学校的排球场地数量不等，多数学校设有两块及以上的排球场地，能够基本满足运动需求。随着天津市对排球运动发展的重视度越来越高，学校也对排球运动的开展越来越重视，参与排球运动的学生逐渐增多，部分学校的排球场地在这种情况下出现暂时不足的情况，因此在后续的发展中，学校需要重视排球场地和排球器材的问题，以满足更多学生的排球学习需求，促进学校排球运动更好的发展。

3. 青少年排球运动教学情况

在排球教师的师资方面，青少年排球运动的开展离不开专业的师资队伍。据调查，当前天津市排球传统特色学校教师以女性居多，并且教师的年龄结构趋向年轻化。年轻教师精力充沛、思维活跃，接受新事物的能力比较强，而且年轻教师能够很好地适应不同强度的训练教学工作。但另一方面，年轻教师在教学经验上存在一定的欠缺，随着校园排球运动的发展越来越受重视，对排球教师的专业素质和教学经验要求越来越高。作为一名合格的排球教师不仅需要具备相关资格等级证书，同时还需要在平日的教学训练中积累经验，教师之间相互学习、共同进步。

在排球教学的课程教学方面，天津市各个排球传统特色学校对排球工作非常重视，开展多次研讨会，探讨如何发展排球运动等，并取得了诸多积极的研讨结果。当前天津市排球传统学校每学期排球课程主要集中在11—20课时，每周1—2次排球课程，中学的排球课程训练时间比小学相对长一些。当前学校的排球课程使用的教材是人民体育出版社出版的《排球运动教程》和高等教育出版社出版的《球类运动：排球》，除了固定的体育教材之外，排球教师会根据学校排球发展的实际情况和学生的学习情况，结合自己的专业知识和教学经验设计合适的训练计划。小学排球教学内容包括排球基本技术、排球竞赛规则、排球比赛和排球素质训练。中学排球教学除包含以上内容外，同时还加入了排球战术训练内容。有部分学校开设排球教学比较晚，因此在排球教学中侧重于排球技术内容。

在排球队的训练与竞赛方面。为了更好地发展学校排球运动，天津市排球传统特色学校均组建了学校男女排球队，且部分学校根据学生的排球运动水平，分别组建了年级排球队和班级排球队，排球队伍建设比较完善。排球队训练计划的制定基本以学年计划和学期计划为主，训练计划主要由排球的骨干教师参与制定，有部分学校是由分管体育的相关领导制定，计划制定后，排球活动需严格按照训练计划进行，以达到训练的目标。排球队每周训练1—2次，小学的每次训练时间在30—60分钟左右，中学的每次训练时间在60—90分钟左右。天津市排球传统特色学校每年会组织安排排球比赛，如班级比赛、年级比赛、校级比赛或者校外友谊赛等，鼓励学生积极报名参与，积累比赛经验，增强学生的实战能力。

在排球社团和兴趣小组建设方面。天津市的排球传统特色学校均建立排球社团和排球兴趣小组，满足每一位热爱排球运动的学生的需求。排球社团和兴趣小组的主要内容包括排球的技战术学习、排球的竞赛规则、排球知识讲座和排球比赛等。学校积极响应双减政策号召，全面开展并优化课后体育服务，促进学生全面发展，并通过自主研发课程内容等形式，精心选择活动主题，制定个性化的教学计划，采用创新的教学方法，认真组织学生活动，开展多种形式的排球竞赛活动，丰富课后服务。

在排球运动安全实施方面。开展体育活动，安全应当放在首位。为保证排球运动过程中学生的安全问题，天津市排球传统特色学校采取了一系列的安全措施，其中包括为学生购买运动意外伤害保险、制定运动安全应急预案、在训练前与家长和学生签订排球活动协议书、对学生和教师开设排球运动的安全教育讲座等。学校从多个层面加强并保障学生在排球运动过程中的安全，避免出现运动损伤。有部分学校定期开展排球教学安全培训，针对排球教师进行专业培训，从教师层面出发，重视学生在训练中的安全问题。

4. 青少年排球文化建设情况

任何一项体育运动项目的推广与发展都离不开文化建设。排球文化是人们参与排球运动过程中创造的物质和精神财富的总和。排球文化既包含体育文化，同时也属于文化的范畴。天津市排球传统特色学校重视排球文化建设，充分利用学校官网、微信公众等进行排球文化宣传，同时也利用学校宣传栏张贴排球相关海报，推广排球文化，营造排球运动的校园文化氛围。排球文化建设的宣传内容比较广泛，包含女排精神、排球的基础知识介绍、排球明星介绍、排球动态报道等内容。排球文化建设的宣传内容符合当前天津市建设"排球之城"的建设发展方向。2020 年，天津市市委宣传部、天津市体育局与天津体育学院共同主办的"国家荣誉——中国女排精神展"在天津美术馆向公众免费展出，展览时间从 10 月 1 日一直持续到 12 月 31 日，展览通过文字、视频、图像和互动体验等形式，全方位地立体展示中国女排四十年来所取得的成绩及背后的艰辛拼搏之路。此次展览使"女排精神"得到极大的传播，让天津市民深刻感受到中国女排祖国之上、团队写作、顽强拼搏、永不言败的精神。

**二、天津青少年排球运动发展存在的问题**

1. 对"排球之城"认知不足的问题

天津排球传统特色学校的管理者、教师以及参与排球运动的学生和家长对于"排球之城"的认知了解相对欠缺。管理者仅负责排球学校的建设和管理工作，对于"排球之城"的宏观发展目标和具体事宜并不了解。教师负责学校的排球教学工作，没有深入了解"排球之城"的相关信息。究其原因主要是"排球之城"的建设时间相对较短，宣传力度和实施力度不足。通过查阅天津市人民政府官网发现，"排球之城"的建设方案在 2021年 7 月颁布，至今仅有两年多的时间，而任何城市建设项目的推广与普及都需要长时间的积累和宣传，才能够在大范围内流传。还有一个原因是受新冠疫情的影响，在"排球之城"建设方案提出后的一年左右时间里，学校无法开展正常连续的线下课程，很多原定的排球竞赛活动也无法如期举行，新冠疫情影响了各行各业和学校的发展，对"排球之城"的建设、推广与发展也产生了较为明显的影响。

自党的二十大召开以来，国家进一步明确了共建共治和共享的社会治理模式。天津市举全市之力大力发展"排球之城"，是响应国家号召的具体体现。天津市"排球之城"建设规划预计到 2030 年，天津市排球传统特色学校需要建成 100 所。在"排球之城"建设的背景下，天津市校园排球运动如火如荼地开展，学生的参与热情高涨，各项竞赛活动雨后春笋般举行。若要保持这种良好的发展态势，必要从各个排球传统特色学校做起。所有排球传统特色学校都要紧密团结，形成命运共同体，共同发展排球运动事业，在排球日常教学和训练中相互帮助、相互学习，校际之间的竞赛活动也可以经常性举行。在天津市成立排球传统特色校领导办公室，由市政府和教育部门的领导作为主要管理者，聘请排球运动专家和中小学优秀教练员或优秀的退役排球运动员，共同组成排球管理队伍，处理排球传统特色学校的招生、教学、训练和比赛等事宜，另外由排球运动衍生出的排球文化和衍生物品等，也需统筹规划，使排球传统特色学校形成稳定、整体的良性循环机制，推动天津市"排球之城"的建设，以及天津市排球运动长期可持续发展。

2. 排球专项经费不足的问题

排球运动的开展需要充足的经费支持，才能够保证运动训练、教学和硬件设施等正常运行。笔者在走访了解中发现，当前天津市排球传统特色学校的排球经费相对不足，教育主管部门对学校给予一定的经费支持，但是并不足以满足学校当前的经费需求。究其原因主要是学校当前的排球经费太过于依赖教育部门的支持和政府拨款，没有积极寻求社会企业的赞助和支持，经费来源比较单一、金额数量比较有限。也有部分学校因为教育经费紧张，经费分配不合理，有时会将排球专项经费用于其他教学活动中。

国家大力推广学校体育教育工作，倡导学校要以学生体质健康水平提升为基本目标，全面开展多样化的体育运动项目，丰富学校体育文化氛围，推进足球、排球、篮球、冰雪运动以及传统体育项目等进校园，完善校内竞赛、校际之间竞赛以及选拔性竞赛为一体的竞赛体系；加强学校的体育教学评价，稳定提升教学效果，推进体育教学评价改革，健全教学评价机制。

天津市排球传统特色学校在申请之初，遴选程序比较复杂和严格，先后经历学校自评、区教育局和体育局初审、市体育局和市教委组织排球项目专家评审，才最终发布公告通知。由于每所学校的基础硬件设施和软件方面有一定的差异性，而且学生的排球基础水平也参差不齐，因此各个排球传统特色学校的建设也没有统一标准，建设的投入资金也相对不一样。为了保证天津市排球传统特色学校的建设思路和建设目标统一，天津市排球传统特色学校领导办公室应该牵头组织排球专家，根据每一所学校的发展现状，制定客观合理的排球传统特色学校考核评价标准，为学校的排球运动发展提供准确的发展思路和目标；同时建立排球传统特色学校的复核机制，定期对学校进行复核，确保学校排球运动的发展符合标准化建设要求。假如在复核中发现有作弊行为，必须及时取消排球传统特色学校的称号，将名额转让给其他符合条件的学校。如此良性循环之下，天津市排球传统特色学校的规范性建设和科学性评价将在很大程度上得以促进，为促进天津市"排球之城"建设提供有效的保障。

3. 排球师资力量欠缺

排球运动的开展如果想要取得良好的成效，必然需要高水平的师资队伍，以保证排球教学和训练的质量，只有这样才能提高排球队伍的整体水平。笔者在走访了解中发现，天津市排球传统特色学校开展了排球兴趣课程和社团课程等，但排球教师的人数不足以满足排球特色课程的开展需求，因此有部分学校会聘请非排球专业的教师担任教学任务。在职的排球教师中有部分并没有相关的专业资格证书，如排球教练员证书、教师资格证或运动员等级证书，这种现象不利于学校排球运动的长期发展，造成排球传统特色学校整体的师资力量薄弱，整体专业素养水平过低，不利于学校排球运动的长期稳定发展。

随着天津市"排球之城"建设的步伐加大，学校的排球训练和教学工作也不断发展。学校的排球社团、兴趣班等报名人数越来越多，排球运动深受学生的喜爱。在这种发展态势下，学校的排球师资出现了明显不足的情况。天津市"排球之城"计划在 2030 年建成 100 所排球传统特色学校，师资的数量和质量是当前亟待解决的问题。要想解决此问题，一方面可以通过向社会公开招聘排球教师的方式，引进高水平、高学历的专业院校人才；另一方面可以聘请退役的优秀排球运动员加入学校的排球师资队伍当中，提高整体师资水平。同时，学校应给予排球教师正式编制，留住现有的排球教师，并吸引更多优秀的排球教师人才。对于在职的排球教师，学校应当定期组织专业培训，鼓励教师报名参与学习，加强自身的排球专业知识储备，提高专业素养。定期举行排球教师研讨会，让排球教师互相交流与分享教学经验，对于排球教学和训练有效方法进行系统归纳整理，作为范本在教学研讨会上推广。同时建立"老带新"的教师帮扶队伍，一名老教师带动一位或多位新教师，手把手教授教学经验，共同提升校园排球运动的教学水平。

当前，天津市有多所体育院校都招收和培养排球专项人才，相关主管部门可以根据实际的需要，制定人才引进政策，留住优秀的排球人才，为天津市排球传统学校的排球师资队伍注入新的血液，推动学校排球事业的发展，为天津市"排球之城"的建设增砖添瓦。

师资队伍是非实体形式存在的物质文化，教师可以教授排球的运动技术，同时也能够教授正确的人生观、体育观，培养学生的意志品质。教师既是教学的引导者，同时也是学生的人生引路者。因此师资队伍的水平直接影响到育人的质量。在排球教学中，教师不仅需要掌握丰富的理论知识和专业的技能水平，还要加强自身的排球素养，包括了解并掌握排球运动发展规则、排球运动的技战术、排球训练方法等。教师还需要加强自身的科研能力，结合学生的不同年龄特点和排球运动水平，制定合理的训练计划，全面提升学生的排球技能水平。教师需遵循循序渐进的教学原则，按由易到难的顺序安排教学内容，激发学生学习排球的兴趣，使用创新的教学方法和多样化的教学手段，合理安排教学考评与评价，综合考评学生的学习成果，促进学校排球运动的发展。学校也要为教师搭建学习的平台，为教师创造更多的学习机会，提高教师的专业素养，丰富教师的教学经验。

4. 排球教材与训练大纲不够完善

无论是城市的建设还是体育项目的普及与发展，抑或是排球传统特色学校的建设，都需要科学规划与规范执行。排球项目的发展需要科学制定教材和训练大纲，才能够让排球教师在教学和训练过程中有教学参考和指导，促进教学的统一性和系统性。然而笔者在走访调查中了解到，当前天津市排球传统特色学校并没有统一的排球教材，教学中仅是参考高等院校排球教材等。由于这些教材的编写组是依据高校和体育专业运动员的水平而编制的，并不完全适合中小学生的训练需求，因此，依据此类教材制定教学和训练计划，缺乏一定的合理性与科学性。学生对于某些教学内容的理解能力不足，导致学生对排球运动失去兴趣。天津市"排球之城"的建设中，针对天津市中小学的排球教学和训练活动必然会更加重视，规范和统一排球教学训练的教材和训练大纲，在助力排球传统特色学校发展的同时，也会对天津"排球之城"的建设与发展提供更大的助力。

天津市排球传统学校教材与教学大纲的缺失，直接影响校园排球运动的发展。因此，笔者建议相关管理部门积极组织相关的专家和学校的优秀排球教师，以"排球之城"建设思路为指导目标，以学校发展的实际情况为参考，根据不同年龄阶段的学生制定不同的教学大纲和教材内容，编制符合中小学校学生学习的排球参考资料，同时在实际排球教学与训练中，鼓励排球教师积极创新开发具有特色的排球课程，提升学生的学习兴趣，以学生兴趣为出发点，设计教学内容和教学方法，在课堂教学中遵循以学生为本的指导思想，以培养学生自主学习能力为基本目标，积极调动学生的学习积极性，让学生做课堂的主人，吸引更多学生喜爱并参与到排球运动当中，在轻松愉快的氛围中，提高学生的排球技战术水平。

根据天津市教委的相关文件要求，参照中小学体育课程教学大纲和学生体育与健康系列教材，结合学校的发展实际情况，组织学校排球教师或教练员进行研究和探讨，以学生需求为基本目标，设计出符合学生年龄发展和学校发展需求的排球教材，完善排球课程建设。排球课程的基本思路是要让每位参与排球运动的学生都能够保持愉悦的心情上课，以学生的学习兴趣为出发点，争取让每位学生都能够在轻松的学习氛围中学习排球运动技能。同时，学校应选拔排球技能水平较高的学生进行排球专项训练，为我国排球后备人才添砖加瓦；组建班级队、年级队等开展校园排球竞赛活动，激发学生对排球运动的参与兴趣；组建高水平的校队开展排球集训，并积极参与天津市的排球比赛。根据课程的思路，学校要保证每个年级的学生每周 1—2 次排球课程，通过课程教材内容的设计，一方面让学生掌握排球基本技术，包括传球、垫球、拦网等，让学生在学习中感受到排球的魅力，另一方面要加强排球文化的推广，宣传"女排精神"，让学生了解并熟知祖国至上、团结协作、顽强拼搏、永不言败的女排精神，发自内心地热爱排球运动。同时，对于一些比较有排球运动天赋的学生，学校要为学生搭建便捷的升学通道，为天津市"排球之城"贡献后备力量。

5. 排球建设的激励措施不够完善

中小学排球建设的规范性需要完善的激励措施和科学合理的评价体系作为基础保障。笔者在实地走访调查中了解到，天津市排球传统特色学校的教师与学生激励机制明显不够完善，这在一定程度上会影响教师的训练热情和学生的学习兴趣。教师的薪资待遇和职称等方面没有得到重视，教师的晋升发展之路比较模糊，从而导致教师的工作积极性降低。学校应当考虑教师的长期发展，对教师的事业发展给予帮助和重视，让教师充分发挥其专业性与主观能动性，这样才有利于取得良好的训练成效。在学生的激励机制方面，学校缺乏重视。在平日的学习与训练中，过度关注学生的技战术学习，而忽略了学生团队意识、规则学习和运动等级提升等方面的培养。

对于大多数家长和学生而言，练习排球能否有助于升学是他们最关心的问题。因此，相关部门需要建立完善的排球特长生升学机制，让具有排球运动天赋或者排球运动水平比较好的学生都能够有比较好的出路。多数家长对学生参与排球运动比较支持，主要是因为家长认为排球训练不仅能够促进学生的身体健康，同时还能够通过排球训练解决学生的升学问题。当前，天津市中小学排球特长生的招生工作基本由本校的发展需求设置，家长会根据就近入学的原则选择学校，这就导致很多优秀的排球特招生无法集中训练，训练水平很难得到较大的提升。因此，笔者建议相关部门在"排球之城"建设引导下，全面考虑校园排球人才建设，为排球特长学生提供便利的升学通道，并建立小学、中学和大学的整套排球人才培养模式，不错过任何一名有排球运动天赋的学生和具有较高排球运动水平的学生，以促进天津市排球后备人才的发展，更进一步促进天津市"排球之城"的建设。

# 第三章 天津"排球之城""运动之都"情况简介

> **本章提要**：介绍天津市"排球之城""运动之都"建设实施情况与建设实施成果。

## 第一节 天津"排球之城""运动之都"建设实施方案

天津市为了更好地宣传与推广"女排精神"，坚持以人民为中心的发展思想，打造城市特色，推出排球运动的城市名片，天津市政府在2021年工作报告中提出了"打造排球特色城市"的发展目标，并举全市之力发展"排球之城"。天津市"排球之城"的建设工作将进一步推动我国排球运动可持续健康发展。

### 一、建设背景

2003年，天津女排靠永不服输的精神为天津市赢得第一个全国联赛的冠军，截至2023年，天津市女排获得了四个全运会冠军、13个联赛冠军、5个亚俱杯冠军和6个锦标赛冠军。天津女排的精神已经成为天津市的城市名片，激励着天津人民，带给天津人民无尽的骄傲，也让天津市排球运动的发展蒸蒸日上，同时也促进了天津市体育工作的开展。早在2020年，天津市体育局便与天津市排球运动协会着手"排球之城"的建设方案，后来在天津市的"十四五"规划和 2035 年的远景目标中也提到了天津市排球特色城市的规划，在 2021 年的天津市政府工作报告中也提及此建设方案。"排球之城"作为天津市的重点发展目标，受到天津市政府的高度关注，天津市各相关部门通力合作，认真策划排球之城的实施方案，促进"排球之城"尽快建设实施。在 2021 年 3 月举行的"排球之城"启动仪式，标志着排球之城建设工作正式开始，天津市排球运动发展进入全新阶段。在 2021 年 8 月，天津市人民政府正式印发《天津市加快推进"排球之城"建设实施方案（2021—2030）》，开始着手实施"排球之城"的相关工作，排球之城的建设与发展自此正式拉开帷幕，若干年后，天津市排球运动必然以全新的面貌向人们展示。

　　建设"排球之城"的目标有助于城市排球发展，天津市是国内第一座提出建设"排球之城"的城市，"排球之城"的建设极大地鼓舞了排球爱好者、全市大中小学校学生，获得了相关企业的鼎力支持。"排球之城"建设的提出源自天津市悠久的排球发展历史。在过去的几十年里，天津市排球运动经历了多个动荡的发展阶段，最终在国家政治安定、社会团结、经济稳定发展的基础上，逐渐走上了快速发展的道路。在多年的发展中，天津市排球运动获得了不少优异的成绩，也涌现了诸多优秀的排球运动员，天津市民对排球运动发展抱有极大的期盼，对天津市"排球之城"建设也备感荣耀。这种排球情怀是天津市民在天津女排精神鼓舞下逐渐形成的，也从侧面反映了天津市排球运动的发展变化。当前，天津市举全市之力建设"排球之城"，进一步彰显天津市排球运动的优势，使天津市排球运动成为天津市的城市名片和城市特色，并形成带有天津传统文化的排球文化记忆，吸引更多的青少年和排球爱好者们了解和参与排球运动，扩大天津市排球运动的知名度。"排球之城"的建设能够推动天津体育强市的建设，也能够将天津市体育文化与传统文化进行有机结合，进一步推动天津市体育事业的发展。

## 二、指导思想

　　2021 年 8 月，为了打造天津市"排球之城""运动之都"，天津市人们政府办公厅发布了《天津市加快推进"排球之城"建设实施方案（2021—2030）的通知》，《通知》指出：以习近平新时代中国特色社会主义思想为指导，坚持以人民为中心的发展思想，大力弘扬祖国至上、团结协作、顽强拼搏、永不言败的女排精神，将女排精神发扬光大，将排球运动打造成为天津市的城市特色，为建设体育强市和健康天津奠定坚实的基础。计划在 2030 年之前，天津市将建成不少于 100 所排球传统特色学校，经常参与排球项目的青少年人数不低于 50 万人，向公众开放的排球场地不低于 500 块，将天津市打造成为具有城市特色和中国特色社会主义的"排球之城""运动之都"。

### 三、发展目标

近期目标（2021—2025 年）：女子排球项目竞技水平保持国内领先地位，男子排球项目进入国内先进行列，排球职业俱乐部的管理水平和品牌影响力不断提升。建设国内一流的排球青训体系，各区县成立学校排球代表队，全市需建成不少于五十所排球特色学校。构建大众排球赛事体系，鼓励学生、职工积极参与。全市新建、完善配套室内外排球场地 200 块，并创办自主品牌国际赛事。排球产业格局基本形成，并与排球文化、旅游和商业等产业共同发展，助力天津市国际消费中心城市的发展。推出以排球文化为主题的文化活动、文学作品，丰富排球文化建设，实现天津市排球运动发展的目标。

远期目标（2026—2030 年）：女子排球项目达到国际领先水平，男子排球项目达到国内领先水平。排球职业俱乐部达到国际领先水平。拥有自主品牌国际赛事，构建完成天津青训特色体系，排球后备人才建设工作进展良好，全市的排球传统特色学校不低于 100 所。大众排球赛事有序运行，经过参与排球项目的青少年人数达到 50 万人以上。全市公开开放的室内外排球场地达到 500 块以上。排球产业规模处于全国领先地位，为市民提供丰富多样的排球产品和服务，发展具有城市特色的排球文化，将天津市建设成为具有国际影响力的排球名称。

### 四、"排球之城"主要任务

1. 全面提升天津市排球竞技水平

首先，政府鼓励支持社会企业资本与排球职业俱乐部之间的商业合作。这种合作促进俱乐部发展，也有助于社会企业的宣传与推广。加强与世界上比较知名的俱乐部进行合作交流活动，例如举办友谊交流赛、排球文化交流等，与国外俱乐部进行管理经验和运营模式等方面的经验沟通，借鉴国外俱乐部的成功经验，并根据天津市当地排球俱乐部的实际情况，合理地借鉴与应用，加快俱乐部的职业化建设。全力打造天津女排、男排俱乐部，利用先进的管理模式和体育品牌力量，提高天津女排的知名度。

其次，全面提升各个专业队的技术水平。按照奥运会和全运会的项目设置进行布局，加强对运动员和教练员的人才培养力度，致力于培养高水平、高素质的运动员和教练员队伍。向国外水平运动员和教练员的培养模式进行学习和借鉴，提高国内的比赛名次，实现高质量的后备人才培养，促进天津市排球运动项目全面协调地发展。最后，要建立健全高水平的后备人才梯队。在全国范围内均衡建设男排、女排等项目的后备人才梯队，支持建立市级U13、U16、U19、U23后备人才梯队。大力发展天津市体育运动学校和排球传统特色学校的后备人才培养，为天津市"排球之城"的建设输送排球人才。

2. 推广、发展和普及校园排球运动

首先，通过多种手段培养中小学生对排球运动的兴趣，支持中小学校开展排球兴趣小组、校园排球队和排球社团，以及校外青少年的排球俱乐部和培训机构，通过开展丰富多彩的校园排球运动和校级比赛等形式，提高学生的参与度，积极开展排球冬令营和夏令营等选拔性竞赛活动，鼓励学生积极报名参与，提高学生的参与兴趣和参与积极性。

其次，加强排球特色传统学校的建设。根据天津市"排球之城"的建设目标，大力开展和建设校园排球活动，在现有的基础上，建立更多排球传统特色学校，加强对排球特长生的招生比例。各地区建立完整的大中小学一条龙人才培养模式和保障机制，保障校园排球运动的系统有序发展。加强培养天津市校园排球队的发展，推动天津市学生排球队参与国家级甚至世界级别的排球竞赛活动，提高天津市整体的排球队伍水平。

最后，打造高水平的高校排球运动队。支持南开大学、天津工业大学、天津体育学院等高等院校组建高水平的排球运动队，扩大招生规模，规范专业人才选拔机制，并推动高校大学生排球队参与国家级和世界级别的排球竞赛活动，助力高校排球运动的发展。

3. 开展职工排球活动，大力推动职工排球和气排球的发展

鼓励各个企业、事业单位、社会团体等组建职工排球队，不定期举行多种规模的排球竞赛活动，积极鼓励企事业单位和企业、社会团体等创建

固定的排球活动场地，助力职工排球运动的发展，推动排球大众化的发展。

4. 开展大众排球活动，丰富大众排球赛事活动

积极举办大众排球竞赛活动，承接高水平的国内和国际排球赛事活动。在社区、商业区和公园等公共场所开展大众排球赛事活动，每年举行"天津市大众排球欢乐季"系列活动，营造良好的排球运动氛围。

5. 构建排球产业体系

首先，要加快排球产业发展，以排球专业服装、器材等为重点产品，打造一支具有区域特色的排球产业体系链，推动排球制造企业的发展。积极支持市场主体在排球赛事服务方面的发展，通过技能培训等方式发展探索排球产业与其他产业的融合。积极开发排球产业与文化、旅游和商业等的结合发展，建立全方位的排球产业链，提高排球产业的收益率，发挥排球运动的商业化效益。鼓励企业和社会资本等设立排球发展基金，促进排球运动的社会化发展。

其次要打造排球主题商业综合体。以天津体育管为核心，创办以排球运动为主题的竞赛表演、排球文化、休闲健身娱乐、影视拍摄、广告投放等的体育商业综合体，鼓励排球运动发展良好的地区建设"排球之城示范区"，提高各区对排球之城建设的积极性。

6. 打造排球竞赛体系

首先，积极申办世界排球联赛、世界女排俱乐部锦标赛、亚洲女排俱乐部锦标赛等品牌知名度比较高的国际赛事，并做好中国排球联赛天津主场比赛。打造国际排球友谊赛和邀请赛等赛事品牌。

其次要完善青少年排球赛事体系，建立从小学、初中、高中到大学四级校园排球联赛体系。利用课余时间组织校园排球竞赛活动，组织跨区域的排球竞赛活动，或者举办跨市青少年排球锦标赛。

7. 弘扬女排精神，积极推动排球运动的国际交流与合作

首先，相关部门积极组织多种形式的排球题材文艺创作，通过文学、影视和展览等形式弘扬女排精神，推广排球文化。在公共场所展示女排精神，例如在公交车站、地铁站和机场等场所，通过张贴海报、滚动播放视频或者纸质广告投放等形式，展示"排球之城"的建设，弘扬中国女排精神。在天津市体育博物馆举办女排精神展，鼓励市民前来参观与学习，通过大型排球赛事的活动举办，广泛开展女排精神巡展。支持举办各类排球表演赛、明星赛、公益主题邀请赛等活动，助力女排精神文化建设与排球

之城建设的融合。充分发挥体育明星的榜样作用，组织排球名人宣传活动，积极弘扬女排精神。

其次，积极推动排球国际交流合作。充分发挥天津女排的城市名片作用，积极推动与国外高水平排球队之间的排球文化、排球竞赛以及排球后备人才培养等方面的交流与合作，借鉴国外成功的经验，结合天津市自身发展情况，制定科学合理的排球发展目标和计划，鼓励各类主体举办多种形式的国际排球交流赛，提升排球之城的国际影响力，进一步推动天津市排球之城的发展建设。

8. 加强排球人才队伍建设

首先，加大排球人才的支持度。加强排球教练员、体育教师和裁判员的队伍建设。落实天津市引进优秀体育人才管理暂行办法等相关规定，加大力度引进高水平的排球教练员、运动员以及优秀的科研人才，提高排球运动发展的整体水平。政府需在人才引进中重视人才安置、薪资待遇以及服务保障等多方面的支持。

其次，在排球专业队、市体育运动学校以及青少年排球训练基地设立与事业发展相适应的排球教练员岗位。政府利用优厚的薪资待遇和完善的保障服务吸引更多退役排球运动员，优化教练员队伍结构。加强中学和小学学校排球教师的专业技能培训、规范排球教师的评价机制，每年参与培训的体育教师不少于 500 人次。同时加强排球裁判员的培养力度，每年结训排球裁判员不得低于 100 人次。组织全市的排球教练员、学校体育教师和排球裁判员定期开展岗位职业培训，加强其自身的专业素养，更好的服务天津排球之城建设。

再次，巩固发展连贯式的竞技人才培养模式，以天津体育学院、天津体育职业学院等高校为排球运动员职业技能培训基地，为天津市输送高水平排球运动员。以政策形式支持天津体育学院建立完善的中专、本科和研究生教育培养体系，学校开设排球专项，培养复合型的高水平的排球人才。

最后，支持中国排球学院建设排球教育和科研阵地，推动爱国主义教育基地的建设，构建本硕博贯通、校内外一体的排球人才培养新模式，完善排球教育体系，鼓励教练员、裁判员、科研人员等排球从业人员积极开展各类排球培训和竞赛活动，营造良好的大众排球发展氛围。加强平台建设，为推进以教练员注册管理系统为重点的排球信息化见色号，同时做好国家队的科研攻关和保障服务，强化排球在科技创新领域的发展。

9. 加强排球场地设施建设、建设排球科研阵地

排球运动发展的基础便是场地设施建设。如排球室内场馆、排球架、排球网、排球、排球专项素质训练器材，同时好包括排球服装、鞋子等。这些基础条件是开展排球运动的重要组成部分，也是排球之城发展所需的基本保障。

认真贯彻落实《国务院办公厅关于加强全面健身场地设施建设发展群众体育的意见》，合理安排建设多功能排球运动场，同时根据地区发展实际情况，建立大中小型排球场，在公园、公共体育场等公共场所增加排球运动场地和设施，满足人民群众对排球运动的需求。要求全市排球场地达到每万人不低于 0.5 块场地的标准，其中室内排球场地数量须达到 50%以上。改造天津市现有的排球场馆，定期检查与维修场馆场地，保证训练的安全性。鼓励各级各类学校排球场地对外开放，支持学校排球场地委托社会机构运营。

**四、保障措施**

首先，建立组织领导机制。建立由分管副市长担任召集人，相关部门负责人为成员的市级"排球之城"建设联席会议制度。定期对天津市"排球之城"工作的建设进度和建设成果等方面进行监督与指导，发现问题并及时解决问题。联席会议办公室设在天津市体育局。各级相关部门需要各司其职，制定排球之城建设的具体措施和实施办法，做好责任到人，抓好落实工作，努力形成区域特色经验。

其次，要健全支撑保障体系。统筹利用体育彩票公益金支持排球之城的建设，倾斜建设经费。加大对排球之城的报道力度，通过媒体、报纸等的宣传方式，加强舆论向导，营造良好的排球之城社会氛围。

# 第二节　天津"排球之城""运动之都"建设经费支持

2021 年，天津市财政局为了支持"排球之城"建设，投入专项资金 2212余万元，用于天津市排球运动发展的各项工作建设，为"排球之城"建设提供坚实的经费保障。经费主要应用与四个方面。

首先是排球场地建设方面。根据天天津市体育局对排球之城的建设规划与布局，安排专项经费 312 万元，主要用于排球场地和沙滩排球场地建设，用来完善和补充天津市排球场地不足的问题。其次是排球系列运动的普及。市财政局拨款 300 万元专项经费，用于建设"天津女排精神展"和校园排球运动的普及等活动。再次是促进排球竞技水平的提升。市财政局拨款 1000 余万元用于排球运动队的训练、比赛、竞赛费用等支出。最后市财政局拨款 600 万元，用于排球俱乐部的建设工作。

## 第三节 天津"排球之城""运动之都"建设措施

2021 年，天津市体育局积极贯彻落实《天津市加快推进"排球之城"建设实施方案（2021—2030 年）》，积极创建天津市区域排球特色，大力推动天津市"排球之城"的建设，将排球运动打造成天津市的城市名片。

### 一、以天津女排为核心发挥"排球之城"的引领作用

在十四届全运会上，天津女排获得了女排项目的成年组冠军、青年组银牌，同时也刷新了天津排球项目在全运会上的最好成绩。在 2021—2022 年中国女排超级联赛中，天津女排以绝对的优势取得了冠军，实现了联赛 14 冠的优异成绩。与此同时天津食品集团男排在 2020—2021 年中国男排超级联赛中创造了第六名的好成绩，也刷新了此前的比赛纪录。在 2021 年的全国男排锦标赛中，天津男排获得了亚军，创造了天津男排历史上的最好成绩。

天津市对以女排为主的竞技排球非常重视，尤其是在天津市"排球之城"建设方案提出之后，天津市民表现出极大的热情。天津市政府也倾注大量人力物力和财力，致力于天津市排球运动发展。纵观天津市排球事业的发展，以天津女排为代表，一代又一代排球运动员的顽强拼搏，才有了这些优异成绩，使天津市排球运动成为国内排球运动发展较好的城市，也让更多的人关注天津排球，天津排球精神提升了城市文化自信。

天津男排和天津女排为天津市"排球运动"的发展作出了巨大的贡献，当前天津市在"排球之城"建设中举全市之力大力发展排球运动，以

天津女排为核心的天津市排球队为排球之城的发展起到了一定的竞技引领作用。

## 二、以青少年为重点开展排球之城的校园工作

学校教育是终身教育发展的基础，学校教育的发展对终身体育发展有着重要的推动作用。学校开展排球运动，有助于培养学生对排球运动的热爱，同时也有助于促进学生的身心健康发展。学生通过参与排球运动，提高身体素质，缓解学习压力，提高社交能力，磨练良好的意志品质。排球有着一定的健身功能和娱乐功能，深受学生的喜爱。青少年学生是我国排球后备人才的中坚力量，在青少年群体中开展校园排球运动，有助于培养青少年对排球运动的喜爱，增强青少年的排球运动意识，同时也有助于推进"排球之城"的校园工作建设。

2021 年"排球之城"排球传统特色学校试点建设工作开启，有 25 所中小学先后被评为天津市排球传统特色学校，为天津市排球运动后备人才培养提供了良好的条件和后勤保障。"校园排球公益行"活动的创办，为校园排球运动的发展做了充足的宣传，并通过开展丰富多彩的排球活动形式，受到了学校师生的一致好评，在天津市的津南区、红桥区等多个地区反响比较好，进一步推进了天津市"排球之城"的宣传与推广。

## 三、以大众为中心激发"排球之城"的活力

天津市"排球之城"建设正式建设实施后，近百家天津市知名企业组织排球队伍开展排球竞赛活动，创办了"大众排球欢乐季"系列活动，吸引大量排球爱好者前来参与。哪吒文化体育嘉年华是天津市在 2023 年推出的一项综合性体育活动，涵盖了体育、文化、生活和商业娱乐等内容，与周边的公共资源相结合，例如万象城、博物馆、美术馆、图书馆等进行联动，搭建了集运动、消费、娱乐休闲为一体的多功能活动空间，营造了良好的全民健身气氛，成为国内比较有特色的大型群众体育活动，哪吒体育嘉年华的成功举办极大地提升了天津市的体育发展。2021 年 7 月—8 月之间，天津市共举办了 6 项大众赛事，共 200 余场比赛，既满足了广大市民的夏季休闲健身需求，同时也营造了良好的排球运动氛围，极大地促进了"排球之城"建设的发展。

## 四、组建高水平的排球专业团队

在排球人才的选拔上，全面引进高水平的排球运动员，同时加快组建复合型排球团队，在全市范围内设置女排、男排的后备人才梯队，设立 U13、U16、U19、U23 四级后备人才梯队，不断提升竞技排球的水平，通过高水平的排球专业团队，助力"排球之城"的建设。在教练员队伍的建设上，聘请高水平的排球教练员、裁判员和科研型人才，依托天津市的体育院校开设排球教练员的培训课程，并邀请国内外知名的排球专家进行专业授课，提高教练员的整体专业水平。从排球发达国家聘请经验丰富的外教担任球队的主教练，带来先进的训练理念。在团队管理方面，建立科学的管理体系和完善的团队管理制度，对运动员的衣食住行进行规范化管理，保证运动员能够以最好的身体状态投入到训练和比赛中。在训练体系方面，加强对排球训练的经费投入，购买现代化的排球训练设备和训练器材，为排球运动员提供良好的硬件设施保障。

## 五、扩展排球传统特色学校

中华人民共和国教育部、体育部相继发布增强学生体质健康的相关文件，并通过建设体育传统特色学校来进行运动项目的发展，进一步提升学生体质健康水平，为国家储备排球后备人才。2021 年，天津市响应国家号召，颁布相关政策规定，选拔符合条件的排球传统特色学校学生。天津市政府对排球运动的发展高度重视，天津市的排球项目建设关乎天津市排球运动发展的前景。在"排球之城"建设中，天津市不断扩充排球传统特色学校，助力"排球之城"的建设与发展。2021 年完成 25 所排球传统特色学校，2022 年完成 30 所排球传统特色学校，并覆盖全市各个区。计划在 2025 年之前完成 50 所排球传统特色学校的建设，2030 年之前完成 100 所排球传统特色学校的发展任务。组建一支高水平高素质的师资队伍，并定期进行专业知识方面的师资培训，进一步加强教师的专业素养。积极引进退役排球运动员来到排球传统特色学校执教，提高学校排球教学水平，为学生提供更加专业的排球训练指导。在学校打造良好的排球文化氛围，通过校园广播和宣传栏等方式，宣传排球知识，扩充排球参与人数，提高学校的整体排球运动水平。

### 六、加快天津市职工排球基地建设

建设 10 个首批天津市职工排球基地,在上半年和下半年分别组织天津市职工气排球比赛,深入开展职工和大众排球活动,丰富了大众体育休闲娱乐生活,提高了大众排球运动水平,同时对天津市"排球之城"起到了重要的推广作用。政府相关部门制定关于职工排球运动的相关优惠政策,提高职工对排球参与的热情。设立专项资金用于职工排球基地的建设,鼓励社会资金的加入,吸引更多的企业和社会组织加入职工排球基地建设中。建设标准化的排球场地,配备高质量的排球训练设备,满足职工的排球训练和比赛需求。

### 七、加强校园排球建设

加强校园排球的师资队伍建设与场地设施建设,引进专业院校毕业的人才和退役运动员作为排球教练员,提高学校排球师资的整体专业水平。投入一定的经费用于学校场地和器材设施等方面的维修、更新等,保证为学生提供安全和优质的排球训练体验。开展校园排球训练营活动设计编排和推广以排球运动为基础的"天津市第一套排球操",在全市中小学范围内普及与推广,紧跟天津市"排球之城"的建设脚步,加快校园排球建设步伐。在学校选拔优秀排球校队,制定出科学的训练计划,丰富训练的内容,邀请专业的排球教练员来校指导,提高学校排球队的整体水平。通过定期举办校内排球班级赛、年级赛等,以赛促练,采用多种比赛形式,让更多的学生都能够参与其中,感受排球运动带来的乐趣。

### 八、举办排球竞赛活动

利用天津的海滩资源,举办天津市大众沙滩排球系列赛,"巾帼杯"天津市气排球比赛、"市长杯"排球之城总决赛等,排球竞赛活动的广泛开展,吸引了大量排球运动爱好者,推动了大众排球运动的发展。以社区为单位组织排球比赛,促进社区居民之间的和谐相处。举办社区排球联赛、家庭友谊赛等,鼓励社区居民积极报名参与,扩大排球运动的普及度,加强人们对排球运动的热爱。竞赛活动的举办需加强赛事管理、保证赛事安全并做好赛事的宣传工作,提高赛事的知名度,吸引更多民众关注排球运动、参与排球竞赛。

### 九、加强排球文化建设

积极开展与女排精神相关的文化展览活动，宣传和弘扬女排精神，并启动"排球之城"示范区建设活动，鼓励各个地区以排球运动建设为指导方向，大力开展各项排球文化建设事业。打造排球地标性文化建筑，例如建设排球主题公园，在公园内设置排球名人墙、排球主题雕塑等。选择天津市的某几个街区，打造排球文化特色街区，包括排球运动用品专卖店、排球文创礼品、排球主题餐厅等。

### 十、加大与科研单位的合作

与天津体育学院和中国排球学院进行排球科研合作，共同促进天津市的排球综合能力提升，加强排球科研工作建设，积极推进排球之城的建设发展。借助科研单位的专业师资力量，定期组织排球教练员参与排球相关的专业培训，包括技术、战术、训练理念等方面。与科研单位合作开展排球运动技术和排球训练方法的创新，利用高速摄像机、动作捕捉系统等，对运动员的技术动作进行分析优化，进一步提升排球运动员的专业水平。

# 第四章　天津"排球之城""运动之都"
## 建设的精神文化底蕴

## 第一节　青少年排球运动文化建设

中国女排的名字是耀眼的，是激动人心的，中国女排不仅仅拥有骄人成绩，而且是精神的代表。2016年的中国女排再创佳绩，取得了奥运会冠军。

天津女排是非常优秀的积极进取球队，天津女排不仅4次取得女排亚俱杯冠军，并且2003年—2013年，天津女排在10年的时间内获得9次联赛的冠军，3次获得全运会冠军，5次获得全国锦标赛冠军，登顶上全国大奖赛冠军，天津女排锐意进取、迎难而上、顽强拼搏、争创第一的精神值得大众学习。2016年天津女排获得了"十冠王"的最好成绩，这是天津女排精神的集中体现，也是为天津市民广传的佳话。

2020年，天津市体育局和天津市排球运动协会携手制定了"排球之城"建设方案，被天津市政府列入天津市"十四五"规划和2023年目标中，并且在2021年的时候颁发了《天津市加快推进"排球之城"建设实施方案（2021—2030年）》。

在我国竞技体育运动的发展史上，唯有排球项目获得过七次世界冠军。排球运动在我国已有一百多年的历史，对我国竞技体育的发展有很大的影响。20世纪80年代，我国女排取得"五连冠"的佳绩，这一时期的"女排精神"激励和鼓舞了一代人，校园排球热潮不断升温，促进了竞技排球的发展。但是，从20世纪90年代以来，我国的排球运动竞技水平起伏不定，排球运动的整体水平有所下滑，校园排球活动逐年降温，排球人口不断减少。

随着体育事业的发展和学校体育改革的不断深入，20 世纪 90 年代，体育教育的理念已经发生了根本转变，学校纷纷增加了体育课时。2016 年，《国务院办公厅关于强化学校体育促进学生身心健康全面发展的意见》出台，《意见》对大力推进校园排球运动做了明确要求。此外，排球运动在学校校园得到了进一步发展，许多学校将自身打造为排球特色学校。在我国的学校教学实践中，长期存在重文化教育轻体育教育的问题，即便出台了各项促进体育教育政策，文化教育依然是学校教学的重心。同时，在现有体育项目中，足球、篮球等项目受欢迎程度较高，而排球项目受欢迎程度相对较低，排球教学在体育教学实践中的地位也相对较低。

1. 青少年排球运动文化定义

此前学者对排球文化的定义比较笼统，认为排球文化是人类在参与排球运动的时候创造的精神财富和物质财富，其中排球文化是体现在文化、体育文化和自身的文化特征。笔者认为，排球文化是指以排球为载体。人们在进行排球运动时体现出来的行为意识，和排球运动本身表现出来的竞赛规则、排球行为等有密切的关系。

体育文化是指人通过体育活动在改造客观世界、调节自身情感、协调群体关系中所表现出来的时代特征、地域风格和民族样式。广义而言，体育文化是指为丰富人类生活，满足生存需求，以身体为媒介，把满足人类需求的身体活动进行加工、组织和秩序化，形成获得社会承认的、具有独立意义和价值的文化。它包括精神文化（体育观念、意识、思想、言论等）和行为文化（体育行为、技术、规范、规则等）两部分。校园体育文化则是以青少年为主体，以课外体育文化活动为主要内容，以校园为主要空间，以校园精神为特征的一种群体文化。校园文化作为一种社会文化，也是在一定社会政治、经济、文化、教育、体育等条件下。由学校广大师生在实践过程中共同创造的体育物质财富和精神财富的总和。青少年排球文化是青少年在进行排球运动的时候创造的精神财富和物质财富。

2. 青少年排球运动文化划分

根据文化结构进行划分，青少年排球文化分为精神文化、排球物质文化和排球制度文化，青少年排球物质文化是与排球活动有关的物质和产品。排球文化不仅具备体育文化和校园文化的特征，其自身可以分为物质文化层面、制度文化层面和精神文化层面。物质文化层，主要包括物质活动及产品，如排球的场地、器材、服装以及衍生的排球教学和训练的器材、排球教材等。制度文化层，主要包括排球行为、排球规则、排球技术和排球规范；精神文化层，主要包括排球意识、排球观念、排球道德和排球情感等。

青少年排球文化包括体育行为、排球规则、排球技术和排球规范等方面，多通过青少年行为和行为方式表现出来，是青少年排球运动文化中的关键环节，是联系青少年排球运动物质文化和精神文化的纽带，是提升青少年排球运动文化发展和精神文化的重要保证。青少年排球精神文化包括排球意识、排球观念、排球道德和排球情感等，是指师生在长期参与排球活动的过程中创造和获得的精神财富，包括良好的精神氛围。排球精神文化可以塑造青少年的人生观、体育观、健康观、运动观、人际关系、价值取向、实践能力等。影响青少年的心理和思想。排球精神文化包括体育价值观、教育观念、体育精神、审美观念、心理观念、竞技观念等。排球精神是排球文化的核心层，体现在排球参与价值观、排球伦理价值观和排球精神价值观上。制度文化是一项行为准则，人们需要遵守，包括排球活动的组织形式、排球活动组织结构以及促进排球活动发展的制度和管理体系。制度文化是排球活动顺利发展的坚实保障，是排球文化的重要组成部分。

3. 青少年排球文化基本特征

排球运动属于分组对抗球类体育运动，排球运动的竞争较为激烈，体力的消耗较大，这有助于培养青少年努力拼搏的精神和永不服输的斗志，培养坚强的意志品质。同时，排球运动作为一项团队型运动，在竞技过程中需要队员之间相互配合、相互协作，这有助于培养青少年的团队协作能力和荣誉感，为了同一个目标默契配合，共同进取。在排球比赛中，每名队员都有明确的分工，需要丰富的技战术组合，这可以促进青少年创造力的提高，使其想象力更加丰富，应对突如其来的变化。可以说，排球运动是一项健康积极的体育运动，较为适合青少年参加。排球运动项目不断发展，其传承性、创新性、时代性、精神性等特征，形成丰富的排球文化。

（1）排球文化的传承性

自从排球运动出现之后，排球文化就随着经济不断的发展，不断进步，排球文化传承性就是摒弃旧的，发扬新的。排球从 19 世纪末起源到现在已经传播到了 200 多个国家及地区，不断让更多人所接受。天津女排在 20 年的时间内夺得了 15 个冠军，这让天津女排精神在 20 年的时间内代代相传。

（2）排球文化的创新性

民族的发展和进步离不开创新，排球文化的发展同样离不开创新，我国排球运动发展速度之所以快，离不开创新。创新是在排球运动发展实践中总结出来的，排球技术在发展实践中进行创新，由最初的大力勾手发球、上手飘球技术到战术上的快攻，都是在创新的基础上进行，技战术的创新改变了排球运动技战术的指导思想，推动了排球运动的发展。天津排球也在不断发展进步和创新，逐渐形成了自己的风格特点。国家经济发展和体育事业的发展离不开创新，我国排球发展离不开创新。排球运动创新发展让排球运动在实践中快速成长。排球技术创新的发展，开创了现代排球快速、全面多变的风格。

（3）排球文化的时代性

文化紧随社会发展而发展，排球在 100 多年前仅仅是供人们娱乐的运动项目。20 世纪 80 年代，排球运动出现了质的发展，技战术更加全面，逐渐走向社会化、商业化、职业化，开启了现代排球时代。排球由最初十六人制、十二人制和九人制逐渐演变到六人制，排球运动形式发生了变化，满足了不同人群的需求。排球运动环境也发生了变化，雪地排球、沙滩排球等多种多样的形式，吸引越来越多的人参加。排球运动的发展也让年轻人更直观地接触到大众体育。正是因为年轻人的加入，排球才有了多样化的形式，发展出了新时代人们接受和享受的排球文化。

2017 年，天津市举办了第十三届全运会，气排球在经历了 33 年的发展后登上了全运会的舞台，让更多的人接触到了这项体育项目。在全运会的带动下，天津市民参与体育运动的积极性更高，在这样的背景下，大众的行为意识和对体育运动项目的热爱促进了排球运动多样化的发展，越来越多的人群加入到排球运动中，时代的发展让人们接受了排球文化。

（4）排球文化的精神性

青少年是一个非常特殊的群体，青少年心理和身体素质都处于一个特殊阶段，是成长发育阶段中转型的关键时期。首先，青少年发展阶段是一个人从儿童时期逐渐转向成年人阶段，青少年的思想正在从最初的一知半解到逐渐完善，身体素质不断提高，代表青少年在这个阶段的发育逐渐走向成熟，青少年时期思想的发展有矛盾性，也是一个过渡的时期。在这个阶段，青少年进行排球项目的学习能促进思想意识的成熟发展。

其次，青少年对世界和事物有了不同的见解，有了独立的思想意识，并且形成了自己观点和思维，心理意识逐渐提高，有了自己的心理世界，情感思想也发生了一定的变化，对事物和世界的看法有自己的认识和见解。排球运动不仅能丰富青少年的思想意识，还能提高青少年顽强的拼搏精神。

青少年阶段是思想意识逐渐完善的成熟时期，青少年有自己的见解，比较在意他人的看法，注重他人对自己的评价，并且表现欲望比较强，青少年希望在公共场合受到足够的重视，成为大家眼中的焦点人物。这一时期的青少年有着很强的自尊心。排球运动不仅能让青少年提高自己的表现能力，还能提高团结合作能力。

排球文化的精神性离不开青少年精神层面的发展，排球作为一项团队合作的竞技运动项目，离不开队员之间的合作，因此在进行排球运动的时候需要依靠青少年之间相互协作、相互配合。参加排球运动需要良好的身体素质，对于排球运动来说，队员需要具备体力、力量、灵敏性、对抗能力等。只有具备这些素质青少年才能有效地参加排球运动，在运动中临危不乱。排球运动需要队友之间相互配合，团队更强调集体利益，这可以促进青少年团队精神和团队协作能力的提高，并能提升青少年的集体荣誉感、公平竞争意识和担当精神。同时，在相互协作的过程中，排球运动增加了青少年之间的友谊，帮助青少年建立起良好的人际关系，使青少年的综合能力不断提高。排球文化的精神性可以帮助青少年提升思想意识，使青少年充满活力并且胸怀报效祖国的决心。青少年参与排球运动不仅能提高自身身体素质，还能加强对排球文化的认识，树立起正确的人生观和价值观。深刻了解排球文化，掌握较多的排球技能。

**复习与思考**

1. 青少年排球运动文化的定义？

2. 青少年排球运动文化如何划分？

3. 青少年排球运动文化有哪些特征？

# 第二节　女排精神文化建设

"女排精神"在20世纪80年代诞生。1981年11月6日，在第三届世界杯决赛中，中国女排球战胜了日本队，第一次夺得世界冠军，这也是中国在"三大球"项目中第一次夺取世界冠军。之后中国女排取得了"五连冠"的出色成绩，"女排精神"从此成为中国体育精神。

## 一、女排精神形成与发展的历史逻辑

1. 女排精神历史背景

（1）党和国家的重视与关怀为女排崛起奠定了基础

中华人民共和国成立后，党和国家非常重视体育工作。1951，我国首次举办排球运动项目的比赛，选出了中国第一批女排队员。

中国女排走出了有自己特色的道路，国家领导人非常重视中国女排，周恩来总理为了推动中国女排的发展，先后两次邀请日本名教练大松博文来中国对女排进行技术指导，让中国女排教练员学习大松博文的教学技术，提高中国女排的整体技战术水平，培养中国女排顽强拼搏的精神。

（2）改革开放为女排腾飞提供了契机

1976年，中国女排重建，在教练员袁伟民的带领下，经过五年的训练，打造出自己的训练风格和技战术体系，并且培养出了顽强的意志和坚持不懈的精神，女排精神形成并且得到了检验。

（3）民族复兴的期待呼唤女排精神的出场

改革开放后，中国意识到了自身和世界存在的差距，这个时候国人需要增强自己的自信心，增加自己的精神力量。1981年，中国男排取得了参加世界杯的资格，北大学子更是喊出了"团结起来、振兴中华"的口号，在这个时候中国女排勇夺世界冠军，为"女排精神"奠定了基础。

## 二、女排精神历史演进

1. 女排精神的萌芽（1972—1981年）

中国女排为了进行系统化科学的训练，1972年和1979年在福建漳州和湖南郴州先后建立了训练基地，但当时郴州的训练基础条件不是很好，场馆是用当地盛产的竹子搭建的，场地非常简陋，因此被称为竹棚，场地不平整，设施设备简单，缺少排球运动项目的器材，恶劣的天气竹棚会漏雨，但即便在这样的艰苦条件下，中国女排队员依然坚持训练，团结合作，积极向上。漳州的训练基地是三合土地面，地面非常脏，阴雨天气，中国女排队员依旧坚持训练，由于不平整的地面有大量的泥沙，训练的时候经常摔破膝盖，甚至出现流血的情况。在这样的情况下，中国女排队员依然坚持不懈，完成强度非常高的训练，她们坚强不屈、忘记自我的精神被围观群众称赞不绝，多年以后，中国女排教练员在接受采访的时候说："你们要是问我中国女排为什么能夺冠，那是因为中国女排那种坚强不屈，积极向上的竹棚精神。"当时的女排队员周晓兰在 1989 年的一次大会上说，竹棚精神就是坚持奋斗的精神，是永不放弃的精神，是不怕苦不怕累的精神，是团结合作的精神，是女排精神。这种精神体现在中国女排身上的精神，是中华民族的精神，是中华民族的精神财富，中国女排精神就是竹棚精神，竹棚精神奠定了中国女排精神的雏形。

2. 女排精神的形成（1981—1986 年）

1981 年《当代》杂志一位叫鲁光的作者写了一篇名为《中国姑娘》的报告文学，作者将中国女排和精神联系在一起，中国女排成为精神支柱和精神力量。在 1981 中国女排首次夺得世界冠军之后，《人民日报》在头版刊登评论员文章《学习女排振兴中华》，提出要学习中国女排顽强的意志和坚持不懈、永不放弃、不怕苦不怕累、团结合作的精神，振兴中华。中央领导在报纸上发表文章，号召大家学习中国女排精神，中国女排精神首次出现在中国的重要媒体。

1981—1986 年，《人民日报》、中央电视台等主要媒体大力报道中国女排精神，多部文学作品也描述了中国女排，中国女排形象还在邮票、宣传画中多次出现，在这样的背景下，大众提高了对中国女排的认识，了解到了中国女排精神，对中国女排精神产生了极大的热情和学习的动力，在这一时期，中国女排精神正式形成。

3. 女排精神的传承（1986—2012 年）

中国女排"五连冠"后，中国女排教练员和队员依然坚守女排进取的精神，经历一代代传承发展，中国女排精神对思想、意志力和坚强品质就没有降低过要求。2004 年，中国女排在雅典奥运会上夺冠。2008 年北京奥运会，中国女排将女排精神发扬光大，在比赛中顽强拼搏、不畏困难，最终拿到了铜牌。2019 年习近平总书记接见女排队员时说，你们天天坚持训练，并且克服伤痛，处在低谷时期你们还是能默默地坚持，不计较任何的回报，中国女排比赛成绩离不开你们的付出、坚持和努力。中国女排精神就是胜不骄、败不馁，就是在胜利的时候依旧坚持训练，处在低谷的时候仍旧不放弃。

4. 女排精神的发展（2013 年至今）

社会不断发展进步，中国体育也走向了全面发展的阶段。体育项目的进步和民族复兴是相互联系的。体育强国建设为中国女排精神的发展创造了基础，为中国女排精神分发展提供了新元素。2013 年郎平担任中国女排教练员，她在训练中发展了以前的女排精神，改变以往的训练原则和训练手段，让队员明白为什么要训练，要坚持什么样的原则，要明白什么是女排至上的原则。在训练中郎平不止一次强调，要做到每一次比赛都全力以赴，并且在每一次比赛中要做到升国旗、奏国歌，要有永不言败的精神。作为教练员，郎平将创新的训练理念融入中国女排的发展建设中，打造"大国家队"的模式，建设复合型教练团队，训练模式更加专业化。在这个时期，中国女排精神就是民族力量、国家形象重要的象征。中国女排在 2016 年里约奥运会中夺得冠军让更多的人了解到中国女排精神，中国女排精神就是时代发展精神。

2019 年夺得三大赛冠军后，习近平在接见中国女排时指出：大众群体对你们的喜欢，不仅仅是你们夺取了冠军取得了成绩，还因为你们在比赛中永不言败的精神，团结合作，顽强坚持比赛，可见中国中排精神不仅历代传承，并且长盛不衰。

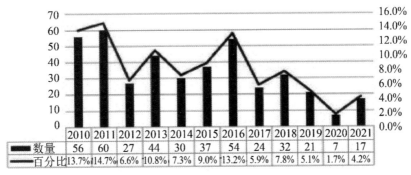

图 4-1 《人民日报》关于中国女排报道的数量分布（2010—2021 年）

从上图数量统计可以看出 2010 年、2011 年和 2016 年对于中国女排的报道数量是最多的，2010 年和 2011 年中国女排出现了失利的情况，中国媒体仍希望中国女排能积极地面对和解决问题。

### 三、新时代女排精神的内涵逻辑

1. 祖国至上核心

祖国至上的意思是祖国的利益高于一切。祖国至上的原则让中国女排在训练中不怕艰辛，积极进取，排除困难，永不言败，她们带着对祖国的热爱不断进步，不断努力。只有怀揣着爱国之心，热爱自己的祖国，希望自己的祖国繁荣富强，对祖国有较强的使命感和责任，才会努力报答祖国。中国女排对自己的国家非常热爱，她们每一次比赛都是为了国家顽强拼搏，她们的理想就是让中国排球站在世界的巅峰。她们为了国家而战，为了祖国的荣誉而战，她们执着于在每一次比赛中"升国旗、奏国歌"，她们用自己的行动无私奉献，积极进取，在享受排球带来的快乐和荣誉的同时，把个人价值融入到国家利益中。

2. 团结协作是精髓

团结协作就是服从大局，相互配合，发扬集体主义精神，中国女排就是因为团结协作才做到屹立不倒。教练员袁伟民认为团结协作就是达到 1 加 1 大于 2 的效果。中国女排精神就是坚持团结合作，每一位女排要服从制定的战术要求，要想高质量地完成战术要求，就需要队员之间相互合作、相互帮助、一起奋战，需要在比赛中做到灵活应变，相互之间彼此信任，有较高的默契度。女排精神也是团结协作的精神，升国旗、奏国歌激发着每一位中国女排队员的潜能，在比赛中永不言败，团结协作，顽强比赛。

3. 顽强拼搏是实质

顽强拼搏就是永不放弃，并且奋力坚持。女排精神是中国女排长盛不衰的密码。郎平说，中国女排的实力可能不是最强的，但是她们一定是最努力、最坚强、最能拼搏的一支队伍。中国女排不断拼搏的精神主要在于她们不怕任何困难、敢于挑战。收获了一次次的荣耀。她们在训练中敢于挑战极限，训练的模式都是大力量大负荷。中国女排队员经历了身心上的考验，战胜了所有的挫折，承受住了各种压力，中国女排的成绩离不开顽强拼搏。

4. 永不言败的特质

永不言败就是遇到任何困难都不放弃，在面对困难的时候坚强面对，在任何情况下都不服输。郎平在接受采访的时候说，中国女排值得夸赞的地方不是赢得了世界冠军，而是在任何时候、任何情况下，中国女排都不会放弃坚持奋斗。她们在比赛场上有时会遇到各种挫折，但是依旧充满坚定的信心，她们能正视自己的失败，相信自己在哪里跌倒还能在哪里爬起来。

在女排精神中，永不言败象征着百折不挠，可以对人民群众起到鼓舞作用。

总的来说女排精神是指中国女排所具有的不屈不挠、永不放弃的精神。它还蕴含着不忘初心、自强不息的自信，是集体主义的象征。随着时代的不断发展，女排精神已经超越了体育的范畴，成为激励人们团结一致的重要力量。继承和弘扬女排精神不仅有效激励了青少年，而且对国家、集体和个人都具有积极的教育意义。对女排精神的弘扬，就是继承拼搏无畏的精神影响。

排球运动是一项体现合作的运动，女排的成功离不开团队成员之间的合作意识，团队协作是女排不可缺少的精神，团队合作不仅能让队员克服困难，还是队员责任心和道德修养的体现，中国女排在训练和比赛的时候互相配合、互相鼓励，把个人力量凝聚在一起。团结协作精神是中国女排取胜的重要因素，她们在比赛中彰显了集体主义精神，每一位队员都为中国女排的胜利贡献自己的力量。

### 四、女排精神根本实质

女排精神首次提出的时间在 20 世纪 80 年代，从 1981 年到 1986 年，中国女排凭借艰苦奋斗和团结协作的精神创造了中国排球史上第一个"五连冠"，成为"三大球"中最先夺冠的队伍。在女排精神中，有一种坚韧不拔、奋发图强的精神，这也是当今女排精神的真实体现。正因为如此，中国女排创造了享誉世界的"五连冠"，为中国人民带来了无限的精神动力。习近平总书记在接见第 31 届奥运会中国体育代表团时表示：中国女排不畏强手、英勇顽强，打出了风格、打出了水平，时隔 12 年再夺奥运金牌，充分展现了女排精神。女排精神是民族精神在不断发展传承中的时代表达，女排精神是团队精神和智慧的结合，是对女排品格、意志和精神的高度概括。女排精神是女排队员在长期训练和比赛实践中创造的，反映代表了中国女排积极向上的坚强精神品质。

### 五、中国女排成就"五连冠"时期

经过 1976 到 1980 年 4 年时间，中国女排在 1980 年已经达到了世界水平。1981 年 11 月，中国女排在世界杯比赛中击败有着"东洋魔女"之称的日本队，夺得第三届世界杯的冠军。在赛场上，五星红旗冉冉升起，《义勇军进行曲》奏响。全国人民沉浸在喜悦中，《人民日报》号召全国人民学习女排精神，各行各业掀起了学习女排精神的热潮。1982 年，中国女排夺得了第九届世界女子排球锦标赛冠军，1984 年，又斩获 23 届奥运会冠军。

表 4-1　中国女排三连冠教练员与运动员

| 比赛名称 | 教练员 | 运动员 | | | | | | |
|---|---|---|---|---|---|---|---|---|
| | | 主教练员 | 教练员 | 主攻 | 副攻 | 二传 | 接应 | 替补 |
| 1981 年第三届世界杯 | 袁伟民 邓若曾 | 袁伟民 | 邓若曾 | 郎平 张蓉芳 | 陈亚琼 周晓兰 | 孙晋芳 | 陈招娣 曹慧英 | 杨希 梁艳 朱玲 张洁云 周鹿敏 |
| 1982 年第九届世锦赛 | 袁伟民 邓若曾 | 袁伟民 | 邓若曾 | 郎平 张蓉芳 | 陈亚琼 梁艳 | 孙晋芳 | 郑美珠 | 杨希 姜英 周晓兰 曹慧英 杨锡兰 陈招娣 |
| 1984 年第二十三届奥运会 | 袁伟民 邓若曾 | 袁伟民 | 邓若曾 郎平 张蓉芳 | | 梁艳 杨晓君 | 杨锡兰 | 郑美珠 | 姜英 侯玉珠 周晓兰 朱玲 苏慧娟 李延军 |

1984 年，袁伟民升任国家体委副主任，邓若曾出任中国女排主教练。张蓉芳等优秀的运动员退役，郎平等队员年龄逐渐增大，身体素质也开始下降。即便在这样的情况下，中国女排也顶住了压力，不负期待，在 1985 年第四届世界杯中再次夺得世界冠军，将女排精神发扬光大。

1986 年，中国女排主力队员相继退役，邓若曾辞去了教练的职务，原排球队队员张蓉芳担任主教练，此时距离第 10 届世锦赛已经不足 4 个月的时间，郎平退役，中国女排想要夺取"五连冠"非常困难。面对严峻的情况，国家体委决定请袁伟民出任教练员工作。在这短短的时间内，袁伟民倾注了大量的心血，结合女排运动员的情况制定了训练计划，并且针对比赛中容易出现的问题进行了总结并分析对策，反复练习，直至改正。这为女排夺得冠军提供了支持和帮助，还增加了他们的自信心。在教练员的付出和运动员努力下，中国女排不负众望最终取得了比赛的胜利，实现了"五连冠"。

### 六、女排精神形成阶段体现

进入 21 世纪，陈忠和在 2004 年带领中国女排第二次登上奥运会领奖台，中国女排顽强拼搏、为了国家的荣誉不畏艰难、积极进取的精神，让人民群众感受到了中国女排的精神。

郎平在 2016 年带领中国女排运动取得了奥运会冠军，这是中国女排时隔 12 年第三次登上奥运会冠军领奖台，中国女排和女排精神又得到了广泛关注，大众对女排精神有了更新的认识。

中国女排在发展中没有忘记自己的使命，坚持拼搏，她们在困难中不断突破，在困境中战胜自我，向着目标不断奋斗。

**复习与思考**

1. 女排精神历史演进是怎样形成的？
2. 简述女排精神的内涵。
3. 简述女排精神的实质。

## 第三节　女排精神文化渗透

2016年中国女排在里约奥运会上以高水平夺冠女排精神在全国掀起了新的浪潮，女排精神具备时代鲜明性的特点，女排精神是中国精神，也是民族精神，包含了顽强拼搏、自强不息、团结合作和爱国主义价值观，可见女排精神的弘扬是社会主义核心价值观的代代相传，中国精神是以爱国主义为核心的民族精神和创新改革时代精神，女排精神不仅代表了民族精神、时代精神，也代表了社会不断发展和与时俱进。女排精神兼具历史性与时代性，同时具有民族性和代表性，是凝聚民族的力量，激发建设中国特色社会主与国家的积极性。女排精神是中国精神的缩影，是民族精神的代表，是时代精神，只有深挖女排精神才能实现中华民族复兴。

爱国主义是中华民族美德作为中华民族核心精神，爱国主义不仅为国家指明了发展方向还凝聚了中华民族的力量，女排精神深深植根于爱国主义，其内涵与爱国主义情怀紧密相连。中国女排的胜利向世界展示了中国体育的崛起，极大提升了民族自信心，为国家成为体育大国做出了一定贡献。

集体主义精神是中华民族精神的重要组成部分。团结协作是女排精神一直提倡的，不仅有利于和谐人际关系，还能培养集体主义精神。排球运动项目是一项集体运动项目，每位队员在教练员的指导下发挥自己在队伍中的作用，缺少任何一位队员，比赛都难以顺利完成。团结合作是中国女排夺冠的重要因素，在任一项比赛中排球队员都是团结合作一起努力，团结互助，互相配合，极大地鼓舞了全国人民。女排队员取得的成绩证明了集体主义精神的团队合作意识，女排精神提醒我们，在建设有中国特色社会主义的道路上，唯有团结互助，从大我到小我，把个人追求融入社会主义发展，中华民族才能始终保持昂扬向上的精神风貌。

女排精神的内涵主要是爱国主义精神团队精神拼搏精神创新精神。中国女排精神在时代发展中不断的创新，并且将团结、拼搏、积极进取展现给大众。

## 一、加强社会主义精神文明建设

社会主义精神文明建设决定了社会意识形态的发展，是社会主义精神所在，加强社会主义建设就需要加强群众的社会主义意识，女排精神作为社会主义精神文明建设的核心主义代表，体现并弘扬了社会主义精神文化，有助于加强社会主义精神的建设。女排精神是中华民族的产物，是中华民族文化和精神的结合，符合社会主义的发展规律。女排精神展现了爱国主义和团结合作的精神，具备社会主义精神文明需求，倡导女排精神，有的利于全国人民，激发大人民艰苦奋斗精神。弘扬女排精神能推动社会主义精神文明的建设发展，女排精神是中国特有的精神文化，具备了爱国主义、艰苦奋斗、团结合作的精神，女排精神给社会主义精神文明的发展提供了助力，也是建设社会主义文明的支柱主要力量。

## 二、加强社会主义建设

弘扬女排精神有利于调动人们建设社会的积极性，激励人们顽强拼搏、团结合作，实现中国梦。女排精神给人们的启示就是，缺乏民族精神就是在面对困难的时候失去了信心和信念，没有信念支撑的民族发展是没有意义的，也没有希望的。女排精神体现了激情和生命力是现代主义建设的中不可或缺的精神力量。女排精神体现了社会主义建设中需要的精神力量，是大众脚踏实地的努力，面对困难的时候顽强奋斗，加快发展我国经济，提高人们生活水平。

### 三、凝聚社会主义市场经济正能量

女排精神传承了民族精神，是民族精神的支撑，女排精神对历史形成和原则制度有促进作用，弘扬女排精神可以在社会主义市场经济建设中，号召人民群众团结民族力量，共同奋斗，自强不息；引领迷失在市场经济中的人群，不忘爱国主义，不为个人利益所压倒；传承中华民族艰苦奋斗、无私奉献的优良传统。女排精神蕴含了爱国主义、艰苦奋斗和无私奉献的精神，对社会经济的发展有积极促进作用，优秀的观念将在市场建设中深入心。

### 四、增强集体利益为先的意识

女排精神是祖国至上、团结一致、顽强拼搏、永不言败，单打独斗并不是个人成功的灵魂。因此，在这个时候，新时代需要女排的精神，并期待着价值观的回归。同时，我们需要发展社会主义市场经济来加快实现中国梦，优先考虑集体利益。我们要把自身利益和国家利益结合起来，汇聚中国力量，弘扬女排精神，号召人民群众团结奋斗。女排精神首先彰显了天下之忧，以国家利益为前提，无私奉献，为国争光，因此，弘扬女排精神是团结人民群众的有效途径。

### 五、丰富民族精神的文化支撑□

女排精神是中国精神的文化产物，有鲜明的民族特征，弘扬女排精神就是丰富中华民族精神提升民族情感，爱国精神，是忘我的奉献意识，也是女排精神的代表，女排精神的意义超越了体育范畴并且和社会精神生活密切相关，在民族的发展中无论是哪个时代都需要民族精神支撑，满足国民精神需求。女排精神激励了好几代人积极投入到中华民族伟大复兴中，女排精神是中国精神的缩影，代表了中国精神激励人民群众永远向前。体育和民族精神有着重要的联系。女排精神是民族精神重要组成部分，在女排队员中，爱国是一种情怀，也是拼搏的动力女排精神丰富了中华民族精神，并且助力着中民族的伟大复兴，女排精神是从体育精神中升华出来的民族精神。实践证明，女排精神代表了国家的价值观和精神方向。女排精神是中华精神在历史实践中的产物。由此可见，女排精神是中国优秀文化不可分割的一部分。弘扬女排精神，为中华民族精神提供源源不断的精神力量源泉，也丰富了民族精神的文化支撑。

## 六、增强时代精神的号召力

女排精神是中国女排队员在实践中创造、探索与激发出来的精神，引领思想潮流，也是社会前进发展的精神支撑。在女排精神基础上，不断发挥女排精神本质，从精神层面上对女排精神进行弘扬，响应了时代的号召，女排精神蕴含了自主创造、勇于创新的精神和力量。时代精神是人们与时俱进、积极进取、振兴中华的强大精神动力。女排精神是中国人民创造进步发展的精神成果，并且成为各种思想和观念的精神支柱，女排精神结合时代发展需求，在传承和发展中不仅保留了优秀的文化和民族文化，又结合时代进行了创新发展，女排精神作为文化成功转型的典型代表，充分体现了新旧文化精神的完美契合。弘扬女排精神，不仅可以起到示范作用，还可以加快中国文化转型的步伐。精神呼唤着人们脚踏实地、善于创新、善于创新，响应时代精神的召唤。

## 七、习近平总书记提出的"课程思政"理念

在当前素质教育理念和新课程改革的背景下，排球作为"三大球"之一，已进入学校体育课程。因此，学校必须进一步立德树人，切实增强思想政治意识，不断发挥教师队伍的重要作用，有效整合不同课程与思想政治教育，从而形成协同效应，构建综合教育的重要格局。作为新时代的民族精神和国家的精神财富，今天的女排精神是学校现代化建设进程中的重要支撑力量。将女排精神融入学校排球课程建设，能有效带动学校排球课程的开展，女排精神它对提高青少年的排球意识，促进排球运动的长远发展具有十分重要的作用和意义。学校要更好地发挥"主力军""主战场"和"主渠道"作用，引导专业课程教师充分认识各类课程所蕴含的思想政治教育价值，不断构建全面、多元、进步、相互支持的课程思想政治体系；通过更

好地把握思想政治要素融合的节点和机遇，探索融合的有效途径，最终实现专业知识与理想信念、道德修养、文化自信等的内在融合。因此，有必要进一步推进学校思想政治课的有效建设，以更好地实现德育与人才培养。在课程开发过程中，重点关注教师的作用，从而有效地将不同的课程与思想政治教育相结合，逐步形成协同效应。构建了一种更全面的教育模式。政治教育课程是学校开展思想政治教育的主战场。随着"以课程为基础的思想政治教育"理念的提出，学校思想政治教育将变得越来越重要，并将得到进一步扩展。因此，体育课程中思想政治教育的内容和方法将有更高的要求，这也是我们在未来体育教学中需要注意的内容。

### 八、榜样的力量

女排精神是当今时代的重要产物，也是历史的重要遗产。它包含着团结、合作、自强和无私奉献的精神，体现了争创民族荣誉、无私奉献、科学务实、团结友爱的体育精神，作为榜样的力量满足时代的需要。1981 年中国女排首次夺冠时，郎平 21 岁。郎平的光辉历史给人们留下了深刻的印象，也正是因为涌现出了一代又一代值得信赖的排球队员，传承着女排精神，才再次迎来了升国旗、奏国歌的光荣时刻。所以，女排精神，作为榜样的力量，广泛传播，实际上是中华民族对中国人民和世界的信心和能力的宣言。将女排精神融入大学排球课程中，可以培养青少年的爱国主义精神，促进青少年形成坚韧不放弃的精神，并有助于其更好地融入团队，学会在未来的学习、生活和工作中相互合作。

### 九、以弘扬女排精神为契机，推动我国体育创新发展

女排精神和我们的生活息息相关，在进行体育文化建设的时候要以女排精神为出发点，推动我国体育事业的发展。我国竞技体育在发展中取得了不错的成绩，在国家政策的支持下，我国体育领域得到了更好的发展，2008 年在北京奥运会中，我国在金牌榜位列上第一名，但是存在的问题是，体育运动项目发展不均衡，金牌数目最多的奖是乒乓球和跳水，一些劣势项目还需要提高发展。总的来说，结合我国竞技体育项目的发展，整体水平处在劣势的状态中。结合女排精神进推动体育文化建设，能够为我国竞技体育项目的发展提供动力。

**十、打造体育博物馆，彰显体育运动文化精神**

博物馆是记录中国历史文化和民族记忆的重要载体，博物馆是体育文化发展的重要组成部分，博物馆是文明社会发展的向导，能帮助大众积极发扬爱国主义精神，提高大众民族的意识。我国体育博物馆中收藏了较多的体育文物，并且博物馆向公众开放，并且设有较多地方性博物馆，这些博物馆的作用是对体育文物和体育精神的传承和保护，展现了我国体育文化发展的过程，提升了我国体育文化发展的实力。中国女排为我国精神文明的建设提供了发展的动力和力量，体育博物馆中有较多影像视频，这些影像视频对中国女排如何进行排球训练、如何在比赛场中奋斗都进行了详细的记录，以录像、照片的形式为大众展现了女排精神，大众通过这些视频和照片感受中国女排队员拼搏向上的精神。

**复习与思考**

1. 女排精神文化渗透体现在哪些方面？
2. 榜样的力量体现在哪些方面？
3. 习近平总书记提出的"课程思政"理念？

# 第四节　精神文化底蕴全方位发展

**一、爱国主义精神**

女排精神是中华民族体育精神的重要体现，女排精神也代表了时代发展的精神，是中华民族发展的精神，女排精神中的爱国主义精神在一次次比赛中得以展现。

1. 热爱祖国

热爱祖国是一种信仰，也是一种情绪的表达，这样的情绪是发自内心的。女排精神和女排文化得到传承和发展，是因为女排精神展现了对国家的热爱和忠诚。

2015 年 7 月 16 日，在世界女排大奖赛香港站的现场，当女排队员听到国歌的时候,她们立刻停止了热身活动,集体转向国旗的方向行注目礼。中国女排运动员在训练中不断磨炼自己,不断提高自己的技战术水平,当取得冠军之后中国女排运动员站在领奖台上听着国歌,看着国旗缓缓升起,女排运动员对祖国的热爱,通过这样的形式展现出来。

2. 自强不息

自强不息是自己努力上进并且坚持奋斗,这种精神在中国女排身上体现得淋漓尽致。即使有大大小小的伤病,中国女排队员也在比赛中咬牙坚持面对困难和挫折,她们不放弃,积极乐观地面对每一次训练和比赛。中国女排姑娘展现的竞技魅力是最快、最强、最高的精神,需要在挑战中不断调整自己的状态,不断完善自己,不断超越自我,这样才能在在逆境中一次次地崛起。

**二、为建设体育强国提供精神支撑**

中国女排精神为中国女排的长久发展提供了精神动力,女排精神的形成和发展就是精神文明建设的过程,注重精神文明的建设才能保证队员在训练中提高自己的成绩和综合能力,提高自身的素养。中国女排的成功经验给其他运动竞技项目提供了参考依据和发展动力。袁伟民在带领中国女排队员训练的时候将升国旗和军训作为训练的日常,就是要提高中国女排队员的思想意识,他认为培养中国队员的思想意识非常重要。2019年国务院办公厅颁发了《体育强国建设纲要》,对弘扬中国体育精神文明建设进行了重点强调,核心精神就是文明建设,在培养青少年运动技术的时候不仅要培养青少年运动技能,还要培养青少年运动精神,推动文明社会的建设。

**三、为全面深化体育改革提供价值引领**

2021年发布的《中华人民共和国国民经济和社会发展第十四个五年规划和2035年远景目标纲要》提出在2035年建成体育强国的远景目标。为此,体育教学要实现全面改革,发扬中国女排精神。首先,从管理模式上进行优化,创新体育发展的模式,优化社会组织的发展机制。我国的经济在发展过程中产业融合受到越来越多的重视,其中体育产业的融合也受到重视。因此,国务院办公厅在2010年和2014年下发了两份文件,分别为《关于加快发展体育产业的指导意见》《关于加快发展体育产业促进体育消费的若干意见》,这两份文件都提到了体育产业的融合,可见国家对体育产业的发展非常重视。体育产业的发展要坚持祖国至上的原则，坚持健身体育强国，要想建设体育强国，需要国家部门协作，上下配合，上级制定规章制度和条例，下级加大执行的力度，并且部门之间相互合作，相互支持。

**四、为坚定文化自信提供精神源泉**

1. 为培育践行社会主义核心价值观提供优秀样板

体育精神是体育价值观综合能力的表现，给体育文化提供了一定的价值。女排精神是独特的体育文化现象，感染了大众群体，女排精神主要体现和渗透在各种文化产品中。女排精神不仅仅代表女排坚强奋斗的精神，也代表了中国体育精神，女排精神体现的是团队建设，其中包含制度文化，精神文化和物质文化。

2. 以人为本，以文化提供优质的资源

女排精神给学校思政教学提供了教学的素材。中国女排留下了许多感人的故事。近几年来媒体进对女排事迹进行了广泛的宣传报道，影响了越来越多的人。女排精神给学校思政和德育教学提供了教学思路和教学资源，学校教学将可以将女排精神融入学校课本中，学校教学不仅仅是技术的传承也是精神的传承。女排精神为学校育人和教学提供了思路，媒体也用各种方式弘扬女排精神，对女排精神进行报道宣传，大众加深了对女排精神的认识。

3. 为实现中国梦提供精神动力

改革开放以后，女排精神为全国人民团结合作提供了决心和合作的动力。习近平总书记强调女排精神是时代发展的精神，对实现中华民族的伟大复兴起到积极的作用。1981 年女排夺冠，中国女排精神一直代表了英勇奋斗、坚强拼搏的战斗精神，代表了中华民族的精神，中国女排在 40 年的发展中一直坚持不懈，胜利不骄傲，失败不气馁，在比赛中打出了中国人民的志气，展现了中华儿女的坚强勇敢，提高了民族自信。在 21 世纪需要继续要发扬女排精神，学习女排为国争光的决心，实现中华民族伟大复兴的伟大梦想。

社会不断地进步，我国实现了第一个百年奋斗目标，朝着小康社会不断前进，朝着第二个百年奋斗目标不断发展。实现体育强国，离不开竞技体育在增强民族意识方面的重要作用及其对民族凝聚力的增强。认同形成了一种归属感，而归属感创造了凝聚力。同时，体育作为展示人的本质力量的独特方式，能够促进人的全面发展和自我完善，体现人的价值和尊严，帮助人们克服怯懦和退缩，树立自信自强的生活态度，塑造不怕困难的英雄精神。体育价值观在中国女排身上得到了充分体现。在新的发展阶段，为实现第二个百年奋斗目标，我们将面临许多具有新的伟大斗争。我们要继续发扬女排百折不挠、永不言弃的精神，增强克服困难的勇气，磨炼不懈奋斗的意志。

### 五、女排精神给学校体育教学提供了动力

总书记习近平在全国教育大会上指出："办好教育事业，家庭、学校、政府、社会都有责任。"青少年的教育离不开优质的社会资源、学校专业的教育环境和良好的家庭氛围。学校是培青少年学习习惯和形成思想的关键场所。学校是培养人才、传播知识的场所，社会对学校非常关注和重视，学校主要的责任是育人，学校和社会的关系是相互影响相互联系的。

随着时代的发展，学校教学模式也发生了变化，教育和经济的发展是密不可分的，教育要为社会的建设提供人才支持和知识贡献，女排精神对学校的人才培养起着积极的作用，能引导青少年进行明确的自我定位，提升青少年知识能力、道德水平和身心的发展水平，学校排球育人的模式不仅能培养青少年的创新能力，还能提高青少年的创造力和顽强拼搏的能力。学校通过女排精神进行教学，能有效提高青少年人才培养质量，培养更多高素质的青少年，并且还培养高素质高层次的综合人才。随着社会的不断改革和发展，排球教学也为女排精神注入了活力和动力。青少年思想活跃，比较有活力，并且担负着报效祖国的重任。通过排球文化的学习，青少年不仅能感受到体育的魅力，还能增加对排球文化的认识，树立正确的人生观和价值观。女排精神在学校教学能帮助青少年加深民族感情，深刻理解排球体育文化，满足青少年对排球体育项目多元化的追求，让青少年掌握更多的技能。女排精神还能帮助青少年提高身体素质，培养青少年高尚的品德。学校开展排球教学，融入排球精神，能让青少年增强发挥凝聚力，帮助青少年树立团结协作的集体意识，并且培养青少年之间友好、团结的感情。

学校体育教学不仅包括体育理论知识教学、体育运动技能教学，还包括思想行为意识和价值观的树立，学校体育教学帮助青少年树立正确的思想、价值观、人生观，增进青少年之间的团结合作，形成积极拼搏的精神。

女排精神融入学校体育项目教学中，提高青少年学习体育项目的兴趣，完善学校素质教学。学校对于体育运动的关注程度和重视程度，决定了体育运动在学校中开展的地位，直接影响到传播和开展的效果。校园体育物质文化的支出基本都需要通过领导层审批，例如，场地建设支出、场地器材维护支出、器材采购支出等等。都需要学校领导的审核以后才能进行。同时，学校是否大力宣传体育，也和领导重视程度有较大关系，宣传需要资金、媒介、人力的多方位配合，只有领导重视起来，才能统一协调，起到大力宣传的效果。但是受到应试思想的影响，学校领导特别重视青少年文化课项目的学习，忽视青少年身体素质教学。学校弘扬女排精神不仅能改善领导的思想意识，还能帮助青少年形成正确的体育思想意识，建立正确体育行为，对体育运动的发展起到积极促进作用。

学校体育教师在体育教学中是知识的传播者，体育教师的教学质量和思想行为影响青少年综合能力的发展。目前排球教学方法相对单一，许多教师仍然在课堂上使用旧的教学思想和方法。众所周知，传统教学的弊端在于教学过程没有充分突出体育的功能和价值，在这种思想的影响下，无论是教师、青少年还是家长都更加重视文化课的学习。在学校里，青少年基本上得不到足够的体育锻炼，这容易造成青少年不喜欢体育。因此，在体育教学中，如果教师不能合理地运用教学方法，就会对教学效果产生很大的影响。女排精神改变了教师的体育教学思想意识，不断为学校体育教师提供正向价值引导。

## 六、女排精神滋养群众体育发展

体育强国是中国梦的一部分，是建设现代化强国重要的途径。在体育强国背景下，女排精神提高了群众参与体育运动的热情，提高了全民健身的积极性，为中华民族体育的发展注入了新的活力。

排球是我国"三大球"中比较突出的运动项目，中国女排的影响力可推动群众参与体育运动的积极性和热情。城镇体育运动项目也在稳定地发展，较多的城镇体育运动设施逐渐完善，社区居民在女排精神的影响下积极参与体育运动，智慧排球体育场馆开始建设，提高了群众体育锻炼的积极性，推动了群众体育的发展，为群众体育的建设铺就了健康发展的道路。

### 七、女排精神培育青少年正确人生观与价值观

弘扬女排精神弘扬是塑造社会主义核心价值观的重要措施。21 世纪以来，为了提高青少年思想意识和身体素质，弘扬女排精神是非常重要的，受传统教育观念的影响，许多的青少年认为体育课程学习不重要，学习体育课程影响文化课的学习，因而把学习的重点放在了文化课上，尤其是当青少年面临着升学任务时，更没有过多的时间进行体育锻炼。这导致这些青少年不仅体育锻炼积极性不高，而且身体素质比较差。还有青少年对体育项目锻炼没有兴趣，不愿意将时间花费在体育锻炼中。这种情况不仅影响学校体育活动的开展，还导致青少年身体素质普遍低。随着社会的发展进步，人们对体育教学要求提高，对青少年德、智、体、美、劳全面发展非常重视，在体育教学中要融入美学教育、德育以及人文性教育等。体育教学，以培养青少年综合能力为主要发展目标，不仅要提高青少年的身体素质，还要对青少年的健康心理进行重点培养。弘扬女排精神的弘扬对青少年思想品德的提高有积极作用。女排精神让青少年树立正确的价值观，女排精神不仅可以提青少年的身体素质，而且可以使青少年学到更多的排球理论知识和运动技能，提高青少年的爱国之情，进行刻苦的训练，提高自身竞技体育精神，为中华崛起而奋斗。

### 八、女排榜样形象推动娱乐圈健康发展

电影电视节目对女排精神进行了大力的宣扬，在各大视频平台中播放女排奋斗的故事，利用电视及网络媒体传播速度快、受众群体广的特点，弘扬女排精神，提高大众对女排精神的认识，让女排精神积极融入大众生活中。较多的访谈节目和综艺节目都邀请中国女排运动员和教练员参与。中国女排成为全民偶像，女排精神是中国进步发展的精神成果，女排精神是积极向上的，女排精神不仅仅是体育精神也是时代的精神。

# 第五章　天津"排球之城""运动之都"路径规划

> **本章提要：** 学校可以设立专门的部门来管理排球训练教学，通过教学和研究，探索排球训练发展中的问题，并根据自己身体的问题定位自己，结合自身排球技术掌握、身体素质，制定科学合理、符合学校自身情况的发展计划。

## 第一节　青少年排球训练体系构建

"排球之城"发展目标以习近平新时代中国特色主义思想为指导思想，坚持以人民为中心发展，弘扬"祖国至上、团结协作、顽强拼搏、永不言败"的女排精神，把排球运动打造成天津市发展的品牌，建设体育强市。建设国家最先进的排球青训训练体系，让30%中小学成立排球代表队，并建立竞技、校园、大众体系的排球竞赛。全市完成室外、室内排球场地200块，举办国际一流的比赛项目，推动排球产业的发展，形成文化、旅游、商业产业的发展，推动以排球运动为主题的文化产品，努力为天津排球运动特色实现基础牢、覆盖广的建设目标。女排运动水平遥遥领先，以排球运动为特色和品牌，举全市之力、多部门联动建设"排球之城"，就"排球之城"建设提建议、定目标、抓落实。建设排球特色学校不少于100所，全市完成室外、室内排球场地500块。青少年参与排球运动人数达到约50

万人，并形成市民积极、公共设施完善、资源有效配置的现代化排球发展体系和特色排球文化。

## 一、文化与训练并重合理安排两者的关系

文化学习采取"严进严出"的政策，不仅对青少年入学时的文化成绩要求很高，而且要求参加训练的青少年在文化课程中达到最低要求的成绩，否则暂停训练和比赛。排球训练是一项需长期训练的运动，文化课程和排球训练之间可能存在一些冲突，需要青少年两者都要兼顾，使两者相互促进。排球运动不仅能提高青少年排球运动技能，还增强青少年身体素质，提高运动能力和团结合作的精神。如果只重视青少年排球运动训练，忽视文化成绩的学习，青少年综合素质难以得到发展。教练员需要培养青少年综合素质，平衡青少年排球训练和文化学习之间的关系。让青少年全面成长。需要通过知识点的学习，语言表达能力实现青少年全面发展，如果教练员只注重青少年排球技能训练，忽视文化课的学习，青少年在以后的学习中会遇到各种困难。竞技和文化成绩是相互促进的，竞技不仅能增强青少年的自信心和积极性，还能激发青少年主动探索的动力。

## 二、加强各层次训练衔接，提升训练效果

排球训练更多强调理论、说教和灌输的教学方法，这导致许多参与者对排球课有一定的抵制。例如，一些体育项目在教学过程中仍然采用运球、发球、传球和扣球四步法。虽然对掌握技术要领有利，但这样训练不能激发学习兴趣。不适合当前社会发展的需要，也不符合人们的思维。排球的独特性给大多数人一种感觉，学习排球需要掌握专业技能。排球运动是需要一定场地，要求两名队员在不接触的情况下完成传球。这项运动对每个参与者都有明确的分工，对运动技能有明确的要求，并需要一定的技术基础。排球运动本身的对抗强度并不比足球、蓝球等对抗性较强的运动低，相反，它的运动对抗性可能更强。这就要求排球爱好者要有良好的身体素质。在体能要求方面，排球运动也给给参与者造成了一定的困难，导致一些参与者失去了练习的热情。排球属于隔网竞技运动，每名队员都有自己明确的活动范围，规定性很强。尤其是在排球比赛中，虽然不是直接对抗，但对技术和体能的要求仍然很高。从技术角度来看，排球运动对参与者来说并不是一项困难的任务，只要为其解释和演示，大多数参

与者都可以掌握技术要点。然而，从身体角度看，目前许多参与者的身体素质无法跟上技术的步伐。通常，他们已经掌握了某些技能，但由于力量、耐力、弹跳和速度等因素，无法更好地参与排球运动，这大大影响了他们对排球的兴趣。

首先，明确排球训练的目标和任务，减少训练内容的重复性，提高训练体系时效性。在排球训练体系中，科学有效地衔接是非常重要的，不仅能保证训练的质量，还能让青少年在各个阶段的训练更加系统科学，让青少年能更好地适应比赛，提高队员之间的沟通能力，促进队员有效合作，从而提升整个队伍训练实力。在排球各个层次训练中，有效衔接可以从以下几个方面进行：制定系统的训练计划和训练目标，加强各级之间有效的合作交流；经常举办比赛，能提高青少年比赛能力，并提升不同层次队员之间的学习能力；建立完善技术战术学习体系，根据青少年的身心发展特点，制定科学、合理、适宜的教学内容，提高青少年排球技术水平。学校可以邀请权威人士授课，也可以聘请经验丰富的排球教练员进行专业指导。学校和教师应适当调整排球训练教学模式。没有严格的管理，对排球训练中掌握技能的要求也不是很严格，这种教学模式导致学生对排球训练课程缺乏严谨的学习态度，助长了青少年的懒惰。青少年不仅没有学习到丰富的排球技术，也没有培养出体育运动中的勤奋、和毅力，导致排球训练理念无法贯彻。教练员应当对排球训练计划和内容安排进行分组，让同样技术水平的青少年在一组，减少青少年的压力。在制定排球训练课程和教学内容时，教练员应以青少年为中心，致力于排球训练内容的开发，科学合理地规划排球训练，以提高青少年排球训练的水平。在制定排球训练计划时，教练员需要优先考虑青少年，并善于在教学中观察青少年之间的差异性，根据不同的青少年制定不同的训练计划，确保每个青少年都能接受科学合理的排球训练。排球运动本身的特殊性决定了其运动特点。在排球运动中，队员之间有高度的合作和明确的分工，每个队员必须按照安排的战术发挥自己的作用。这就要求青少年要有团队合作意识并且顾全大局、绝对服从指挥，服从运动规则。

### 三、创新排球教学模式

助推青少年排球运动项目的发展，科学合理的教学方法也是必要的，青少年只有真正掌握了排球的训练技巧，才能在运动中感受排球的乐趣。

旧的教学模式已不适合现阶段人们的学习需求，要根据现阶段社会发展的要求，使用现代化、先进的教学设备，打造科学合理的现代教学模式。不断提高学习者的学习兴趣和主动性，引导青少年积极参与排球教学，更好地掌握排球技术，为我国排球运动的普及和发展做出贡献。要解决青少年排球普及化发展制约因素，还必须高度重视排球教学模式创新，只有通过教学创新，才能更好地提高参与者的学习兴趣，促进青少年排球运动的普及和发展。这就要求教练员要高度重视参与者的主体意识，充分调动他们在开展排球教育过程中的积极性、主动性和创造性，让参与者参与教学。多媒体教学可以应用于排球教学，特别是在技术讲解过程中；可以将有影响力的排球比赛引入教学，让青少年在学习的同时观看相关比赛，提高他们的学习兴趣；可以根据不同排球参与者的不同兴趣，分类教学，加强对学习情况的检查和分析，开展有针对性的教学活动，提升教学效果。

### 四、建立多元化管理方式

通过模块化管理，我们可以将训练和比赛中出现的各种问题分为三个方面：青少年训练、教练训练和代表队管理。训练模块包括三个方面：技术训练、战术训练和体能训练。比赛分为两个方面：赛制和分组方式。训练是基础、管理是手段，竞赛是目的。训练、竞赛、管理三者的关系既对立又统一、排球管理注重训练层面的管理，对队伍纪律、训练等进行规划，但是缺少对青少年文化素养训练的规划。建立多元化管理模式非常有必要，多元化的建设需要从内容、竞技水平和文化成绩出发，制定综合的管理体系，以确保青少年健康成长，在具体实践中，多元化管理模式需要注意以下几个方面。排球训练的管理需对不同环节衔接并且合理处理，创建一个合理科学的训练计划，保证青少年在训练中得到全面发展，从而提高排球技能和运动水平。根据不同青少年排球技能水平，合理制定训练方案，通过训练得到更好的发展机会。注重对青少年文化成绩的管理，包括对素养、品德等进行考核。打破传统管理模式，采用个性化的管理模式，激发青少年排球训练的积极性。让青少年感受到关注和认可，促进青少年更好成长。结合不同青少年的不同情况制定科学合理的训练方案，解决他们在排球运动中遇到的困难，提升个人能力。促进团队成员全面发展，不仅在比赛中表现突出，而且在课堂学习过程中表现更好，这对提高团队成员的自我管理能力也有积极作用。个性化的管理模式可以帮助团队成员更好了解自己的优势和劣势，学习自我管理和自我调节，从而更好适应训练和比赛的需要。

### 五、完善教学评价

教学过程评价是青少年认识自身不足的一种手段。通过排球运动的学习，青少年可以认识到自己的不足，他们就会在之后训练学习中，取得努力促进进步。然而，在传统的排球教学中，如果青少年只要能够达到学校设定的分数，就被认为取得了成功。学校将考试成绩作为测试青少年运动技能的标准，忽视了青少年在其他方面的成绩，不能对青少年做出准确客观的标准。这种状况影响着青少年综合素质的发展和进步。学校需要一种概念性评价方法，才能真正发挥教学评价的作用。对教学过程的评价不仅应关注体育教学成果，还应关注青少年的身体素质，以及他们学习排球项目的态度、能力。教师是教学评价的主导者，青少年在排球学习的初始阶段需要由教师进行评价，之后可以指导青少年进行小组评价、自我评价和后期课堂评价。评价内容是青少年对排球运动项目的学习态度和排球运动技能掌握情况。排球教学的最后阶段可以根据青少年对学习排球运动项目的掌握程度和学习态度，综合评价青少年对排球技能的掌握程度。评价方法可以包括教师口头评估、青少年口头评估和课后书面评估。教师应根据青少年的具体表现，激发青少年的学习热情，鼓励他们通过学习排球提高对体育技能的兴趣，培养终身体育锻炼意识。教师在体育教学过程中需要针对青少年综合情况及时反馈，让青少年看到自己的进步，提高青少年的热情，青少年在感受到进步之后才会有更强的学习动力，对自己的缺点适时调整，改进进步。由于青少年的个体差异性，青少年掌握体育技能的能力不同，教师要积极正确地引导青少年。帮助青少年分析为什么会失败，在以后的学习中正确面对自己的缺点和优点，提高自己的认知，让他们正确面对成功和失败，提高青少年的自信心和终身体育学习的意识。

### 六、国外经验借鉴

#### 1. 日本青少年训练体系

日本青少年排球训练体系是世界上较为完善成熟的训练体系，采用以小学—初中—高中—大学—国家队为基础，为国家培养排球后备训练人才。日本训练体系拥有广泛的群众基础，并且有高质量的排球队伍。排球文化教育是日本非常重视的体育文化，青少年从小就接触排球教学和排球文化。日本社团文化历史久远，日本排球课程是课程体系，是学校教学计划，并且在教学中占有一定的比重。日本良好的排球社团文化为学校排球教学提供了基础，不仅培养了青少年对排球运动项目的兴趣，还提高了学习排球项目的积极性。

个性化的训练体系结合青少年掌握排球技术水平、身体素质和自身的潜力进行制定，让每一各青少年在排球训练中得到全面发展。日本青少年排球注重系统化训练。使青少年排球技术训练、战术训练和比赛训练都能得到全面发展，培养青少年的综合能力和竞赛水平。

注重排球项目的传播。目前，在我国国内很少电视媒体对排球比赛进行转播，大部分对排球运动项目的传播来自自媒体平台，传播的范围相对小，普通群众不能感受到排球运动项目的魅力和精神。日本即使小级别的排球比赛，各大媒体也会进行传播并详细报道，宣传力度较大，为日本排球队员提供极大的精神满足感和成就感，对于鼓励青少年参与排球运动产生巨大的推动力。

2. 美国青少年训练体系

与中国选材模式不同，美国和西方国家选材是以分散模式进行的，美国是历届奥运会排球项目奖牌最多并曾多次夺冠的国家，也是排球强国。美国教育部通过建立地方体育部门和以协会为基础的体育赛事组织，大力推动排球运动的发展，并且按照青少年的年龄、训练阶段、训练水平和掌握技能水平进行划分。美国义务教育一直到高中，家长让青少年在小学阶段接触体育运动项目，排球运动兴趣从小就开始培养。到初中阶段，每所学校都有排球队，每年都会举办公开课，提高青少年对排球运动项目的兴趣和积极性。美国排球队一般在比赛之前进行专门人才选拔，然后由学校和俱乐部进行培养。这样的培训模式需要青少年支付一定的训练费用。被选为运动员之后，学校针对青少年的情况进行科学的培训。进入到中学阶段，青少年可以选择国内各种排球俱乐部。排球队员可以加入国家队或外国排球俱乐部，也可以选择走业余排球的道路。

美国对体育组织的建立有独立、严格的规定和管理制度。美国排球队的发展由俱乐部组织管理。该组织相对民主和自治，不受政府部门的约束，可以激发青少年排球队员的积极性，避免许多利益冲突。独立管理也相对规范和严谨。美国大学的竞技体育中，采用激励和约束机制。这两种机制的互相平衡，既解决了青少年文化课程学习与排球训练之间的矛盾，又激励青少年积极参与排球的学习和训练。美国主要大学校长和主管是学校运动队的主要领导者，负责学校运动队。校长直接负责的模式使这些项目成为各所学校的优势。美国的大部分教育资金来自竞赛和赞助。美国学校排球运动项目资金不仅来自于学校资金，更主要来自于各种比赛的奖金和商业收入。美国排球俱乐部发展较为成熟，带动了排球运动的发展，和中国不同，美国各种级别的比赛是面向社会所有群体的，任何人都能参与，由俱乐部负责组织人员培训和参加比赛，个人和企业也可以成立排球俱乐部，青少年可以选择参加不同的俱乐部和各种比赛。

3. 落实青少年排球训练体系相关政策和场地的建设

排球运动的普及和快速发展，对排球场地要求也越来越高，对排球设备和设施的需求也显著增加。虽然青少年排球运动已经有了一定的发展，但受限于多种因素，排球场地和训练器材的建设与排球运动发展的需求不匹配，在一定程度上制约了排球运动的普及和发展。有些地方排球场很少或根本没有，更谈不上建设高标准的室内排球场，导致排球爱好者无法训练；在一些地方，排球场地内的设施已经老化或损坏，无法使用，导致练习者对排球失去热情。在一些地方，由于经济原因，场地的使用需要收费，对排球青少年不友好。场地和器材的因素对青少年排球运动的普及发展产生了不利的影响。尽管排球已经成为全民健身活动的项目之一，但许多学校在排球设施方面仍存在诸多制约因素，不利于排球运动的普及和发展。例如，目前许多学校最多只有一处固定的排球场地，有些校园甚至没有固定的排球场地，尤其是室内排球场，这直接导致学校排球运动缺乏必要的基础设施和硬件条件，参与者的满意度相对较低。

要想完善青少年排球训练体系，就必须贯彻落实国家有关政策，根据学校自身情况进行延伸。学校可以设立专门的部门管理排球训练教学，通过教学和研究，探索排球训练发展中的问题，并根据自己的问题定位，制定科学合理、符合学校情况的发展计划。同时，专项管理部门要督促政策落实，从教学计划、教学内容、青少年课堂反馈等多方面提出有效的整改建议，明确学校排球教学的发展定位。青少年排球训练要想正常运行，必须保证一定的场地条件和设备设施。高质量的物质基础是提高教学实力的关键条件。学校应根据自身青少年排球训练发展现状，调整场地、设备等硬件条件。为了应对资金无法匹配的情况，学校可以吸收社会资本投资，通过当地企业的加盟或赞助发展学校排球运动项目。这不仅可以促进排球运动的发展，还能提高青少年排球运动训练的兴趣和积极性。

**复习与思考**

1. 青少年排球训练体系应如何构建？
2. 对于青少年训练体系的构建，国外有哪些值得学习的经验？

## 第二节　青少年排球运动开展打造天津"排球之城""运动之都"的路径建设

### 一、青少年排球运动开展对青少年的价值和意义

浓郁的校园体育文化，为排球运动的传播与发扬奠定了基础。排球运动不仅仅是竞技体育运动，也是传播和发扬体育文化的载体，排球运动的开展不仅可以吸收更多青少年参加体育运动，还可以增加和丰富校园的体育文化。

参加体育运动需要良好的身体素质为基础，对于排球运动来说，需要的基本素质为耐力、力量、灵敏性、对抗能力等，只有具备这些素质才能参加排球运动，在排球训练中临危不乱，灵活地穿梭于球场上，对抗碰撞，体验排球运动的激情与快乐。长期坚持参加这种高强度的体育运动，对青少年的身体机能和素质有较好的效果，可以提高青少年新陈代谢的速度，提高身体各部位的功能，让青少年保持活力，并增强身体素质。排球运动作为较为激烈的体育运动，对锻炼青少年的意志品质有重要的价值，尤其是努力拼搏、永不服输的精神。排球竞技过程有助于青少年锻炼面对失败的接受能力。通过激烈的运动，青少年可以缓解生活和学业的压力，改善心理素质，形成积极乐观的心态。排球运动需要队员之间相互配合，仅凭个人的力量难以在团队竞技中获胜。讲究团队利益，培养青少年的团队精神和团队协作能力，提升青少年集体荣誉感、公平竞争和担当精神。同时，在相互协作的过程中，少年之间的友谊增加，建立起良好的人际关系，综合能力不断提高。

### 二、青少年排球技术训练

近些年，我国青少年体质呈逐年下降的趋势，提升青少年的体质健康迫在眉睫。青少年是国家的希望，国家出台相关政策来提高青少年体质健康。"双减"政策让教育回归校园，校园成为保障青少年身心健康发展的主阵地，同时"双减"政策推动青少年的教育朝着更加重视青少年全面发展的方向发展。在这种情况下，青少年有更多的时间参加排球项目的训练，青少年参加排球训练不仅能丰富业余生活，还能提高身体素质。排球技术简单易学，较强趣味性，有自传、自垫、两人配合等多种形式练习，能提高青少年学习的积极性，并且符合青少年身心成长的需求。

青少年排球运动的训练是将各项技术动作结合一起进行的综合性训练，而排球技术训练是一项复杂、多样性的训练，青少年想掌握排球技术是比较困难的，需要运用合理的手段掌握排球技术，才能提高训练的质量和训练的水平。排球运动有发球、垫球、传球、扣球、拦网和防守6项基本技术，青少年运动员只有进行科学的训练，才能提高排球技术。排球运动属于综合性的体育运动，作为一项技巧性较高且技术细腻的体育运动项目，需要运动员具备高超的技术，拥有敏锐的战术意识，同时还要具有良好的身体素质。爆发力是直接为提高排球运动员的扣球服务的，因为爆发力的增加势必增加运动员扣球前的上步速度，为后面的起跳动作提供足够势能，爆发力的增加也会直接增强运动员的弹速和起跳高度，而在扣球动作中，运动员的起跳高度和其扣球高度是密不可分的，而扣球高度也对扣球的成功率有决定性的影响，运动员的击球点明显低于网带或对方拦网高度，是很难得分的。而运动员在扣球时的弹跳速度对扣球也有至关重要的影响，因为排球本来就是一项高速运动项目，最佳扣球时机往往就在瞬间，所以运动员除了要有敏锐的观察力，下肢也要具备爆发性的弹跳速度，这样才能成为一名优秀的进攻终结点，特别是副攻队员，追求的就是一个"快"字，在对方还没有形成有效的拦网手型、后方还没有形成防守阵型时，依靠快球发动快攻，直接得分。这就要求副攻不仅要有一定的身高优势，还要有灵活的脚步以及起跳时的强劲爆发力。而主攻在打调整球时，因为本方一传不到位，副攻已没有进攻机会，对方很有可能已经形成有效的双人拦网，这就要求主攻必须有很高的击球点才能把握住得分机会，而在打平拉开和战术球时，因为这两种进攻都是跑动进攻，不再是四号位的直线上步，这就要求主攻要有快速灵活的脚步和快速的弹速。

发球技术是指运动员在发球区域将球抛起打入对手场地区域的开球技术。发球技术是唯一不受任何约束的技术。其中跳发球的力量大、速度快、基本都是贴网，具有较强的攻击性，是当今排球运动最主要的发球方式，当前我国女排也是以攻击性较强的跳发球技术为主，是重要的得分手段。

跳发球过程中运动员首先要面对球网，利用单手或双手把球抛向前方的高处，高度根据个人的特点而定，随着球的方向向前助跑起跳，起跳后双臂自然摆动，右臂屈肘后引，肘与肩平，挺胸展腹，上体稍向右转，利用快速收腹和向右转体带动手臂击球，击球点要保持在击球手臂的前上方，然后运用手掌下方的位置迅速击打排球中下部，使球快速向前旋转飞行，击球完成后双脚落地，运用双膝弯曲缓冲后，快速进入场地投入比赛。跳发球起跳阶段，主要是把水平速度转化为垂直速度，利用腿部和臀部肌群完成向心收缩。在起跳阶段利用腿部肌肉的蹬伸带动躯干的收缩与伸展，成弓形姿态，做好跳发球准备，这个过程中核心区域力量的传导尤其重要，通过核心区域的力量传递将下肢力量传递到上肢，并减少力量的损耗，保持跳发球过程中的身体平衡。而起跳后的击球过程中，通过身体各肌肉群的收缩完成对下肢和躯干的相向运动，并迅速收腹，以肩带动击球手臂和躯干的联系。在此过程中，核心力量是运动员的身体控制力和平衡力，使运动员身体更加平衡。跳发球的运动员多个关节和肌群参与其中，在此过程中只有将不同关节和不同肌肉组织协调整合起来，才能形成符合运动力学特征的运动链，把不同部位提供的力量集中到手臂。因此将身体力量集中到手臂，给跳发球提供充足的力量基础是跳发球训练中的主要问题。笔者查阅文献资料后发现，跳发球过程中的动力有 54%来源于大腿-髋关节-躯干，也就是说虽然跳发球最终的击球部位是手臂，但是手臂提供的力量只占到总力量的一半左右，另一半的力量需要通过核心肌肉群的传递，最后汇集到手臂，集中到一起形成最后的合力。

20 世纪 80 年代，我国女排取得世界女排"五连冠"，一时掀起了全民学排球、全民学女排精神的热潮。但由于排球教学方法单调、枯燥、缺乏趣味性，全民学排球的热潮逐渐退去，排球运动在青少年教学中的发展也不尽如人意。为了让排球运动在青少年群体中有更大的发展，应创新和改进排球教学方法，提高青少年学习的热情。

1. 分解和辅助方法的运用

排球教学是一项既能强身健体又能促进师生感情交流的快乐有趣的活动，但目前，我国青少年排球课还不够和谐愉快，相反，青少年不愿意学习排球，对学习排球缺乏兴趣。之所以出现这种情况，是因为教师仍然使用传统机械的教学方法，通过讲解示范、集体实践、小组实践、是非比较、巡回指导、课后总结评估等标准步骤进行教学，无法激发青少年的学习热情。传统的教学方法、单调乏味的练习和不标准的场地设备等，使青少年无法体验排球的乐趣。因此，体育教师应根据青少年不同的身体状况和心理需求，改革排球技术的教学方法和手段，努力避免教学内容枯燥乏味、教学方法机械、单调乏味练习方法等问题。青少年掌握排球运动的基本技术是非常关键的，这不仅决定了以后青少年发展的方向，还决定了青少年排球发展的质量。青少年排球技术训练要采用分解的练习方法进行，首先对排球技术进行合理的分解，结合周期训练的特点和青少年性格和技术的特点制定计划，让青少年掌握基本的排球技术，提高青少年学习排球项目的兴趣和积极性。

2. 强化训练

强化训练是在分解练习的方法上进行的，采用强化训练能准确抓住青少年排球技术薄弱的地方，对青少年肌肉训练提高有积极的作用，比如发球技术的强化训练，排球发球技术包括三个环节，分别为准备姿势、抛球引臂、挥臂击球。在排球课上可利用"排球墙"对青少年进行发球技术的教学和练习，这样球在青少年自己的手上，他们自己掌握练习的频率、速度。利用"排球墙"练习的步骤（以右手发球为例）可分为以下六步。第一步：原地对墙抛球练习。首先按照青少年的身高、臂长在墙上标记出各自发球的击球点，然后按墙上的标记进行抛球练习，青少年将球抛到自己的右肩前上方，高度适中且不旋转视为合格，其他情况均为不合格。第二步：原地持球对墙挥臂练习。青少年左手持球于标记处，左脚在前，右脚在后，右手对应标记处作发球的挥臂练习，让青少年体会发球技术中正确的击球位置和挥臂路线。第三步：对墙自抛自发球练习。青少年左手将排球抛到墙上标记处，在适宜的击球位置用右手进行发球，练习青少年对抛球的高度、挥臂时机、击球部位的掌握，以及一些发球的伴随动作，如下肢蹬地等。第四步：连续的对墙发球练习。青少年在了解了发球所要注意的正确技巧和动作后，在每一次的发球练习中，尽量保持人与球的最佳位置，挥臂的速度和力量适宜准确，这样青少年在发球中就能控制排球。第五步：上步自抛对墙发球练习。这步练习比前面练习内容多了一个上步，这就要求青少年在移动中能否注意发球技术的应用，从而掌握移动中的发球技术。第六步：当青少年发球技术变得熟练，发出的球能够达到要求时，可以要求青少年提高发球的准确性，例如让青少年把球发到排球墙上的指定位置。"排球墙"发球教学法是一种循序渐进的方法，这种方法通过一步一步增加难度，逐渐提高青少年控制球的技术水平，而且还提高青少年的兴趣，教学效果明显增强。

3. 注重青少年体能训练

排球运动是一项对运动员的技战术配合能力具有较高要求的运动项目，在双方对抗过程中，运动员的体能素质和心理素质同样对竞技效果具有重要的影响。随着体育竞技事业的不断发展，在科学完善的训练体系之下，排球运动的竞技水平不断提升，激烈的排球比赛对排球运动员的技术能力、身体素质和心理素质，都提出了更高的要求。对于任何体育项目来说，体能都是运动开展的基础，训练强度不同，运动员体能的恢复情况也会存在一定的差异。长时间的训练后，排球运动员必然会产生一定的疲劳感，在及时进行恢复性训练的同时，合理控制训练强度也是非常必要的。因此排球运动员训练强度和体能恢复的关系，对于排球训练过程中合理安排训练强度，具有重要意义。

身体素质是所有体育运动项目训练的基础条件，青少年只有拥有好的身体素质，在训练和比赛中才能取得较好的成绩。排球运动要求青少年运动员有较好的体能素质，要想在排球比赛中取得更好的成绩关键是时间优势，时间优势来源于良好的速度素质，所以，排球对于速度的要也求非常高，速度已经成为排球比赛中重要的影响因素。在青少年排球队员的培养过程中，灵敏协调性与素质的培养是必不可少的，这对排球运动员来说有着重要的作用。同时，灵敏作为个人一项重要的身体素质，是个人身体素质的综合体现，因此在对排球青少年运动员培训时，必须要注重该素质的提升与培养，让青少年排球运动员更好地掌握排球的核心技术。由于排球运动攻防转化快、身体对抗性强、比赛的时间比较长，青少年排球运动员在比赛中需要不断慢跑、快跑、跳跃和冲刺等，可见排球运动训练中身体素质是非常重要的。

#### 4. 难度训练法

青少年在学习排球技术的时候需要按由难到易的原则进行训练，遵照循序渐进的原则进行，这样才能帮助青少年更好地掌握复杂的排球技术，青少年在掌握基本的排球技术之后，要结合自身情况提高训练难度，这样才能更好地提高自己的排球技术。青少年排球技术的训练要重视量的提升，只有达到一定的训练量才能更好地提高排球技术，教练在带领青少年进行排球技术训练的时候也要掌握正确的方法。

### 三、加强天津市青少年排球文化发展

天津排球文化是天津排球运动项目的灵魂，排球文化不是凭空想象的，需要大众参与进来，排球文化的建设成果是共享的，需要大众的认可，天津"排球之城""运动之都"的建设路径离不开文化建设，在文化建设中要坚持以人为本的原则，一切以人为中心，一切为满足人民群众的精神需求，推进人的全面发展。排球文化建设要做到尊重人、理解人，才能调动大众参与排球运动项目的积极性，满足人们参与排球运动的需求。

坚持因地制宜突出个性的原则。地域个性是地区人民在历史上发展传承而形成的，对地区生活方式有重大的影响，代表了这个地区人们的生活方式和这个地区人群的利益，每个城市都有自己发展历程，都有自己独特的文化。在现代社会，每个城市的发展都要有自己的特色，天津市在进行"排球之城""运动之都"建设时，要深入挖掘这个城市文化底蕴，挖掘天津人民的生活精神和天津排球文化特点，只有把地域性和排球文化紧密结合，才能建设独有的天津排球文化。

坚持继承与创新原则。文化具有继承和延续性的特点，排球运动项目有一定的文化底蕴，任何地方的文化都有自身的价值和自己的传承。天津排球文化不仅具有天津本地特色，而且彰显天津地域特色，提高了市民的荣誉感，促进了城市的发展。天津排球文化继承了中国排球文化的发展模式，也创新了天津排球的发展模式。天津排球文化发展过程中，需要和中国排球文化相互结合，这也是打造天津"排球之城""运动之都"的巨大推动力。

### 四、打造天津"排球之城""运动之都"的路径建设

如果把天津排球文化的发展看作一个整体，天津排球文化可以分为三

部分：物质文化、精神文化和制度文化。天津排球文化发展中，比较注重场地和排球运动队的建设，在建设的过程中衍生出了许多排球文化物品，但忽视了排球文化的引导和思想的转变。

1. 天津市排球运动经济情况

排球物质文化是排球运动项目的基础，物质文化体现在排球场地设施和排球产品上。在天津"排球之城"的建设下，天津市各学校、各小区不断完善场地设施，配齐排球种类和数量，为排球爱好者提供基本的物质保障。

天津市人民政府网上 2022 年天津市国民经济和社会发展统计公报显示，天津市体育产业增加值占当年全市生产总值的 1.21%，高于全国平均水平。2018 年到 2022 年期间，天津地区生产总值增长速度为 3.44%。最低增长速度为 1%。因为疫情的影响，全国各地经济发展都受到严重制约，天津市整体经济发展的情况较好，并且财政收入比较稳定，这期间市内各大运动馆、智慧健身中心建设完成，满足了大众体育消费需求。

"排球之城"建设方案实施以来，天津市政府为排球运动项目的发展提供了大力经济支持。2021 年注入经费 2200 万元，为天津市排球运动的发展提供了经济保障基础。投入的资金中 312 万元的资金用作场地建设，并且支撑沙滩排球场地的建设，优化原有排球场地，对排球场地的建设提供场地保障；300 余万元开办"天津女排精神展"，"天津女排精神展"对青少年思想行为意识的提高有积极的作用，并推动校园排球项目普及，扩大排球运动发展的群众基础；排球运动备战经费在 1000 余万元，主要用于各运动队的训练和比赛，加强排球人才培训，为服装器材提供资金支持；还有部分资金用于排球俱乐部建设，推动天津市排球运动整体发展，巩固天津市青少年排球运动项目。

天津市青少年排球运动项目的发展离不开天津市政府的大力支持，政府的支持为天津市青少年排球运动项目的发展提供了经济支持和帮助，让天津市排球运动项目发展更顺畅。

2. 天津市排球场地设施建设情况

排球运动场地和设施是保证排球运动项目开展的物质基础，为此天津市体育局普查排球场地，结果显示天津市共有排球场地 607 处，场地面积为 22 万平方，其中室排球外场地在 580 处，室内排球场地有 27 处。

从整体情况来看，天津市高校场地场馆建设有一个较大的优势，青少年可以直接参与排球运动中。2017 年天津城建大学体育馆承接了第十三届全运会男子排球项目的比赛，建筑面积在 15 万平方米。中国排球学院在天津体育学院建设了一座非常大的体育馆场馆，面积有 10 个标准的排球场大小，能承接国际比赛，并且场馆内设施设备非常完善，设施设备质量非常高，可以为各个级别的比赛提供高质量的场地。为校园排球文化的发展和交流提供发展的平台和发展的空间。天津市有 6 个标准室内排球训练场地，室内训练场地能满足青少年的运动需求，并且为青少年的训练提供高质量的训练环境，为国家培养高质量的体育人才。天津市为了培养排球运动项目人才建设了排球运动学校，排球训练大楼质量非常高，排球运动项目的训练和体育教学结合进行，培养大量优秀的人才。天津市静海区团泊体育中心是天津竞技排球训练的主阵地，天津市排球培训中心中有好几个训练场地，训练场地包含竞技体育、排球训练和排球运动项目科研、排球青少年管理等多功能训练的场地，并且还建设了田径运动项目训练馆、体能训练馆这些场馆等满足不同青少年的训练需求，满足青少年体能竞赛的需求。

2020 年 10 月，天津市排球运动管理中心成立了"天津市青少年排球文化交流中心"，带动了排球运动项目的宣传与推广，让更多人认识排球，让更多人了解排球、喜欢排球，提高了大众对排球运动项目的热情，让更多年轻人了解排球运动项目。

图 5-1　天津市内的全国首家排球主题餐厅

天津市体育局赠送给滨海新区塘沽体校和大港体校"一级竞赛用球"100 个，提高了教师教学的热情和青少年学习的积极性。

天津市建设了全国首家以排球为主题的电影城，排球文化在影视城中展现，在排球售票机的页面上有排球城的标志，在电影票的页面上也有排球城的标志，排球影厅中女排精神无处不在。"锐意进取，迎难而上，顽强拼搏，争创第一"十六个字印在一号影厅中，观看完电影之后，观众还可以去旁边展厅了解女排发展的历史，让青少年和大众更加了解排球文化，了解天津女排精神。

在"排球之城"建设中，天津市的体育运动场不断完善和发展，大部分学校场地设施能满足排球教学，在原有的基础上不断优化竞技排球锻炼场地。多处以排球为主题的公共场所，带动起天津市排球运动浓郁的文化氛围。

在"运动之都"建设中，青少年运动群体被中国女排英勇奋斗的精神鼓舞，坚持不放弃。2020 年为了弘扬中国女排精神、促进体育事业的发展，天津市美术馆处举办了中国女排精神画展，用图画介绍中国女排过去 40 年的发展，吸引了众多青少年观展，画展的举办不仅展现了中国女排的奋斗历程，也弘扬了中国女排精神，激发了青少年的爱国情怀，让青少年感受到坚强勇敢、永不放弃的团队精神。

3. 制度层面分析

排球制度包含竞赛制度，管理制度等。

天津是移民城市，人口众多，包容性很强。天津市排球后备人才的选材模式一般是个人选拔、教师推荐以及根据排球比赛的成绩对青少年进行选材。教练员一般会青少年综合情况进行选材，包括身体素质、发展潜力、竞技能力、现实成绩、文化课成绩、家族遗传因素、父母等信息。教练员在进行选材的时候比较注重青少年的能力。针对青少年排球队员制定的青训体系是非常科学严谨的，为天津市青少年排球运动项目提供了坚实的发展基础，并且为国家输送了大量优秀的人才。在制定训练计划的时候，教练员以比赛实际需要、教练员自身情况，并且结合青少年特点、教材特点。教练员制定训练计划，利于青少年排球后备人才长远发展。天津市青少年排球夏令营、冬令营采用封闭式教学模式，在排球课程训练中实践教学、体能训练和教学训练同步进行，针对专项技术和身体素质进行训练和比赛，并对青少年比赛和训练环节进行讨论，创新和发展了青少年排球后备人才培养方式，给天津市体育发展提供了基础。天津"排球之城"建设中竞赛人才的选取来自于全国，这也说明天津市排球后备人才的知名度较高。

4. 天津市排球赛事体系构建

竞赛能很好反映一个地区的青少年发展情况，通过竞赛能分析出排球运动项目存在的问题，排球竞赛不仅能看出青少年的短板，也是提高青少年技战术水平并且丰富排球文化的重要手段，排球运动竞赛举办的次数也反映了排球运动发展的情况。

天津市加快推进"排球之城"建设实施方案（2021—2030）提出，完善排球运动发展的体系，打造国内高水平青训的体系。近几年，天津各学校都积极开展排球运动项目的活动，提高青少排球运动项目的积极性，让更多的青少年参与排球运动。天津市教委对青少年排球运动项目非常支持，通过举办多种活动推动青少年排球运动项目高质量发展，丰富青少年课余生活，丰富青少年校园文化。此外，各学校在排球项目教学基础上开展了各式各样的比赛和运动会，从培养中小青少年排球运动项目兴趣入手，成立学校排球兴趣小组、俱乐部等，开展课外训练选拔，组织多样化竞赛活动，不断完善中小学校园排球联赛体系。

随着各种体育项目兴起，天津青少年排球运动项目的发展遇到了瓶颈期，出现了积极性高但参与度低的问题。针对出现的问题，天津市相关单位采用多种解决方式，突破时间、场地等因素的限制，通过"哪吒体育节"推出了颇受欢迎的沙滩排球系列活动。赛事融入青少年排球运动中，并且把体育赛事融入核心体育发展中，为青少年进行沙滩排球运动提供场地设施，并且丰富比赛的内容，在原有的基础加入精英赛、挑战赛、家庭赛和青少年赛等，满足青少年多样化的需求。沙滩排球的受欢迎程度超出了预期，青少年踊跃报名参与，这也为天津市青少年排球竞赛体系建设提供了方向。

在"排球之城"建设的基础上，越来越多的青少年加入排球运动项目竞赛中，比赛的队伍发展壮大，比赛的内容，科学合理的竞赛规则给青少年排球运动的发展提供了保障。随着"排球之城"建设不断推进，天津市校园排球竞赛体系不断发展、丰富和完善。青少年参与排球活动的机会日益增加，参与热情也水涨船高。

5. 天津市排球主要组织机构

天津市排球运动管理中心和天津市排球协会是天津市的主要排球组织。

天津市排球项目管理有两种模式，与国家管理模式相一致：一是由天津市排球运动管理中心管理天津市排球协会；二是天津市体育项目管理中心下设各区排球协会。天津市排球运动管理中心是天津市体育局领导的组织，政府财政拨款是排球运动协会经费的重要来源。天津市排球运动管理中心在一定程度上具有半官方性质，其管理人员绝大多数是参与管理和运营的政府行政人员，致力于团结天津排球工作者，在全市范围内开展排球活动。天津市排球协会是执行部门，负责培训工作，组织青少年排球竞赛开展。

### 五、引导业余排球队的组建和发展

在引入广泛的排球比赛项目后，天津市更加重视排球水平的提高。天津市不仅有自己的职业排球队，还要在人民群众中建立更多的业余排球队，组织更多的业余团体比赛。这样更加贴近人民群众的生活，丰富天津市民的休闲生活，对天津市排球运动的普及和发展会起到积极的促进作用。因此，天津市政府和有关部门应加大业余队的组建力度，加大鼓励和支持力度，更好地为业余队比赛服务。业余球队的比赛也应按照职业比赛的规则和规定进行。在制度的引导下，找出更加符合业余球队的比赛形式，让人们乐在其中，使业余球队的比赛更加合理、科学、健康地发展。为天津市排球运动的普及和发展做出贡献。天津市业余排球队对促进天津市排球运动的普及和发展起着十分重要的作用。它不仅可以提高天津市排球运动的组织水平，而且有助于增加排球比赛次数层次，形成排球运动的集群效应。天津市委、团委、体育教学部要鼓励、支持、引导业余排球队科学、健康、可持续发展，特别是要进一步完善业余排球队的制度体系，积极探索业余排球队的项目管理和运行机制，积极探索自主服务的运行模式，使天津业余排球队步入科学的发展轨道，积极引导业余爱好者加入到排球运动中。

### 复习与思考

1. 开展青少年排球运动对青少年有什么价值和意义？
2. 天津市排球赛事体系如何构建？

# 第三节　青少年排球运动开展可持续发展路径

## 一、针对青少年排球运动可持续发展目标

### 1. 人才目标

人才目标是培养一批拥有专门知识和专门技能、进行创造性劳动并且做出一定贡献的人。人才是具有较高素质的劳动者。人才是社会发展的主体，推动社会不断进步，因此，培养人才在社会发展中非常重要。

从人才目标进行定位，青少年排球运动的人才因素从广义上可以分为教练员、青少年运动员等，只有不断提高这些人群的素质，才能保障青少年排球运动可持续发展。

### 1. 管理目标

管理就是有计划的、有组织、有目地进行物力、人力与资源管理，以实现制定的目标，管理是社会发展中不可缺少的部分，针对青少年排球运动可持续发展的人才管理目标，就是结合以人为本的理念，科学合理地制定青少年排球运动可持续发展机制的管理目标。

### 2. 训练目标

运动训练的主要目标是提高运动员的技能掌握质量和运动成绩，运动员在教练员带领下，有组织、有计划地进行体育运动项目的训练。

青少年排球运动员的训练内容不仅仅是体能训练、技术训练、战术训练，还包括心理素质训练和运动作风训练。青少年排球运动员训练计划要结合运动员身心发展的特点，选择适合的运动训练模式、适合的技术和战术训练模式，青少年由于处在身心发展的特殊阶段，运动训练负荷和训练的强度都应根据青少年的具体情况因材施教，全面提高青少年的体能素质、排球技术、排球战术和心理素质。

### 3. 竞赛目标

运动竞赛不仅能让运动员体能素质、技能和心理各个方面得到提升，还能锻炼运动员各个方面的能力。如果没有比赛竞争，青少年排球运动也就失去了训练的意义，只有科学的竞赛目标和比赛，青少年排球运动的训练才有意义。比赛公平正义也极大地影响青少年排球运动员的积极性和主动性。竞赛制度和目标的制定对于促进青少年排球运动员的发展具有重要

意义。

运动竞赛的魅力是由运动形式决定的，也是青少年排球运动员竞赛目标的本质存在，要在公平公正的基础上积极举办运动竞赛，以赛促练，以提高青少年排球运动员运动成绩。

4. 文化教育目标

青少年排球运动的可持续发展路径中，文化教学也是重要的组成部分。文化教育的主要目标是促进青少年文化课程的学习，帮助青少年排球运动员形成良好的思想品德，帮助青少年排球运动员掌握文化知识，能提高自身综合素养，这样才能保证青少年排球运动员长久有序的发展，为青少年运动员发展奠定一定的基础。这一目标要求对人才素质进行全面的分析，并且对青少年排球运动员文化教育进行定位，让青少年排球运动员不仅掌握排球技术，还养成积极学习的习惯，成为有文化、有素质、积极向上有责任心的青少年。

## 二、青少年排球运动的可持续发展原则

1. 可持续原则

可持续原则指青少年排球运动员、教练员、资金投入的情况、运动训练保证等，青少年排球运动员的培养要合理运用资源，对于可以利用的资源做到不浪费、合理运用。青少年排球运动员进行训练时，应合理安排每个阶段的训练方式，训练内容，不要急功近利违反训练原则和训练方法，为了出成绩损伤青少年运动员的身心成长，这样不仅影响青少年排球运动员健康，还会降低青少年排球运动员的运动兴趣。对于青少年排球运动员成绩的提高，要遵从循序渐进的原则，分阶段训练。对于排球教练员来说，教练员要合理安排青少年排球运动员进行训练。注重青少年身心发展规律，帮助青少年排球运动员提高综合能力，制定合理的训练内容，科学安排训练负荷和训练强度。青少年排球运动的可持续发展不是一朝一夕的，是长期系统的。青少年排球运动员的培养要制定合理的管理制度，包括竞赛训练管理和日常管理，只有科学有序的管理才能保证青少年排球运动健康持续发展。科学安排训练的时间，并提供训练保障、场地设施保障以及训练经费保障等，只有完善的保障才能满足青少年的训练需求，让青少年全身心地投入到排球训练中。

2. 需求性原则

人类的需求包括生理上的基本需求和自我实现的高阶需求，包含客观因素和主观因素的相互作用。对于我国青少年排球运动的持续发展而言，提高自身技能、竞赛水平和运动员的自身出路构成了最基本的需求。

目前，培养青少年排球运动员的机构很多，运动学校、体校和传统的学校都是培养青少年排球运动员的机构，这些机构肩负着重要的使命和重要的任务，其中教练员起着重要作用，教练员是青少年排球运动员训练和学习的保障，教练员在教学中发挥着重要的作用。据了解，排球教练存在的最大问题是工作压力大，工资待遇不高，影响教练员教学的积极性。目前，我国排球教练员普遍存在待遇低的情况，并且地区和地区之间存在一定的差异性，产生的这些问题的主要原因是社会对青少年排球运动员关注度低，因此相关部门要对排球运动青少年后备力量培养投入较大的关注度，提高教练员的工资水平。

3. 协调性原则

对于青少年排球运动来说，技术训练、竞赛模式和教育模式是相互依赖、相辅相成的，这些内容需要协调发展。目前，我国培养了较多优秀的排球运动员，但很多排球运动员没有接受过完整的文化教育，并且学校对竞技教育投入的资金少，导致竞赛培训系统不完善，系统之间存在不能有效结合的问题，导致不能完善发展。

在青少年排球运动中，排球运动训练和竞赛体系也是相辅相成的，只有完善排球竞赛制度，并且对竞赛制度进行创新，才能推动排球运动的发展。目前我国相关体育赛事举办次数少，并且缺少协调，阻碍了我国青少年排球运动的发展。另外，青少年排球运动员技能训练和文化学习不协调，也影响青少年排球运动的可持续发展。

4. 公平性原则

目前，青少年排球运动的可持续发展中存在的问题是文化教育和全面发展存在一定的问题，青少年排球运动员需要接受良好的文化教育，提高自身文化水平和培养综合能力，才能为以后自己学习能力的提升打下坚实的基础。

5. 共同性原则

我国青少年后备排球运动员的培养，需要将个人利益、地方利益和国家利益高度统一，青少年后备排球人才的培养需要各个部门、各个单位和社会力量共同努力，这样才能保证青少年排球运动员健康持续发展。

青少年排球运动员的可持续发展培养模式主要有两种：第一种是为国家培养优秀的排球后备人才，第二种是单纯为了提高运动成绩、竞赛名次不尊崇科学训练的模式。这两种模式的价值观是不同的，针对青少年排球运动的训练模式、训练手段都存在一定的差异。

### 三、青少年排球的运动可持续发展基本特征

青少年排球运动的可持续发展是社会和时代对排球运动项目提出的要求，青少年排球运动可持续发展的特征体现在以下几个方面：

1. 鼓励青少年排球运动员竞技能力的提高

只有青少年排球运动员竞技能力提高，才能保证排球运动项目可持续发展，其中青少年排球运动员竞技能力主要体现在运动员体能、排球技术、排球战术、运动智能和心理能力。青少年排球运动员这些能力的提高需要长时间的训练，但青少年的成长阶段不同，心理发育也不同，在进训练时要结合运动员的特点结合，特别是结合青少年排球运动员的心理、年龄等制定合理的训练计划，优化训练手段，抓住青少年排球运动员敏感期，进行有计划、有步骤的训练，青少年排球运动员的专项训练也不能操之过急，应根据不同时期、不同目标慢慢提高运动员的竞技能力。

2. 青少年排球运动员伤病的发生

排球训练是一项竞技能力强、对运动员身体素质要求较高的运动项目，排球训练对青少年运动员身体素质的提高、技术战术和心理的提高都有积极的作用。青少年运动员经过长时间的训练之后会出现不同程度的运动损伤，运动损伤不仅影响青少年排球运动员的运动能力，还会造成青少年放弃排球训练的可能。在青少年排球运动员训练时，教练员为了自己的名誉、为了奖项，让青少年排球运动员过度训练，运动训练负荷和运动训练频率超出了青少年可以承受的范围，造成青少年的运动损伤。但是顽强拼搏的精神不是不尊重科学的训练模式，只有科学合理的训练才能减少运动损伤的发生。

3. 与科技进步、现代排球发展适应

社会不断进步，科技不断发展，都影响竞技体育的发展。要想提高青少年排球运动员的训练质量和训练水平，就要跟上社会的发展，创新训练和教学的手段，进行科学训练，才能提高青少年排球运动员成才的概率。

4. 强调青少年运动员人力资源开发

青少年排球运动员是人力资源中重要的要素，只有在原有基础上扩大后备人才数量，提高培训的质量，才能保证青少年排球运动员人才培养目标的实现。要制定全面的培养计划，对青少年社会适应能力、创新能力和学科培养等都要重视，这样才能保证青少年排球运动员全面发展。

**四、开展青少年排球运动的可持续发展路径**

1. 教学中融入排球精神

排球运动作为当前学校体育教学中重要的运动项目之一，能够在一定的程度上提升青少年的身体素质，并达到健全人格的目的，对于青少年身心健康的长远发展有着极为重要的影响。在体育教学中的最终的目的是能够让青少年身体得到有效的锻炼，最终提升体育能力，培养有个性且身体素质与心理素质平衡发展的个体。

在进行排球课程教学的过程中，通过让青少年了解女排的赛况、冬奥会的赛况等，在课前让青少年举行升旗仪式、奏唱国歌，能够树立爱国意识、国旗意识，感受祖国至上的责任感和使命感；同时，也可以让青少年及时了解当前国际排球运动的比赛以及发展情况，加深自身和排球之间的联系；教师也可以带领青少年共同参观国家女排荣誉展，激发起青少年的集体荣誉感，或组织青少年观看具有教育意义的影片资料，例如女排训练视频或电影《夺冠》等，并布置相关作业或参加征文活动等，促使青少年深刻理解体会女排精神。这些手段能以潜移默化的形式对青少年进行思想教育，培养青少年的爱国主义精神。

学校是育人的重要场所，只有加深青少年对女排精神的了解，才能让青少年坚持自己的信念，增强爱国主义情怀，丰富思政教学。学校要结合青少年的情况，系统地给青少年讲解女排精神，要把女排精神精神的内涵融入思政教学中，并且将国家相关领导人提倡女排精神内容灌输给青少年，同时以宣传片、纪录片或者插画的形式，将女排精神对青少年排球运动员进行全面的普及。

课程思政是对思政政治课程的有效补充，是将思政教育融入其他课程中。从各门课程中挖掘与思政理念相关的价值观念、精神追求和理想信念，使青少年在掌握专业能力的基础上，受到思政教育潜移默化的影响，培养正确的思想政治观念和优秀的思想道德素质。排球教学不仅可以提高青少年的身体素质，而且可以使青少年掌握更多的理论排球知识和排球技能。校园排球活动的开展促进了青少年排球德、智、体、美、劳的发展。良好的身体素质是青少年开展各种活动的保证，使他们有更多的精力学习文化课，掌握更多的排球知识。将女排精神融入课程思政的教学中，激励在校青少年积极进取，在面对困难的时候不放弃。女排精神在思政教学中起着重要的作用，也是思政教学主要的素材，对青少年的成长起到积极的作用。教师在课堂中给青少年讲述中国女排积极进取超出常人付出的故事，给青少年讲述中国女排背后的故事，如郎平教练员放弃国外的高薪回到了祖国担任中国女排教练员，中国女排运动员朱婷带着伤病依然坚持比赛中，杨再旭腿部受伤之后依然坚持参加比赛，在决赛中打着止痛针坚持奋斗。教师可以给青少年排球运动员讲解这些励志的故事，让青少年感受中国女排的魅力，让青少年更加全面地了解中国女排，引导青少年感受中国女排精神，形成正确的人生观和价值观。

学校要积极开展有关女排精神实践活动的课程，在教学中将女排精神融入学校实践课程中，让青少年深刻地理解女排精神内涵，感受女排精神。学校在教学中还应将女排精神合理地纳入课堂教学中，将课程和女排精神紧紧地结合到一起。

校园文化是学校物质文化和精神文化的总和，女排精神是中国体育精神的代表，将女排精神融入青少年排球教学中，也是发扬和传播体育文化的方式。排球运动的开展不仅带动青少年参加体育运动，还可以丰富校园的体育文化，让排球文化和女排精神有效联系起来。校园排球文化作为媒介，帮助青少年开阔了视野，活跃了思想，提高了自身素质。由于青少年正确的人生观和价值观尚未形成，这个年龄段容易对人生产生困惑，校园排球文化在发展中形成良好的作风和精神风貌，形成和学校教育活动相适应的文化环境和文化氛围，这样的环境和文化底蕴能帮助青少年树立正确的价值观，还能让青少年了解到排球文化精神，树立坚定的理想信念、正确的价值观。排球运动需要队员之间相互配合，促进青少年团队精神和团队合作能力的提高，增强青少年群体的荣誉感、公平竞争感和责任感。同时在相互合作的过程中，增进青少年之间的友谊，建立良好的人际关系，提高青少年的综合能力。女排精神和排球文化存在一定的联系，在教学中将女排精神融入思政教学中，对青少年排球运动可持续发展有积极促进作用。

2. 提高排球训练质量，改进竞赛管理

在进行教学比赛过程中，技战术的配合是最能够体现出团结协作的手段，通过让青少年了解更多关于排球运动的相关技战术理论知识及实践内容，在课堂上组织专门的技战术性练习，例如进攻战术、防守战术等，可以使青少年体会互相配合、互相信赖、取长补短、齐心协力的重要性。或以组织排球比赛等方式，通过设定分组对抗，提高青少年整体协作意识，增强技战术实施能力，感受团结协作的合作力量，从而提高青少年对于排球课程的兴趣和积极性，培养青少年团结协作、共同进步的意识理念，并从中了解和体会女排精神。

对于排球专项课程而言，尤其是对于该专业的青少年来讲，需要长期进行技战术以及身体素质的训练，所以在课程学习的过程之中，需要不断学习技术动作才能够提升技术水平，在训练之中坚持不懈，也是女排精神的重要体现。利用课程中技战术训练环节例如防守、单兵防守或是设定对抗输赢后的奖惩，可以使青少年激发内心的顽强作风学会如何克服困难、突破自我并达到学习效果。

在进行排球课程教学的过程中，少不了模拟比赛以及训练，通过设定训练或比赛增加课程中的对抗性，并对对抗结果制定奖惩形式，激励青少年全力以赴为团队力量贡献，去争取每一分。即使输球，青少年也会有再次挑战对手的不服输精神。遇到困难共同努力，遇到输球共同分担，遇到技战术问题也会及时暂停，商量如何对应解决，这就是宝贵的女排精神，也是我们课程中潜移默化的学习成果。但是在实力相差较大的情况之下，很容易导致青少年出现自信心不足或是放弃心，而在比赛过程之中，若教师与队员之间能够互相给予鼓励，不断磨炼自身的意志品质，养成在任何比分情况之下都能永不言弃，将女排精神发扬下去，那么无论是对于今后的学习还是生活和工作都会产生积极影响。

3. 挖掘排球课程的教育功能

要想提高青少年学习排球的兴趣，并且能在学校中传承下去，就需要发掘排球教学的价值和教育意义，让青少年感受到排球教学的教育价值。排球教学有体育健身的功能和审美、人文价值的功能。这些都是学校需要在教学中挖掘和放大的。开展排球教学应该在帮助青少年锻炼身体的基础上，还要帮助青少年树立正确的价值观、人生观，陶冶他们美好的情操，教学应有陶冶身心、娱乐健身和陶冶情操的功能，让青少年在学习排球的基础上感受到体育文化的内涵，增加自身爱国情操。

4. 提高排球教学在学校体育教学中的地位

排球教学不仅包含体育精神，还代表了民族精神。要想在学校开展排球教学，需要提高其在学校教学中的地位，让青少年认识到排球教学的价值。学校领导和教师首先要重视排球教学的发展，提高自身的认识，根据青少年的特点和青少年的需求，科学设置排球教学内容，征求青少年的意见，建立科学规范的教学内容和教学体系。学校需要重视排球教学评价，端正青少年学习动机，构建科学有价值的评价体系。在排球教学中，青少年在了解基础的排球教学知识之后，能够自主学习。在普通学校排球教学中，教师不仅仅要帮助青少年巩固排球教学理论知识，还要帮助青少年提升自主学习意识，让青少年真正意识到体育锻炼的价值和意义，这样才能够更好地投入体育运动当中。在此阶段，教师主要完善体育教学体系，运用现代化教学模式，充分调动青少年学习的积极性，让青少年从被动接受体育教学内容到自主学习。不断活跃课堂气氛，以加强青少年的自主练习能力为主，同时培养青少年的自控能力，以更好地提升青少年体育锻炼能力和综合素质。科学组织课堂实践，建立有针对性、互动性的优秀排球教学课程。围绕排球教学高质量的教学和排球教学运动技能的提高、集体展示、集体纠正和个别指导，增加青少年学习和锻炼的时间，增加青少年和教师的互动，引入竞赛、奖惩等不同的教学方法，营造良好的课堂氛围，助力青少年排球知识和技能掌握和巩固。

5. 排球教学传承体育文化

学校在对青少年进行排球教学的时候，应该结合教学的内容给青少年讲述有关体育文化的故事，举行体育文化演出。这样不仅能缓解紧张的学习气氛，还能让青少年感受排球教学的内涵，培养青少年对体育文化的喜爱，树立青少年对体育文化的情感。教师需要让青少年明白，排球教学首先培养青少年的品行，其次才是竞技。排球教学课中教师应选择青少年所喜爱的体育学习内容进行教学，并吸引青少年的注意力，用教学内容吸引青少年，提高青少年学习排球项目的兴趣和积极性。

6. 强化排球教学师资队伍建设

教师和青少年接触最多，教师的行为和思想直接影响青少年学习效果。要想保证教学质量，需要有专业的教学师资队伍。首先，学校应该增加排球教学专业，重视对青少年排球教学专业人才的培养，制定专业教师保障证制度。对教师进行文化体育教学培训，制定培训计划和内容，提高教师的教学能力和综合水平。学校可以邀请专业排球教练来学校对教师进行培训，讲授相关的知识。这样不仅能提高排球的教学质量，增进教师对排球教学的认识，还能指导学校教师和青少年更好开展体育文化和排球教学的实践。体育教师本身要不断学习和提高自身的体育修养，不断学习相关理论知识和体育专业技能，对体育文化进行更好的宣传，在教学中，首先要制定完善的教学体系，并在课程中实施教学计划，让青少年对体育文化知识和体育专业技能有更深层次的了解，为终身体育意识的培养奠定坚实的基础。在进行排球教学中要改变教学方式，优化排球教学模式，在教学中将青少年参与其他学科的时间和进行排球运动时间合理分配，真正做到劳逸结合，让青少年舒缓压力，在排球运动中得到放松，并强化终身体育意识。

加强排球运动项目教师队伍的建设和培养。培养高层次教师人才，提供更多教师培训平台。学校在招聘教师时应明确具体的招聘要求，对教师的专业、学历等进行严格筛选，选择专业排球运动项目优秀教师，避免出现教学错误的情况，传承与弘扬中华传统优秀文化，进一步加强天津市学校"一校一品""一校多品"特色学校建设，提升全区学校体育教师的专业水平，丰富校园大课间体育活动内容。

抽调各区域优秀排球教师组建精英导师团，定期举办排球运动项目相关的交流会，鼓励教师相互交流和学习。随着排球运动项目的发展，技术和理论也是不断变化的，推荐优秀排球教师参与全国、省、市级排球运动项目教练员、裁判员培训班，增加培训的频率和持续时间，让教师能够不断加强自身专业素养，积极更新专业的理论知识与专项技术，对青少年的指导更加细化，以促进教学水平的提升。同时学校还应对教师进行系统考核，针对排球运动项目每年进行一次或者两次学习成果考核，对考核优秀的教师进行嘉奖。

教师是教学中知识和技能的传授者，优化教师队伍，应注重发挥领导作用，加强继续教育，拓展专业技能，提高教学水平。在教学过程中，教学的主导地位是通过教师的启发和民主管理，引导青少年学习排球。在教学过程中，教师应注意设计教学过程，更多设计师生互动、探索活动、自主学习等活动，使教学环境和氛围更符合教学需要。发展青少年排球，需要对青少年排球训练的结构进行合理调整，形成多元化沟通平台，增加不同学校之间的沟通和学习。通过教师的沟通和研究，优化青少年排球人才培养路径。不同的教师要结合青少年排球项目平台，互相交流学习，形成共赢的效果，提高整体师资、教学水平。应从多个维度选拔高层次、有创造力的人才，承担国家重点科研项目和相关培养计划。随着时代的发展和进步，社会对体育专业学生提出了更高的要求，体育专业学生需要保持终身学习的态度，加强沟通交流，通过激励机制和约束制度结合，提高学校、体校和排球运动学校中青少年排球运动训练的教师质量，提升教师教学水平和教学质量，为社会培养高素质人才。

注重训练总结，巩固教学效果，不仅有利于教师向青少年传授排球相关技能，也有利于青少年巩固和提高排球知识。在实际的教学过程中，青少年会出现各种问题。对于这些问题，教师应及时纠正和引导，让青少年尽快解决自身出现的问题，提高学生排球综合训练的效果。教师要自觉承担自己的责任和义务，注意观察和总结青少年排球运动在日常学习和训练中可能出现的问题，注重学生综合素质的提高和团队意识的培养，并让青少年定期讨论排球技术，提高学习排球运动项目的兴趣。教师需要通过各种方法引导和帮助建立青少年主观合作意识。教师在课堂上进行实践教学之前，应针对青少年可能存在的各种情况进行分析，然后通过与青少年进行简单的交流，向青少年灌输合作意识的重要性。教师应该让青少年了解排球的发展过程和女排精神，让青少年明白竞技体育精神，熟悉世界有名球队和球星的故事，让青少年正确认识在排球学习训练以及比赛过程中与队友密切配合的意义和奋勇拼搏的精神。

7. 加强排球教学传承保障机制建设

学校应该制定排球教学传承的规章制度，这样才能保障排球教学在学校的发展，制度的建立和制定能加深教师和青少年对民族文化的认识，更好地保障排球教学的传承。学校可以通过和其他企事业单位合作，获取排球教学发展的经费，购买物资和建设场地。学校相关部门应制定相关制度，通过制度对排球教学进行监督和评估，促进排球教学的传承和发展。

8. 加强经费投入，改善教学场地设施

学校应当充分认识到排球运动项目在体育课程中的重要性，只有排球运动项目场地器材设施专业、齐全，才能更有效地进行排球运动项目的学习和训练，更好地开展排球运动项目。排球运动项目本身是一项脚下步伐移动较多的项目，水泥地过于坚硬容易对青少年造成损伤，因此，学校应采用多种方式来加大对排球运动项目的投资预算，改造排球学校运动场地，改善排球运动项目器材、设备，保证学校拥有最基本的专业场地和器材，能够满足青少年的日常学习锻炼需求，打造完整的资金供应链，必要时向政府寻求资助，为未来排球运动项目的发展保驾护航。

9. 丰富排球运动的内容与形式，提高青少年学习积极性

排球运动项目的开展形式和内容能反映出学校排球运动项目开展的效果和青少年学习排球运动项目的质量、青少年学习排球运动项目的积极性和学习的态度。

（1）丰富排球运动项目的教学内容。

结合项目特点可丰富排球运动项目内容，例如：师生排球运动项目教学内容、亲子排球运动项目教学内容、排球运动项目教学内容、创意排球运动项目教学内容等。

（2）丰富排球运动项目的表现形式。

选择排球运动的项目的形式，要结合青少年的情况进行技术创新，摒弃比赛和训练的形式进行练习。为了提高青少年学习的积极性，学校应结合自身情况和青少年整体情况在原有形式的基础上，融入更多的表现形式，如大课间排球运动项目、展演排球运动项目、比赛日排球运动项目等。近年来，为进一步贯彻落实《中共中央国务院关于加强青少年体育增强青少年体质的意见》，促进青少年身心健康和体魄强健，全面推动全民健身和"全国亿万青少年阳光体育运动"的深入开展，学校应制定长期系统的排球运动项目训练计划，引导和鼓励参与青少年长期训练，达到事半功倍的效果。

排球项目的开展形式和内容能反映出天津市排球运动项目开展的效果，排球运动项目的选择和内容的制定影响青少年排球运动员学习排球项目的积极性和学习的态度。在排球形式的选择上，要结合青少年排球运动员的情况做出创新，为青少年提供多元化的选择，要选择训练和比赛的形式，结合自身情况和青少年排球运动员整体情况，在原有形式的基础上把心理教学融入排球教学中，并且增加排球项目的表演，展现排球项目的风格。排球内容上的开展也要有多样化选择，多种排球项目内容能激发青少年排球运动员学习兴趣，这样不仅能提高排球教学质量，还能提高青少年排球运动员学习的兴趣，还应制定长期系统的排球训练计划，将青少年排球运动员学习排球项目与长期训练相结合，达到事半功倍的效果，展示排球的魅力，在比赛中取得好成绩，吸引更多青少年排球运动员。

教练员要结合青少年排球运动员的情况，创新训练方法和训练内容，

并创新教学。制定系统训练计划，提高训练水平。针对不同的青少年排球运动员，制定不同的训练方法。训练内容的制定要全面科学。教练员应该制定和设计适合青少年排球运动员身心发展特点的训练计划，根据青少年排球运动员的不同年龄段及其身心发展情况，融入排球训练计划内容，适应不同阶段青少年排球运动员，确保训练的有效性、系统性、针对性，有效避免青少年排球运动员在运动中受到伤害，提高学习排球项目的积极性。

（3）要促进青少年排球运动高质量的发展，最重要的就是制定科学合理的课程，保证青少年在排球训练中各个方面都能得到足够的支持，这就要求学校排建立科学先进的排球训练体系，以保证教学效果。体育教师不仅要有过硬的专业排球技能，还得有指导青少年学习排球技能的教学能力，只有指导青少年科学地学习，才能保障他们更快更好地掌握排球技术。教师要根据青少年的身心发展特点，制定科学合理的适合青少年提高排球技能的教学内容。学校可以邀请权威人士授课或聘请经验丰富的排球教师提供专业指导，以促进校园排球发展。此外，学校应考察排球运动员所需要的身体素质以及是否热爱排球运动。这些条件都是保证排球训练教学顺利开展的重要条件。教师在制定排球教学内容时，应该以青少年为主，科学合理地规划排球训练，这样才能提高排球队的水平，增强他们的排球技术。同时，教师的教学计划也必须适应社会的发展，根据社会的实际需要调整和修改教学内容，让青少年的排球训练与时俱进。教师在教学中要善于发现青少年之间的差异，制定不同的训练计划，保证每位青少年都能进行科学合理的排球训练。和青少年之间培养感情，教师要和青少年成为无话不谈的朋友，这样青少年才会积极努力地训练。教师应改变传统的排球教学模式，让青少年在快乐中掌握各种排球技能。教师必须在有限的时间内尽最大努力，执行更多的教学任务，提高课堂效率。所以教师应该追求多层次教学，帮助每位青少年提高排球技能。这就要求教师创新教学方法，为每位青少年找到适合的学习方式，在排球训练中，对青少年的要求就是认真听讲，配合教师学习，培养自己的学习习惯和积极的学习态度，过程是艰巨困难的，但如果教师在这个过程中乐观勇敢地面对一切问题，青少年也会乐于接受教师布置的任务。

10. 制定长期的后备人才发展计划规划

竞技体育不断发展，排球运动也面临新的挑战，所以国家对排球后备人才的培养日益重视。排球后备人才的培养关系到排球运动项目是否可持续发展，是目前急需解决的问题，后备人才培养可以分为四个不同层级，分别为国家队、专业队、普通的业余体校、传统的项目学校等。

天津市是我国排球运动开展比较好的城市，并且"排球城"的建设给天津排球运动的开展提供了较好的群众基础，结合天津市竞技排球发展的情况，制定提高策略，结合天津市青少年排球运动员后备人才培养情况，制定符合天津市青少年人才培养策略的规划，首先要保证青少年后备人才培养规划，确定发展的目标，保障青少年排球教学后备人才培养系统的科学性，各个环节科学合理。

明确培养目标培养的形式。假如以体校的形式为主，制定培养的体系，并且制定详细的规划，引进先进的设施设备，优化人才培养的机制，保证青少年排球运动的发展。

中小学排球教学和传统排球学校要结合自身情况，积极开展排球教学和排球活动，利用学校的教学场地和排球设施，促进学校排球运动项目的开展，让青少年在课余时间掌握排球技术，提高自身身体素质，在排球后备人才培养的时候还要结合青少年情况，制定合理训练计划，调动青少年学习排球训练的积极性，为青少年排球运动的发展提供坚实的基础。

体育部门要充分发挥育人的功能，培养青少年体育意识和体育项目锻炼兴趣，保证青少年排球竞技人才相关政策的落实。

11. 大力加强各个区域高校、业余体校和青少年排球训练基地的建设

根据排球传统特色学校的自身情况进行延伸。学校可以成立专项部门对排球教学进行管理，探究本校在开展排球运动中存在的问题，根据自身所存在的问题来进行定位，制定出符合本校情况的科学合理的发展计划。同时，专项管理部门要对政策落实情况进行督导，从教学计划和教学的内容以及青少年的上课反馈情况等方面，提出有效整改建议。明确学校排球教学的发展定位，不仅要培养出高素质人才，也要培养出优秀的排球人才。学校应积极引导青少年参与到高校排球活动中，塑造青少年的终身的体育意识。只有这样高校排球才能得到发展，青少年的身体素质才能得到高质量提升，才能样培养出排球技术过硬、综合素质较强的人才。

要保证各区域业余体校顺利开展，并且在体校原有基础上加大建设力度，借鉴塘沽业余体校的成功案例，建设师资力量，提供保障的资金，加强业余体校排球运动项目的创新，在原有的基础上增加特色排球和传统排球项目，培养青少年排球锻炼的积极性和兴趣。

　　结合业余体校发展平台，针对排球运动开展较好的学校，选择教学质量、师资团和场地设施较好的学校作为试点学校，充分发挥业余体校训练的效果，并结合排球开展较好的学校，建设青少年排球训练的基地。

　　立足业余排球训练学校和青少年排球培训中心，结合青少年排球培训体系，科学全面培训青少年排球运动员，给国家高水平运动训练队输送优秀的排球青少年运动员。

　　12. 建立青少年排球训练评估机制，优化青少年排球训练考核标准

　　以《青少年排球运动训练标准》为依据，结合青少年训练的情况和天津市青少年排球运动项目的特点和人才培训的特点，对训练机制进行评估，更好提高学校排球训练工作的效率，更好帮助学校进行科学的训练。完善考核机制，对考核内容制定明确要求，明确责任划分，以保证排球后备人才培模式持续发展。

　　对训练体系和训练效果严格监督，对训练效果做出及时反馈与指导，针对日常活动进行评估，体育局的专家和领导可组成抽查小组，对学校各体校和各个业余排球训练基地进行指导检查，结合出现的问题提出意见和建议，保证青少年排球运动有秩序地发展。

　　制定科学合理的青少年排球运动员训练计划，要结合青少年排球运动员和具体情况身心发展的特点，体现针对性、合理性和科学性，提高青少年排球运动员的训练质量。

　　目前，排球训练课程考核的标准以教师自评为主，在这种情况下，青少年排球运动员的状态较为被动，教师对青少年排球运动员掌握的情况和实际的能力不完全了解，教师和青少年排球运动员之间不能进行良好沟通，教师也不能结合青少年排球运动员的情况制定教学方法。针对以上问题，体育院校应更新考核标准，以教师和青少年排球运动员共同参与、互相评价的模式进行，在教师授课之后，青少年排球运动员可以根据教师教学情况提出自己的意见和建议，教师可以结合青少年排球运动员提出的建议进行合理的调整，避免青少年排球运动员因为讲解不理解出现厌学的情况。互评对教师和青少年排球运动员都有积极作用。结合青少年排球运动员反馈的意见，能全面清楚了解青少年排球运动员掌握的真实情况，教师真正地了解情况之后，才能结合青少年排球运动员的问题，调整教学方法，提高青少年排球运动员的学习兴趣，让青少年排球运动员有成就感。从而提高青少年排球运动的学习态度。教师在教学中因材施教，对青少年排球运

动员学习能力和实践能力的考核要从多个方面进行，不能以青少年排球运动员期末成绩为最后的评定标准，评价标准必须从青少年排球运动员的角度制定，教师应充分调动青少年排球运动员的主观能动性。评价标准不应仅仅基于教师的主观意识，而应从多个方面进行。因此，排球课程的评价应打破传统的评价模式，建立科学合理的评价标准。教师应从青少年排球运动员实际掌握技能和学习情况出发，调整教学方法，充分调动青少年排球运动员的学习积极性。评估不应只关注考试的技术要求。

在青少年排球运动员的培养中，评价内容要全面，不仅要考虑青少年排球运动员的理论知识，还要考虑青少年排球运动员技能上的提高。教师在教学中结合青少年排球运动员个体差异化进行教学，在教学中注意观察青少年排球运动员是否结合制定的教学目标进行，在学习中是否进步，以促进青少年排球运动员全面能力的提高。在评价方法上，应创新评价手段，改变单一传统的评价手段，使其更多样化。评价方法要有一定的激励作用，在培养的过程中突出青少年排球运动员的主体地位，以提高青少年排球运动员的学习兴趣和积极性。评价分为理论测试和技术考核，理论测试的内容要多样化，不仅仅制定笔试考核，要结合口试、讲座等形式，对青少年排球运动员进行综合能力的考核。技术考核要分为技术考核、能力考核等，更注重实践能力。考核的最终阶段还要应该增加评估的密度，以了解青少年排球运动员在学习过程中的成长变化。教师可以根据青少年排球运动员的实际情况对教学方法和内容进行适当的调整，以更好地促进青少年排球运动员的成长。

排球训练队规范发展，离不开健全科学的管理制度。科学的排球训练队的管理体制应该做到以下几点：建立备案审核制度，对每个学生的文化课情况进行备案，制定培训目标，建立培训效果评价体系；设置详细的运动员身体素质和技战术能力测试指标，测试各阶段的训练效果；建立竞赛绩效评价体系，对竞赛成绩进行登记和管理，并在比赛中检查运动员近期的训练成果，达到以赛代训的目的，为今后的训练提出建议和改进措施；建立奖惩制度，对于刻苦学习排球运动项目技能的学生，应给以一定的奖励，激励学生不断进步。

13. 优化选材机制

进行青少年排球运动员选材需要拓展选材的范围，政府也要给予资金和政策上的支持，加大选材的力度。教练员在对青少年排球运动员选材的时候,都是以自己的经验和测量的数据为标准,这样的选材模式比较单一,并且不科学,教练员须结合青少年排球教学大纲选材,选材要科学系统化。

在带领青少年排球运动员训练时,要避免过早进行专项化训练,青少年排球运动员的培养是一个长期、系统化、科学化的过程,不是一朝一夕就能完成的。青少年排球运动员过早地进行专项技术的训练,不仅影响训练的质量,还影响青少年训练的积极性。因此,青少年排球运动员的早期训练要把心理培训、基本技术、身体技能作为培养的重点,建立起运动员训练和恢复的保障服务体系,减少运动员运动损伤的发生。

14. 更新观念,理论与实践相结合

校园排球教学是学校体育教学的重点,排球教学对青少年排球运动员学习排球知识、掌握排球技能、提高自身的综合能力有积极的作用。排球运动教学不仅增强青少年排球运动员的身体素质,还丰富了青少年排球运动员的业余生活,培养了青少年排球运动员的终身体育意识。

在培养排球青少年运动的时候,要考虑排球教学全面育人的功能,培养技能型人才,让青少年排球运动员全面掌握排球基本技能、理论知识和实践能力,并且能合理运用,把理论知识和实践能力结合发展。学校要结合自己学校的特点,创新教学的理念,科学制定教学目标,提高青少年排球运动员的综合能力,为青少年排球运动员提供自我展现的平台,通过各种形式的比赛和社会活动,提高青少年排球运动员的心理素质,优化青少年排球运动员的实践技能。教师针对青少年排球运动员的情况制定合理的培养目标、培养计划和手段,让青少年排球运动员掌握运动理论知识和理论技能,取得更好的运动成绩,使他们建立终身学习意识,深入探索排球教育的价值。社会对复合型体育教育人才的需求日益迫切,因此青少年排球运动员课程目标的优化应以培养复合型体育人才为重点,课程目标的改革方向应以国际化、开放性为重点,重视提高青少年排球运动员的体质和运动技能,培养青少年排球运动员具有身心、道德等健全的综合素质。在优化青少年排球运动员人才实践能力培养的过程中,社会实践活动与学校教育资源相结合,有效带动青少年排球运动员排球技术能力的提高,做到理论与实践相结合。

# 第六章　天津"排球之城""运动之都"政策建议与实施方案

> **本章提要**：天津市政府结合排球运动项目制定"排球之城""运动之都"建设政策。政策的支持就是经费的支持，地方政策的支持主要能表现在经费的支持，这部分经费可以用在场地的建设，赛事举办拨款等方面，并形成相应的制度，完善法规制度推动"排球之城"建设。

## 第一节　天津"排球之城""运动之都"政策建议

天津市计划在 2030 年建成"排球之城"。《关于印发天津市体教融合促进青少年健康发展实施方案的通知》方案强调，合理安排青少年体育课外锻炼的时间，保证青少年每天 1 小时的锻炼，培养青少年掌握 1 至 2 项运动技能，支持学校建立运动队，支持足球、排球等运动队建设。结合《国务院办公厅关于强化学校体育促进学生身心健康全面发展的意见》，经各学校自主申报，省级教育部门审批，教育部认定排球传统学校 1428 所，其中天津有 25 所中小学被评为"排球之城"传统特色学校。相关政策明确应以大众体育为中心，组织"排球之城"赛事活动，聘请水平高的体育教师，设立市级 U13、U16、U19、U23 四级后备人才梯队，不断提升竞技排球的水平，积极推动"排球之城"建设。《关于印发天津市体教融合促进青少年健康发展实施方案的通知》强调，要加强体育后备人才培养，推动体教融合发展，结合青少年情况，对排球体育项目进行合理规划，注重校园排球队梯队建设，搭建赛事平台，大力发展校园排球队建设。

政府在天津"排球之城""运动之都"建设中担任重要的角色，政府要制定相关政策，提供政策的支持，并投入经费进行管理指导。政府通过提供专项资金支持天津"排球之城""运动之都"建设。政府建立专业的评估和监管的机制，对天津"排球之城""运动之都"实施进行监督和评估。

天津"排球之城""运动之都"建设要结合排球运动项目的发展，制定相关的制度，保障"排球之城"的建设可持续发展只有政策上充足的支持才能保证天津市排球运动项目健康持续的发展。政策的支持就是经费的支持，这部分经费可以用在场地建设、赛事举办等方面，并形成相应的制度。

随着社会经济水平提高，教育也在不断改革发展，这些条件给排球运动项目的发展提供了良好的外部环境。天津市青少年排球运动的发展离不开体交融合模式，离不开学校教学的支持，离不开学校教师的参与。天津市为了推动青少年排球运动项目的发展，将校园排球项目的开展放在了重要的位置上。"排球之城"建设涵盖了竞技排球、校园排球、大众排球和职工排球，制定了相关政策，这些政策为天津市排球运动项目的、基础设施和人才培养提供了基础保证，"排球之城"的建设离不开校园排球活动，学校应在原有基础上强化特色排球校园建设，打造高水平的排球运动队。

# 第二节　天津"排球之城""运动之都"实施方案

## 一、重视排球文化发展

大众生活水平的提高，使体育事业的发展得到重视，该发展模式也发生了变化，国家重视体育事业的发展，并且逐渐开发体育经济功能，主要目的是推动体育事业的发展，增加体育事业的经济收入，回馈社会。天津市在"十四五"体育运动项目规划、体育运动强市意见建议和"排球之城"建设意见中,重点强调的是体育产业的发展,并将体育产业作为重点项目,对天津市体育产业项目的优化是天津市体育项目改革发展的重要环节,排球作为天津市体育发展的重点,不要带动体育产业的发展,还要提高大众参与排球运动项目的热情和积极性,结合天津市的发展打造排球运动赛事,以提高排球运动项目的影响力,并且将排球运动、排球文化、旅游和商业融合,形成排球产业,把排球产业发展成为天津市体育支柱产业。

党的二十大报告提出要提升国家文化软实力。体育文化是建设体育强国重的重要组成部分。体育文化是人本精神、集体精神、积极奋斗精神、团队精神、集体合作精神的综合表现,体育文化对建立民族自信有重要的意义和作用。

天津市体育强市和"排球之城"的建设,推动了天津市体育文化的建设和发展,天津女排精神是天津体育精神的核心内容,通过海报、网络、展览的形式把排球运动团结、合作拼搏、积极向上的精神展现出来,加强天津市体育文化建设,要通过各种形式的活动传播排球文化,以提高天津人民的思想境界和精神文明。

**二、推进排球产业发展**

1. 建立与完善排球产业化发展的管理体制

体育产业是指为满足人们的多样化体育需求而进行的一切生产性和经营性组织的集合。体育产业是产业群,不是单一的某种行业,而是集体育用品生产制造业、体育用品销售业和体育服务业为一体的综合业域。体育产业是根据不同的人对体育健身的不同需求而建立的包含所有生产和经营的综合产业。体育产业涉及许多行业,是一种行业集合体。管理是社会组织中管理者为了实现制定的目标以人为中心进行调研活动,在管理的时候要结合相关政策,对排球产业进行规划,对排球产业进行指导协调并支持其发展,建立相关部门的协调合作机制,对排球专业人才进行管理。天津市排球主管部门将重点工作内容、重要岗位进行了合理分工,并且做好保障工作,将各项工作落实并且高质量实施,不仅加大对排球项目的宣传,还为排球运动项目提供政策支持,加快天津市排球产业的发展。

2. 健全天津市排球产业化发展运行机制

天津市建立起排球产业的市场开发投资模式,并且为了保障排球产业的发展，建设并完善了排球产业资金投资机制，对排球产业给予一定的经费支持。另外，天津市体育局、教委和文旅局合作，对做出贡献的单位和个体、企业给予表彰，鼓励各区县提高对排球文化的重视，提高品牌赛事的建设。

健全排球文化政策扶持的机制，完善税收政策，发挥税收引导的政策，吸引大型的投资参与排球文化建设，改善排球文化投资的环境，加强政策管理引导，对排球文化发展的环境进行更新，对排球产业的管理机制进行优化。完善体育场馆特别是排球场馆承包责任制度，制定明确的管理目标，稳定内部的发展，提高承包者收益，让排球竞技市场得到更好的发展，改善排球部门经营赛事的情况，利用各个地区的优势，集中资金财力创办排球体育赛事，将排球体育赛事做大做强。

选择正确的宣传途径有助于实现目标，宣传的形式取决于内容和对象。排球运动的宣传形式较为单一，宣传的方式都是通过微信公众号的形式进行，优质的宣传方式不仅能让更多的人认识了解排球，让更多人关注排球运动项目，还能促进排球运动队的发展，吸引更多的投资资金。排球运动的发展离不开社会舆论的引导和支持。为了更好地宣传排球运动，让更多人了解排球运动，天津市对排球运动进行了积极宣传与营销，政府结合排球文化的优势和体育产业模式，对排球文化、排球运动积极宣传，各个地区对排球比赛进行包装与积极推广，并且结合口号进行营销，运用多媒体运营，网络、电视、报纸等同步推广。相关部门重视排球文化推广工作，为社会提供更多的资金支持，拨款建立专项资金，对排球文化进行推广。除了发布政策外，日常宣传还应具有鲜明特征、独特视角、丰富价值和吸睛能力，以吸引人们对排球运动的注意。重复宣传内容，加深人们对内容的记忆。改变传统的推广模式，创新宣传形式，通过各个渠道对排球文化和排球赛事进行宣传，打造"排球之城""运动之都"。

排球产业的发展离不开安全体系的保障，安全是排球产业中最重要的因素，首先要保证大众和运动员的安全。排球运动项目是一项竞争激烈、对抗性强的运动项目，在比赛或者训练的时候观众人数较多，安全是非常重要的。在排球产业发展中，天津市加大排球场馆的建设力度，排球场馆的建设、选址做到安全合理，结合科学发展的需求，针对排球文化建立有效的监督机制和评估体系，打造"排球之城"。

3. 增强政府引导排球产业发展的政策

体育赞助和体育捐赠方面的税收优惠政策，推动体育产业的发展，对于企业中基本生活收费的标准进行调整，企业中的煤、电、水等收费进行合理调整，企业对排球运动项目赞助广告从税收扣除，并积极鼓励企业、单位、个人捐赠排球建设基金会。

排球产业的资金需求。排球产业的发展需要大量的资金，社会中企业、单位和相关组织给予了资金支持，政府部门也对排球产业给了大量资金的支持，不仅在政策上支持，还专项拨款，银行等单位给予排球产业相应的优惠政策，减少排球产业的压力。

4. 创新排球人才管理制度

创新排球人才管理模式，首先要解决天津市排球专业人才不足的问题，可以聘请有经验的排球教学专家和教练员，引进外省排球专家，学校也应结合自身的情况培养排球专业人才。以上的形式可以有效解决天津市人才缺失的问题。为了解决人才匮乏问题，天津市以高等院校为发展平台，汇聚全国体育事业人才信息资源，聘请排球产业发展顾问、指导教师和咨询专家，对天津市"排球之城"的建设提供思路和发展意见。制定优惠政策，引进优秀的管理者和优秀的教练员团队，对天津市教练员、体育产业人才进行科学合理的培训，构建排球产业人才培训体系。

**三、校园排球高质量发展模式**

1. 构建天津市排球传统特色学校"命运共同体"

2021 年，天津市启动"排球之城"建设工作，各个学校加入排球活动中，结合"天津排球之城"建设规划，2030 年排球传统特色学校要达到 100 所，排球传统特色学校越来越多。排球传统特色学校不是独立存在，是需要和天津市"排球之城"的建设共同发展，所有排球传统特色学校之间应互相学习、互相发展、互相合作。为了助力天津"排球之城"的建设，市政府聘请了天津体育学院相关专家和优秀的排球教练员，共同研究天津市校园排球的发展，涵盖了招生、排球训练、竞赛组织、校园文化等，目是构建长效发展机制，推动天津市排球运动的发展。

2. 制定科学合理的排球建设目标

相关文件指出：提升天津市中学校学生体质健康，提升学生学习体育项目的积极性和兴趣，帮助学生养成终身体育锻炼的意识，聘请排球专家，结合天津市"排球之城"的建设目标,制定各学校排球运动项目发展的目标。

短期项目应：以培养学生学习排球项目兴趣为主,加大排球运动项目的推广力度,让全校学生积极加入到排球运动项目学习中,对于小学升初中特长生的政策合理运用,吸引更多的学生加入排球运动项目教学中。

长期目标应选拔各个学校、各个年级选取优秀的排球运动员进行训练,发挥排球传统学校教学训练模式的优势,积极参与各个层级的排球比赛,形成排球运动训练可持续发展的道路。

3. 完善排球传统特色学的校建设标准,建立相应的复核评估机制

天津市各排球传统特色学校在申请时首先经过学校自评、教委审查,教体局文旅局联合检查等工作,结合体育局官网公布的程序,没有任何异议之后,体育局教委结合检查的结果下发公告。目前,排球特色传统学校在建设发展中存在的主要问题是制定的发展标准存在差异性,建设思路和发展方向不同,学校教学基础设施相对不完善,师资力量不同等。以上问题导致天津市排球传统特色学校在发展的时候得不到规范化的管理,在管理时没有科学依据作支撑。为了保障天津市排球传统特色学校稳步健康发展,推进天津市"排球之城"的建设,天津市传统特色排球学校领导办公室结合调查的结果和目前天津市"排球之城"的基本情况,制定了天津市排球传统特色学校考核标准,对于排球传统特色学校下发了考核标准,并且抽查检查,结合考核标准严格执行,在检查的过程中发现不合格的或达不到评价标准的学校取缔其排球传统特色学校的称号,对表现好并且符合考核标准的学校给予物质奖励,被取缔称号的学校名额将分给其他学校,这样的模式不仅能鼓励学校积极发展排球运动项目,还能保证天津市排球传统特色排学校稳定、健康、有序发展,建设"排球之城"提供保障。

4. 加强排球教师队伍建设,积极开展系列排球培训

为了助力"排球之城"建设,各学校增加了排球训练,组建了排球社团,这也出现了师资力量紧缺的情况。为了响应天津市"排球之城"建设,排球传统特色学校将在 20230 年前逐渐增加至 100 所。各学校排球教师负责学校排球教学和训练的任务,但教师数量的匮乏影响了学校排球教学的质量。

天津市政府为了解决这些问题,面向社会公开招聘专业排球教师,并且设定编制,吸引有排球教学经验的教师,招聘面向全国进行。此外,天津市对现有排球教师队伍进行培训,组织学校排球教师参加排球运动项目

各种培训班和各种活动，但这些举措只能满足基本的排球教学，随着"排球之城"建设步伐加快，天津市排球传统特色学校不断建设发展，天津市在原有排球教师队伍基础上为他们提供高层次的培训。

目前天津体育学院等高校都招收排球专项学生，也可以培养排球专业的高学历人才，如博士硕士。相关部门结合实际情况和需求，出台了人才引进相关政策，解决各学校排球教师缺乏的情况，提高学校排球教学的质量，加快天津市"排球之城"建设的速度。

5. 加快编制排球传统特色学校教学大纲和教材

目前，天津市排球传统特色学校的排球教学大纲和排球教学教材紧缺，不少传统特色校都没有排球教材。天津市建议相关部门组织排球专家和在校优秀排球教师结合"排球之城"建设指导思路和制定的目标、结合自己的教学经验，创编关于排球教学的大纲和教材。排球教学的大纲和教材要结合不同阶段的学生进行创编，创编时应参考相关的资料和文献，制定符合学生身心发展的教材大纲，并且鼓励研发教材的教师创编有特色的排球课程。排球教材的创编要体现趣味性，以提升学生学习兴趣为主，排球教材在提高学生兴趣的基础上，以发展学生排球技术战术为核心，吸引更多的学生参与排球学习中，引导学生积极参与排球运动项目。

6. 加大投入力度，优化资源配置

排球运动场地是排球运动项目开展的基础条件，天津"排球之城""运动之都"建设需要改善活动场地和设施，"排球之城"的建设资金来源比较单一，主要来源于政府拨款和企业赞助，排球爱好者自筹的形式少，影响排球运动项目的开展，需要改变这样的情况，实现排球运动健康可持续发展。

首先建立排球运动专用的场地，采取政府投资和多渠道筹集资金的方式，加大对排球场地设施的资金投入，也可以和企业合作，共享资源，优化排球场地的建设和改善，或者购买专用地胶，对现有场地进行改造，提高场地利用率，为排球运动开展提供有利的条件，这对排球运动的发展有着举足轻重的作用。与企业合作，组织体育明星、知名排球爱好者或知名体育人士参加排球表演赛等活动，这不仅扩大了排球的影响力，也为筹款提供了条件。排球管理部门可以与外部公司合作，吸引体育公司签订合同，形成稳定的社会资金来源，通过体育场广告、运动服广告、朋友圈广告、气排球周边纪念品销售权等形式，为排球场地设施的维护和建设提供资金来源。其次，改善排球场地日常维护工作。许多排球场长期没有人员维护，行走尘土飞扬，这不仅运动体验不佳，而且大大增加了排球运动受伤的风险。增加日常维护不仅提高青少年运动体验，还防止了运动事故的发生。各个学校加强和企业的合作，能避免场地缺失和场地资源浪费的现象，避免因为排球运动项目场地使用不合理导致教学效率低。学校应充分利用现有教学空间，充分利用场馆设施的多样性；在心理环境方面，教师应注意营造良好的心理环境，让青少年处于轻松、和谐、民主的教学环境中，这可以激发他们积极学习的热情，促进他们学习效率的提高。排球运动项目的特征对运动场地提出了较高的要求，运动场地质量不高导致排球运动开展受到限制，排球运动人才匮乏。天津市信息一体化平台的构建促进信息内容的共享，协同各个方面的利益，并且对终身培养机制创新发展，科学服务体系创新，构建共同教育的理念和共同教育的平台，达到共同教育的目的健全保障机制，促进社会、学校和学生的交流和沟通，促进学生全面发展，提升社会服务能力。

7. 创新人才培养模式

人才的培养是教师针对青少年的具体情况制定合理的培养目标、培养计划，让青少年掌握运动理论知识和实践技能，取得更好的运动成绩，使他们能够建立终身学习意识，深入探索体育教育的价值。排球运动项目专业人才培养的目标是培养综合能力。社会对"复合型"体育教育人才的需求日益迫切。因此排球课程目标的优化应以培养"复合型"体育人才为重点，课程目标的改革方向应以国际化、开放性为重点。创新人才培养模式应重视提高青少年的体质和运动技能，培养青少年的身心健康、道德素质、社会素质等综合素质。在优化排球专业人才实践能力培养的过程中，学校应充分利用社会实践活动，结合自身教育资源，提高青少年排球技术能力。

推动排球运动项目的发展和普及，培养高质量的排球运动后备人才，保证青少年全面发展，学校课程培训中要考虑课程之间的关联，优化课程结构，比如在排球运动项目中，课程的比例、课程的分配、课程必修课和选修课如何分配。课程内容的设置不能重复和交叉。高等教育需要建立和完善课程选择体系，课程结构必须具有较强的选择性，以适应不同青少年的个体差异。教师是整个课程教学计划的主体，实现多角度、多层次的评价，不断探索创新，树立"以人为本"的课程教学理念。在教学过程中，注重培养青少年的创新能力，在检验青少年实践能力水平的基础上，帮助青少年树立正确的人生观、价值观、世界观，创新人才培养模式。

8. 建立有效的宣传推广机制

2022 年版新课标规定排球运动项目进校，国家三部委联合发文，将排球运动项目纳入中小学体育课后服务应设课程。学校应树立正确认知，学校领导应加强对排球运动项目的重视。教育部门需要提供政策倾斜，将排球运动项目编进教学大纲，结合相关政策进行配套资助，学校领导认真落实排球运动项目进校园政策，积极建设排球运动项目课程体系，提高教师和青少年参与排球运动项目的积极性和兴趣。

首先，学校应当利用多媒体平台播放排球运动项目相关视频，让青少年感受排球运动项目的风采，提高青少年的学习积极性，教师在课堂上的教学内容不要局限在排球运动项目技能和方法的学习，还要给青少年讲授理论知识和学习女排积极向上的事迹，激发青少年学习的兴趣，提高青少年参与排球运动项目的积极性。其次，学校还应利用学校的官方网站和公众号，对排球运动项目的各项活动进行宣传和推广，让青少年了解排球运动项目，从而扩大其影响力。青少年排球运动项目的推广和发展，离不开地方政府和有关部门的重视和支持。政策的不完善影响排球运动项目推广，不能保证训练的质量，还制约青少年学习的兴趣。天津市要结合上级部门的政策文件来制定合理的落实政策，提高学校领导和青少年对排球运动项目的认识，保证排球运动项目健康有序发展，加强政策的引导，加强排球运动项目的宣传，提高排球运动项目的认知度，让更多的师生参与到排球运动中来。

9. 树立品牌意识，定期举办排球赛事活动

构建排球运动项目赛事平台是提升排球运动项目知名度的有效手段。例如，利用互联网进行排球运动项目赛事直播，或借助广告的形式加强排球运动项目的宣传。学校也要配合组织与排球运动项目相关的活动或比赛，并向社会推广这项运动，不仅提高青少年对排球运动项目的兴趣，也激发他们对这项运动的热情，从而更好地参与排球运动项目学习。

对青少年排球的普及和发展，最好的办法是增加排球比赛的强度，增加排球比赛次数，并为青少年排球的推广和发展提供一定的影响力。学校可以组织各种排球比赛来满足青少年的不同需求，也可以引入其他地区的比赛来丰富本市的排球比赛，还可以将国际比赛吸引到学校，使学校成为排球比赛的主战场。对排球运动项目来说，只有通过比赛才能体现排球的魅力，这也是促进青少年排球运动普及和发展的重要举措。这就要求学校

每年要安排更多的排球比赛活动，让更多的青少年参与到排球比赛中来，增加他们对排球的兴趣，特别是通过增加比赛场次提高排球比赛的观赏价值，也有利于更多的参与者享受排球运动。学校之间应多举办友谊赛或地区排球联赛，促进青少年排球运动的普及和发展，而且可以提高青少年的参与热情和学习兴趣。

建设校三级联赛。各地区应该结合自身的情况，搭建更多赛事体系的平台。以学校为例，班与班赛、年级与年级赛、校区与校区赛。赛事的举办不仅能让青少年展现自己的学习成果，还能增加青少年之间的友谊，加深对排球运动项目的认识，激发青少年学习排球运动项目的积极性和热情，优化排球运动项目技能。

学校要积极开展各种类型的比赛，积极开展天津市排球运动项目，打造中国（天津）排球运动项目邀请赛，邀请知名人士参加排球比赛，提高排球运动项目的知名度，提高天津市的知名度，为大众展现体育教学的成果，带动城市发展，提高体育消费，带动体育产业的发展，改善城市环境。实现校园排球比赛不仅可以营造良好的氛围，还可以吸引很多社会资源到学校，让排球比赛从学校走向家庭、走向社区。

10. 打通天津市排球特长生升学通道

对于学生和家长来说，排球能否升学是他们比较关注的问题。对此，天津市建立了完善的排球特长生升学机制，对于天津市校园排球运动的发展有积极作用。一些家长支持孩子学习排球运动项目的主要原因是学生自身喜欢排球运动，还有些家长则认为，自己孩子学习成绩不好，考学没有希望，想让自己的孩子以排球特长生身份解决升学的问题。目前家长选择学校更多是因为哪所学校离自己的家近。这样影响排球特长生的质量，如果不能将优秀的排球特长生集中在一起训练，会影响训练的质量，对排球特长生的科学培养有一定的制约。天津市政府和相关部门为了促进排球传统特色学校发展，加快天津市"天津排球之城"的建设，天津市排球特色学校的发展，打通天津市排球传统特色学校排球特长生升学的通道，构建幼儿园、小学、中学、大学排球人才培养模式，对"排球之城"建设有重要的意义。

# 第七章  案例分析与实践经验

## 第一节  国内外成功打造"排球之城"的案例分析及其启示

### 一、"排球之乡"台山的成功案例分析

广东省台山市的排球运动在国内发展较早，至今已经有近一百年的历史。台山排球在我国的排球竞技中获得了骄人的成绩，但是台山排球的最大特色是大众排球。台山排球和我国竞技排球运动一起经历了十六人制、十二认知、九人制、四人制赛制变化，也经历了沙滩排球、气排球比赛规则的变化过程，在发展过程中，台山市的排球运动不仅成为广东省的代表，也成为全国的代表。1972 年，周恩来总理去广州观看排球比赛，对台山给予了"全国排球半台山"的美誉，由此可见，台山大众排球的发展已经成了中国排球的代表。虽然随着时间的推移，台山大众排球的发展出现了一定的变化，许多城市在学习的过程中，甚至已经超越了台山大众排球，但是其"排球之乡"的美誉依然存在，其成功的发展经验及带来的启示依然受用。

1. 台山大众排球运动的特征

台山大众排球之所以有如此好的发展，首先取决于其地理位置的优越性。台山市作为广东省的县级城市，面积仅有 3296 平方米，常住人口也只有 90.77 万（第七次人口普查统计数据），台山市三面环山，只有南面面对南海，这种地理环境决定了台山就像是一张躺椅，不仅躺着舒服，还能够

有效规避气候变化带来的影响。对于排球运动来说，舒适的气候条件和很长的海岸线，是开展大众沙滩排球先天的优势。

　　之所以有"全国排球半台山"的美誉，是因为台山市的每条街道、每个村庄都有排球场，据统计，台山市共有灯光排球场地 400 多处，普通场地 1600 多处，这些排球场的数量甚至达到一个省级行政区的合计数量，充分体现了台山市居民对于排球运动的热爱和参与度。而且台山市的每个村庄都有排球队，台山市每年都会组织市级排球比赛，允许以村庄为单位参赛，这在全国是绝无仅有的，也证明"排球之乡"实至名归。

　　排球运动在台山发展近百年，已经成为台山市的体育文化，并与当地的节日完美融合在一起。无论是节假日还是朋友的日常聚会，少不了排球的话题和排球比赛，尤其是节假日，台山市会各种组织形式的排球比赛，比如，晨练时邀请同村村民一起打排球比赛，与附近村庄球队进行村村联谊比赛等，这是台山居民的生活方式，随着时间的推移成了台山居民的生活习惯，甚至在茶饭后都有几个人随机进行一场小规模的排球比赛，在欢声笑语中结束比赛。

　　台山市大众排球的特别之处，在于台山市大众排球已经成为当地文化，就像渔民在日常生活中谈及的话题一定与捕鱼相关，台山的居民在日常生活中谈及的都是大众排球。台山居民的生活已经离不开排球，排球在居民心中的重要性甚至超过了农业劳作。另外，台山市大众排球的发展与自然环境和自然资源是密不可分的。台山市独特的自然资源开发和利用能够为排球运动的场地建设带来很大的机遇，同时，自然环境的舒适性为排球运动带来了天然的便利性，在自然环境和自然资源的先天优势下，才有了独具风格的台山市大众排球文化，在这种文化的引导下，形成了中国的排球之乡。从比赛规则来说，台山市大众排球运动的比赛风格在国内是独特的，具体来说有三大特点：一是在整个比赛的过程中，所有队员采用固定站位的方式进行，这主要是因为台山市的大众排球都是由居民参与，身高、年龄等条件不均衡，因此不能轮换位置，否则就会因个体的差异导致比赛没有办法正常进行；二是排球比赛的过程中，二传基本都是采用上手传球的方式进行，很少采用垫球的传球方式，并且对于上手传球技术的要求标准没有那么严格，只要能够在球落地之前将球传起来即算传球成功，这当然是大众排球发展中的一个弊端，因为没有正确的教学规范传承方式；三是进攻方式的独特性，二传很少在传球的过程中采用吊球、快攻等方式进攻对手，都是将球高高传给主攻，然后主攻手扣球，从而形成排球最原始的进攻打法，这种进攻方式自然费时费力，而且进攻效果并不理想。

2. 台山大众排球运动的功能

（1）健身功能

当今社会不断发展，人们各项身体疾病越来越多，体育运动可以作为预防疾病的一种"良药"，在全民健身的大环境下，大众排球运动"横空出世"，因被越来越多的健身人士所喜爱。大众排球运动对身体大有益处，首先，排球运动的场地没有固定性，操场、广场、、沙滩、游泳池水中都可进行。人数可以双人，可以多人，也可以一家人一起去参与运动。我们可以简要说明大众排球运动的益处：身体素质方面，人们在打排球时，需要不断跳跃起来拍打排球，这些动作能够使身体各个部位得到锻炼，全面提升身体的协调能力和灵敏性；心肺功能方面，排球运动是有氧运动，通过身体机能的自我调控，不仅可以使心肺功能得到改善，还可以加强身体的各项机能；减肥塑形，打排球对于爱美人士来说，无疑是一项绝佳的运动选择，人们参与排球运动时，可以加速身体脂肪和热量的燃烧，提高身体代谢能力，从而起到减肥和锻炼；心理素质方面，在排球运动比赛中，表现不佳的情况下，人们需要沉着应对，不急不躁，以强大的心理应对眼前的比赛局面，这也从侧面加强了心理素质的锻炼。

（2）娱乐功能

当今社会快速发展，人们有了更多可以自由支配的时间，也提高了对自己身体素质的要求。排球运动因其自身的特点被大众所喜爱，像以家庭为单位的比赛，可以在赛前制定奖励，比赛过程中父母和孩子完美配合，可以使父母和子女的感情更紧密，互爱互信。如果是老师和学生之间的排球比赛，一场酣畅淋漓的比赛，有助于建立更深的师生情。总之，因为大众排球的趣味性极高，所以人们往往喜欢将它作为自己的运动方式，既满足需要运动又娱乐生活。

台山作为中国引进排球较早的地方之一，排球历史久远。大众排球的出现填补了人们的空闲时间，爱打排球、爱看排球的群众越来越多。排球是台州市引进过来的体育运动，以使群众强身健体，时间已久，排球运动就慢慢在当地成为一种闲暇之余的娱乐运动。有些群众希望在此基础上可以改进一下模式，加入比赛元素，分设奖项和奖金等。提高人们的热情度和参与度，这样人们在排球运动时可以投入更多的精力。大众排球的可塑性很强，因为在排球运动时，没有设置多种门槛，没有一些条条框框的约束，换句话说，也算是老少同乐的运动，适合普通人参与其中。大众排球在传统排球的基础上，降低了对技巧和战术的要求，主要体现的就是全民参与的体育文化。而大众排球就将这种文化赋予到运动中，没有场地和人数的限制，没有过多的规则要求，对于参与者的年龄、性别、技术等方方面面都没有具体要求，只要愿意都可以参与。对于传统排球来说，它有着严谨的比赛规则和严格的场地要求，传统排球比赛需要的是公平公正的赛制。而大众排球则比较随意，没有传统比赛中的紧张感，大众排球的参赛时长自愿，参赛模式自愿，总归来说它没有那么强的束缚感，可操作空间很大，大众以娱乐运动为主，在娱乐中进行排球运动。这种新型模式激发着民众的参与度并从中获取快乐和满足感。

（3）政治功能

据传北洋军阀时期的《谭氏学校实录》中，详细记载了有关排球运动传入的由来，因作者不能接受国外报道我国排球比赛的不实言论，希望中国能够大力发展体育运动，提升民众身体素质，改变世界对中国的看法。二十世纪八十年代的中国女排曾经获得"五连冠"的战绩，为祖国增光增彩，女排健儿的拼搏精神鼓舞着全国人民，特别是青少年。正因为她们的艰苦付出，我国在世界上的体育排名越来越高，打响了我国在世界体坛的名声，提升了我国的国际形象，并且鼓舞着一批又一批的群众参与到排球运动中。女排精神也是爱国主义精神，对当今时代开展青少年政治思想教育有极大的意义。

（4）竞技功能

竞技体育是以竞技为核心、以竞技成绩为主要目标的一种竞争性体育活动。竞争比赛不可或缺的因素主要有：竞技者双方，竞技场地，竞技项目，竞技规则，竞技目标。参与竞技比赛就是为了取得好成绩获得好名次，夺得竞技比赛的冠军。竞技比赛在客观上也是检验每 1 位运动员的自身素质以及技术和战术运用情况。在大众排球运动的竞技比赛中，每一位运动员在赛场上将自己最大的潜能发挥出来，就是为了战胜对手获得胜利。这种竞争模式深受大众的喜爱，从而让大众排球迅速走红。

## 二、台山大众排球的成功之路

### 1. 发展脉络的形成

大众排球运动有着悠久的历史，它起源于 1895 年，经过广泛的传播，流传至今，有着 120 多年的历史。大众排球运动包含着我国深厚的文化底蕴，成为台山市一项独具特色的大众体育运动。

台山市大众排球共经历了六个发展阶段：传入阶段、发展阶段、普及阶段、鼎盛阶段、衰退阶段和恢复阶段。

### 2. 大众排球的传入—普及—发展—鼎盛

（1）传入

1913 年，在菲律宾召开的第一届运动会上，我国参赛的运动员对排球运动不熟悉，最终导致比赛失利，当时在广州读书的台山籍学生和华侨有了大胆的想法，出于拳拳爱国之心，为了我国体育运动更好的发展，他们将大众排球体育运动带回了广州台山。大众排球由此传入，刚开始人们对排球不是那么的熟悉，并没完全接受排球，也只是小范围的活动，比如只在当地的学校实施开展，同时，有生活水平比较好的家庭也逐渐介入，这些家长进而想让自己的孩子接受到专业的培训和指导。

（2）普及

台山市大众排球运动刚开始没有正式的训练场地，更没有训练的设施，人们就想法自己设计排球运动场所，他们在海边、晒粮场等地竖立起两根柱子，在地上用石头或是砖块画出差不多大的面积作为临时场地，用渔网代替排球网，就这样进行排球运动，随着生活水平不断提高，铁路的开通加快了台山市的经济建设，同时也加强了海内外的沟通与合作。为了鼓励和吸引更多的年轻人参与排球体育运动，华人华侨不仅购置配备了大量的排球设施和设备，而且还提供奖金举办排球比赛。1919 年，台山市成立了中国第一支农民排球组织，在这个时期，排球运动成了人们娱乐和社交的重要方式，同时也成了人们精神文化生活的重要组成部分，排球运动在华侨华人的帮助下，在当地政府政策的扶持下，得到了正常的发展，后来又经过普及，在大量排球训练和排球比赛的实践中，总结创新，使当地排球事业飞速发展。

（3）发展

台山排球运动在华人和政府的帮助扶持下进入正轨，台山的人民群众对排球运动热情高涨，他们带着这种热情，把排球体育开展得有声有色，几乎每个村、每个镇都有，家家都有排球队员，为台山排球运动的发展奠定了基础，当地政府先后成立了仁社、金银、台南等体育会，方便大众组织的排球运动，在运动活动中分队练习，互相切磋球技，不断培养排球运动员，为国家培养新生力量。1937 年，日军侵占台山市，这个时候，台山正处于排球的一个全盛发展时期，日军的侵占导致大量人才伤亡流失，排球体育活动也因此中断，打乱了之前的全盘计划。直到抗日战争胜利后，各排球组织、各训练场所才慢慢恢复，经过一段时间的恢复训练，加上国内举行的各种赛事，仁社排球作为台山市的代表参赛，曾获得多次全国性排球比赛的冠军。这一成绩使台山排球又一次掀起热潮，这不仅象征着台山排球的成熟，也使台山市大众排球走向竞赛发展的轨道。

（4）鼎盛

新中国成立后，在中国共产党的领导下，毛泽东主席提出了"发展体育运动，增强让人们体质"这一重要思想，推动了中国体育运动的发展。在这一时期，台山市响应国家的号召，积极地在民间、学校等地开展体育运动，并建设了台山人民广场，成立了男女排球队，为台山排球队培养优质人才，为中国排球的发展夯实基础。通过一次次的比赛，台山男子、女子排球队分别取得了优异的成绩，加上党和政府的扶持帮助，台山大众排球达到了鼎盛时期。在这一时期，台山排球拥有强大的实力和先进的技战术，无论是男排还是女排，都取得了优异的成绩，成为中国排球的重要力量，正因为如此，能后来被誉为"排球之乡"。根据资料，台山市向国家输送了多名优秀的排球运动员。1972 年，周恩来总理视察广东时说"全国排球半台山"，是因为当时的国家男排中有多半队员是台山籍。这句话也是国家对台山市排球发展的肯定。

除了比赛成绩以外，台山排球运动项目还形成了一种独特的排球文化，这种独特的文化以团结合作、拼搏进取、合作共赢为核心价值观，不仅加速了运动员的成长和排球运动的发展，还使台山人民对排球运动有着深远的记忆，更使排球运动成为台山人不可缺少的一部分。排球运动还是一条联系国内外关系的纽带，为加强我国与澳大利亚两国体育文化的交流，1975年，我国安排了两国在台山进行男女排球比赛，促进两国之间的友谊。

3. 台山市大众排球的规模转变思路——从地方小事件向政府大事件转变

台山市的大众排球运动发展有着悠久的历史，在排球刚传入的时候，尽管人们的生活水平不是很高，排球活动也没有活动的固定场所，也没有固定团队以及组织形式，都是随时活动随时组织，随时挑选场地和队员，但是人们在海边利用现有资源搭建活动场地，拿起渔网当作排球网，拿起船篙立柱子等。随着排球队员不断练习，总结创新，排球运动技术日臻成熟，身体素质日渐提升，当地各大家族也逐渐重视排球运动，同时加入排球运动，并享受排球运动带来的影响。在运动中，队员与队员之间、宗亲之间慢慢建立起了奖励制度，如输了请客吃饭，在这种双重作用下，大众排球运动从村开展到镇，从镇开展到市，直至享誉全国。资料显示，台山市的大众排球活动最早是人们日常农作后打发时间的一项体育活动，随着时间的推移，生活水平的提高，排球队员的增多，各级赛事频繁举行，当地政府为了维护和谐稳定，在台山成立了排球农民组织、体育会等。有了政府的扶持，有了固定的组织，加上民间合作和华侨的赞助，中国接连获得远东运动会三界冠军。周恩来提出的"全国排球半台山"美誉，促进了全国对台山的关注，对台山排球的高度重视。

4. 台山市大众排球的文化思路转变——从乡土生活向文化遗产转变

大众排球前期在传入、普及阶段，只是当地人们在自己的村落里研发组织的体育活动，仅供健身娱乐，后来由于台山宗亲的加入，开始了快速发展，但还没有统一的管理与组织模式。台山的九人排球具有浓厚的地方特色，作为一项独特的传统体育运动，被评为江门市第二批非物质文化遗产，从民间正式走向国家舞台。为了对大众排球做好保护工作，国家在2021年出台了相关政策在以后的发展中，更加重视这些区域文化的保护。

5. 台山市大众排球组织转变思路——从民间自主向政府主导，民间协调转变

大众排球的发展初期，台山大众排球的组织思路相对单一，主要关注点在赛事上，赛事组织者主要是社区内的宗族，即民间宗族始终是排球运动的主体。每到节假日，华侨出资奖励参赛胜出者，购买排球，建设排球场，积极组织各种层级的比赛，促使排球活动在台山各村广泛开展，并逐渐成为最受欢迎的体育活动，比赛的规章制度也逐渐统一，形成独具台山特色的九人排球，随着台山九人排球影响力不断扩大，其独具特色的价值魅力也得到了政府的认可和重视，获得投资扶持和政策引导，在政府的主导下，台山市的九人排球得到了系统、科学的发展，政府部门还举办了一系列的高层次、高水平的赛事和体育活动，提升了九人排球的知名度和影响力，同时政府重视排球运动的训练，加强场地的建设，置办运动设施设备，为排球运动的普及与发展提供了优质的硬件条件。在政府主导的同时，民间力量仍然发挥着重要的作用，民间与政府的合作促使台山排球不仅保持了独特的文化魅力，还能够适应现代社会的发展需求，实现可持续性发展。目前，排球运动的正规化逐渐形成了趋势。

### 三、"排球之乡"台山成功案例的启示分析

通过对台山市"排球之乡"成功案例的研究，我们可以发现台山市大众排球发展经验具有借鉴意义。

1. 政府的支持

体育运动的发展离不开政府的支持，政府出台政策，对大众参与体运动的形式、规则等进行规范，让大众健康有序参与体育运动，同时在体育运动中充分体现地方特色。台山市大众排球在发展的过程中，首先由政府引进体育项目，然后在具体的发展过程中制定发展策略，针对大众排球进行重点扶持，不仅满足了地方性的大众体育需求，也充分考虑了地方性的特色。从台山市的地理位置优势和外来人口优势来说，政府将排球作为一种体育交际方式进行推广，从而以最快的速度、最强的实力，发挥出台山市大众排球的优势。

天津市排球运动在发展中也应如此，首先要从政府入手，政府层面制定发展政策，并结合天津市的地方特色，制定具体的发展方案，如青少年排球运动可以向着竞技体育发展，也可以向着大众排球方向发展。作为天津市的体育发展项目，市政府和相关部门应该充分借鉴相关发展案例，深入研究和分析，从而在具体发展的过程中体现自身的优势，利用优势发展点，带动全市排球运动发展，并制定超越性的发展目标，从而将排球运动推向新的高度。

2. 脉络形式的发展

从政府的层面对发展思路进行规划，制定好具体的策略。根据台山市大众排球的发展经验，脉络的形成是发展速度的保证。天津市作为直辖市，地理面积较大，如果只是发展某一个点或某几个点，对于天津市排球发展速度非常不利。只有在发展中发掘重点地区，将重点地区连成线，并最终形成网状脉络，才能保证整个城市共同发展，从而形成最快发展速度。天津市在发展青少年排球的过程中，可以借鉴这一经验，通过区域性的中学规划，将全市中学排球运动的发展形成网状脉络，进行强有力的宣传，并在排球运动开展中进行监督，将监督体制落到实处，利用以点带面、以面反馈点的形式，促进天津市青少年排球运动整体发展。

3. 思路的不停转变

通过台山市排球之乡的成功案例能够看出，台山市在整个大众排球建设的过程中，最重要的一点就是思路的及时转变。在这个世界上，唯一不变的东西就是"变"字，因此，任何事物如果想长久不衰地发展，其发展思路需要不断改变。

1. 思路要随着社会的发展而变

我国已经进入信息时代，数字化技术存在于社会的各个角落，大众排球的发展不仅需要数字技术，还需要通过数字技术体现其优势，从而双向作用于排球运动和社会发展。实际上，由于数字技术是需要投入相应的资本才能够充分运营，相对于普通的数据统计来说，数字化技术的资本投入太多，因此很多区域对于数字化技术是心有余而力不足。政府机构的相关部门必须在充分了解社会发展现状和趋势的基础上，将大众排球的发展作为主要工作，用最新的技术，最新的发展思路指导排球运动，才能保证天津市排球快速有效发展。

2. 排球发展思路与经济形势相匹配

对于体育项目的发展而言，经济的支持是必不可少的。以台山市大众排球为例，在近一个世纪的发展过程中，大众建立了对排球运动的依赖性，但是同样需要经济基础，对农民来说，吃饭是最为重要的，吃不上饭，何谈体育运动，在田地里耕作的农民，劳动强度比晨跑几公里都要大，但是他们没有时间去晨跑，因为自身的经济条件不允许，他们需要将时间用于劳动换取经济回报。在电影《一个也不能少》中，成长于偏远山区的孩子，通过日常生活的锻炼，就体现出了非常好的长跑天赋，但是这种天赋没有后备人才选拔体系支持，即使学生的天赋再高又有什么用，单靠体育老师去发掘？即使是老师和孩子同意了，家长也未必同意，在信息闭塞的年代，经济的落后限制了太多体育人才的发展。天津市排球运动的发展已经走了很多年，在近百年的发展过程中，排球的发展经历了经济的高速发展，但也见证了经济的衰败。经济高速发展的时期，也是排球高速发展的时期，反之二者的发展都经受历史的磨难。甚至，当经济不景气的时候，没有单位和个人愿意组织比赛，人们怎能想到发展体育事业呢？

3. 发展思路的创新是成功的关键

随着信息化时代的到来，我们需要努力将快速发展的项目放在前列，让其实现发展的超越，带动其他事物的发展。在这个过程中，思路的创新是必需的。就像企业在社会竞争中的发展是一样的，格力空调能够卖向全球，是因为企业坚持创新，研发最新的技术应用在空调领域，与其他品牌的空调相比，它的产品自然就能够得到大众的认可，这就是企业技术创新的效果。体育领域也是如此，排球项目作为天津市主要发展的体育项目，其发展不能仅仅依靠借鉴，虽然国内有台山市这种经典案例的发展思路可以借鉴，但是台山市和天津市并不是一模一样，一味借鉴并不可取，只会导致发展思路的固化、发展经验的落后、信息的更新速度慢、跟不上信息化时代的步伐等等，从而严重影响天津市排球的发展，甚至会出现"倒退"现象，不仅不会发展，反而出现退步。因此，针对天津市排球运动的发展，从思路上就应开始创新，在思路的引领下，建立健全整个创新体系，从而为天津市青少年排球运动的发展服务。

# 第二节　天津及其他地区青少年排球运动的实践经验总结与分享

　　笔者对 2015 年到 2024 年十年间天津市排球比赛情况进行了统计，汇总了表 7-1，从中我们能发现天津市组织排球比赛的大部分青少年排球比赛，这些排球比赛为天津市青少年排球运动员积累了大量的比赛经验。

**表 7-1 天津排球比赛情况统计表**

| 比赛名称 | 主办方 |
| --- | --- |
| 2015 年天津市首届业余排球联赛 | 天津市体育局 |
| 2015 年"天之杰"杯天津市青少年排球锦标赛 | 天津市体育局 |
| 2015 年中国四人制排球公开赛（天津站） | 国家体育总局排球运动管理中心 |
| 2015 年"果维康"中国四人制（公园）排球公开赛（天津站） | 中国排球协会 |
| 2016 年第六届"体彩杯"全民健身运动会暨天津市第二届业余排球联赛 | 天津市体育局 |
| 2016 年天津市青少年排球锦标赛 | 天津市体育局 |
| 2016 年全国大众业余排球精英联盟赛（天津赛区） | 中国排球协会 |
| 2016 年"翡翠楼"杯京津冀青少年篮球排球比赛 | 天津市体育局 |
| 2016 年"天津港"杯全国沙滩排球巡回赛（天津站）暨全运会测试赛 | 天津市排球运动协会 |
| 2016 年青少年排球冠军赛竞赛 | 天津市体育局 |
| 2016 年全国大众业余排球精英联盟赛（总决赛） | 中国排球协会 |
| 2016 年中国四人制（公园）排球公开赛（天津站） | 中国排球协会 |
| 2017 年第十三届全国运动会群众比赛气排球竞赛 | 国家体育总局排球运动管理中心 |
| 2017 年天津市第三届业余排球联赛 | 天津市体育局 |
| 2017 年全国大众排球精英联盟赛 | 国家体育总局排球运动管理中心 |
| 2017 年天津市青少年排球锦标赛 | 天津市体育局 |
| 2018 年天津市第十四届运动会排球比赛 | 天津市人民政府 |
| 2018 年中国四人制（公园）排球公开赛（天津站） | 中国排球协会和国家体育总局排球运动管理中心 |
| 2018 年天津市青少年排球锦标赛 | 天津市体育局 |

续表

| 比赛名称 | 主办方 |
| --- | --- |
| 2018 年沙滩排球全民健身中国行（天津站）竞赛 | 国家体育总局排球运动管理中心 |
| 2019 年天津市青少年排球锦标赛 | 天津市体育局 |
| 2019 年沙滩排球全民健身中国行（天津站）竞赛 | 国家体育总局排球运动管理中心 |
| 2019 年天津市第七届"体彩杯"市民运动会气排球项目竞赛 | 天津市体育局 |
| 2019 年天津市第五届业余排球联赛 | 天津市体育局 |
| 2020 天津市大众沙滩排球周中对抗赛（四人制） | 天津市排球运动管理中心 |
| 2020 年天津市第六届业余排球联赛 | 天津市体育局 |
| 2020 年天津市青少年排球锦标赛 | 天津市体育局 |
| 2020 年第一届天津市青少年排球技能大赛 | 天津市排球运动管理中心、天津市排球运动协会 |
| 2020 年首届社区运动会暨第八届市民运动会气排球项目竞赛 | 天津市体育局、天津市体育总会 |
| 2021 年天津市青少年排球冠军赛暨天津市青少年排球联赛竞赛 | 天津市体育局 |
| 2021 年第二届青少年排球技能大赛 | 天津市体育局、天津市和平区人民政府 |
| 2021 天津市第七届业余排球联赛 | 天津市体育局、天津市体育总会 |
| 2021 年天津市青少年排球锦标赛 | 天津市体育局 |
| 2021 天津市大众沙滩排球挑战赛（四人制） | 天津市体育局 |
| 2021 天津市大众沙滩排球挑战赛（二人制） | 天津市体育局 |
| 2021 天津市大众沙滩排球系列赛"南敏杯"校园联盟赛（四人制） | 天津市体育局 |
| 2021 年天津市大众沙滩排球马拉松赛（四人制） | 天津市体育局 |
| 2021 年天津市首届职工气排球联赛 | 天津市体育局 |
| 第七届业余排球联赛暨 2021 年天津市排球联赛 | 天津市体育局、天津市体育总会 |
| 2021 年天津市青少年气排球比赛 | 天津市体育局 |
| 2022 年天津市青少年排球锦标赛 | 天津市体育局 |
| 2022 年天津市第八届业余排球联赛气排球比赛 | 天津市体育局 |
| "中国体育彩票"杯 2022 年大众沙滩排球比赛（天津站） | 天津市体育局 |
| 2022 年天津市大众沙滩排球系列赛"南敏杯"青少年沙滩排球比赛 | 天津市体育局 |

| 比赛名称 | 主办方 |
| --- | --- |
| 2022 年天津市大众沙滩排球系列赛二人制沙滩排球竞赛 | 天津市体育局 |
| 2022 年天津市滨海新区全民健身运动会排球比赛 | 天津市滨海新区教育体育局 |
| 2022 年天津市第十五届运动会排球比赛（青少年组） | 天津市人民政府 |
| 2022 年天津市第十五届运动会排球比赛（成年组） | 天津市人民政府 |
| 2022 年天津市第十五届运动会群众组气排球比赛 | 天津市人民政府 |
| 2022 年天津市青少年排球冠军赛 | 天津市体育局 |
| 2022 年"体总杯"中国城市排球联赛试点赛（天津赛区） | 天津市体育局 |
| 2022 年天津市第十五届运动会气排球比赛 | 天津市人民政府 |
| 2023 年"排球之城""巾帼杯"天津市气排球比赛 | 天津市体育局 |
| 2023 年"排球之城"天津市职工气排球比赛（分站赛） | 天津市体育局 |
| 2023 年"体总杯"中国城市排球联赛试点赛（天津赛区）比赛 | 天津市体育局 |
| 2023 年天津市青少年排球锦标赛竞赛 | 天津市体育局 |
| 2023 "排球之城"杯青少年小排球（四人制）邀请赛 | 天津市排球运动协会、天津排球之城体育产业发展有限公司 |
| 2023 年天津市第九届市民运动会气排球比赛暨天津市第九届业余排球联赛气排球比赛 | 天津市体育局、天津市体育总会 |
| "体彩杯" 2023 年"排球之城"天津市大众沙滩排球系列赛 | 天津市体育局 |
| 2023 年全国大众排球健身大会-沙滩排球全民健身中国行第一站（天津文化中心站） | 国家体育总局排球运动管理中心、天津市体育局 |
| 2023 年全国大众排球健身大会-沙滩排球全民健身中国行第二站（天津起云湾站） | 国家体育总局排球运动管理中心、天津市体育局 |
| "排球之城" 2023 年国际青年沙滩排球邀请赛 | 天津市体育局、东疆综合保税区管理委员会、天津港（集团）有限公司 |
| 2023 年天津市青少年排球冠军赛 | 天津市体育局 |

续表

| 比赛名称 | 主办方 |
|---|---|
| 2023 年第一届全国中学生排球区域联赛（第一阶段·天津赛区） | 国家体育总局排球运动管理中心 |
| 2024 年天津"排球之城"青年男排邀请赛 | 天津市体育局 |
| 李宁杯"排球之城"大众排球欢乐季气排球对抗赛 | 天津市体育局 |
| 2024 年第一届全国中学生排球区域联赛京津冀区域决赛 | 国家体育总局排球运动管理中心、中国排球协会 |

2015 年：由天津市体育局主办，天津市排球运动协会承办，天之杰体育赛事策划有限公司协办并冠名的 2015 年"天之杰"杯天津市青少年排球锦标赛于 8 月 22 日在体工大队排球馆开赛。

2016 年：由天津市体育局主办，天津市排球运动协会承办，天之杰体育赛事策划有限公司协办并冠名的 2016 年"天之杰"杯天津市青少年排球锦标赛于 2016 年 7 月 14—19 日在体工大队排球馆举办；由天津市体育局主办，天津市排球运动管理中心承办的 2016 年"翡翠楼"杯京津冀青少年篮球排球比赛在天津市体育工作大队开赛；2016 年青少年排球冠军赛竞赛由天津市体育局主办，天津市排球运动协会承办，天津帅之梦文化传播有限公司协办，于 10 月 13 日—16 日在天津市体工大队、培杰中学举办。

2017 年：2017 年天津市青少年排球锦标赛由天津市体育局主办，天津市运动协会协办，天津团泊体育中心和于 10 月 21—22 日在天津团泊体育中心排球馆举办。

2018 年：2018 年天津市青少年排球锦标赛由天津市体育局主办，天津市排球运动管理中心和天津市排球运动协会承办于 5 月 12 日在天津市南开区复康路 9 号排球馆开赛。

2019 年：天津市青少年排球锦标赛由天津市体育局主办，天津市排球运动管理中心、天津市排球运动协会承办，于 7 月 9 日在天津市南开区复康路 9 号排球馆、天津市人民体育馆举办。

2020 年：天津市青少年排球锦标赛由天津市体育局主办，天津市排球运动管理中心、天津市排球运动协会承办，于 11 月 14 日在天津市静海区团泊体育中心东 B 三楼排球馆开赛。

2021 年：天津市青少年排球冠军赛暨天津市青少年排球联赛竞赛由天津市体育局主办，天津市排球运动管理中心、天津市排球运动协会承办于6 月 5 日开赛；"奔跑吧·少年"天津市"大众排球欢乐季"第二届青少年排球技能大赛由天津市体育局、天津市和平区人民政府主办，天津市排球运动管理中心、和平区体育局、天津市排球运动协会承办，于 6 月 12—14 日在和平区民园广场中央草坪进行；"奔跑吧·少年"2021 年天津市青少年排球锦标赛由天津市体育局主办，天津市排球运动管理中心、天津市排球运动协会承办，于 7 月 12—18 日在天津市静海区团泊体育中心东 A 三楼排球馆举办；"奔跑吧·少年"2021 年天津市青少年气排球比赛由天津市体育局主办，天津市排球运动管理中心、天津市排球运动协会承办，于 12 月 18—19 日在天津市南开区复康路 9 号排球馆举办。

2022 年：天津市青少年排球锦标赛由天津市体育局主办，天津市排球运动管理中心、天津市排球运动协会承办，于 5 月 14—29 日举办；2022 年天津市大众沙滩排球系列赛"南敏杯"青少年沙滩排球比赛由天津市体育局主办，天津市排球运动管理中心、天津市排球运动协会承办，于 7 月 22—24 日在天津市河西区和悦汇进行；天津市第十五届运动会排球比赛（青少年组）由天津市人民政府主办，天津市体育局承办，于 8 月 15 日在团泊体育中心排球馆进行；"奔跑吧少年"2022 年天津市青少年排球冠军赛由天津市体育局主办，天津市排球运动管理中心、天津市排球运动协会承办，于 11 月 5—6 日、12—13 日在复康路 9 号排球馆进行。

2023 年："奔跑吧少年"2023 年天津市青少年排球锦标赛竞赛由天津市体育局主办，天津市排球运动管理中心和天津市排球运动协会承办，于 7 月 17—22 日在团泊体育中心排球馆进行；2023 "排球之城"杯青少年小排球（四人制）邀请赛由天津市排球运动协会、天津排球之城体育产业发展有限公司主办，新未来（天津）文化产业发展有限公司承办于 8 月 3—5 日在天津市经济技术开发区第一中学举办；"体彩杯"2023 年"排球之城"天津市大众沙滩排球系列赛-青少年沙滩排球比赛由天津市体育局主办，天津市排球运动管理中心和天津市排球运动协会承办，于 7 月 7—9 日在天津文化中心沙滩排球场进行；"排球之城"2023 年国际青年沙滩排球邀请赛由天津市体育局、东疆综合保税区管理委员会、天津港（集团）有限公司主办，天津市排球运动管理中心、天津市排球运动协会、天津市滨海新区教育体育局、天津港文化传媒有限公司承办，于 9 月 15—17 日在滨海新区东疆湾沙滩进行。

2024 年：天津"排球之城"青年男排邀请赛由天津市体育局主办，天津市排球运动管理中心和天津市排球运动协会承办，于 1 月 11—15 日在武清体育中心举办；2024 年第一届全国中学生排球区域联赛京津冀区域决赛由国家体育总局排球运动管理中心、中国排球协会主办，中国中学生体育协会分会、天津体育学院承办，于 1 月 28 日在天津体育学院开赛。

通过对天津市级十年内青少年排球比赛的情况进行汇总，我们可以了解到天津市每年至少组织一次青少年的排球比赛，在 2015 年之后，组织比赛的次数明显增多，这说明天津市在 2015 年后，对青少年排球运动的重视程度越来越高，并将青少年排球作为体育运动中的重点项目进行关注，从而使青少年排球运动的发展越来越好。

同时，天津市青少年排球运动员通过频繁参与比赛，获得了大量比赛的经验，并将这些经验应用在日常训练中，使天津市青少年排球运动的发展更上新台阶。

青少年对于排球运动的理解程度相对成年人要低一些，但是青少年的拼搏精神是成年人无法比拟的。天津市排球运动的发展，首先要从青少年阶段开始抓，不仅要充分展现青少年的拼搏精神，也要运用最先进、最科学的教学方法和训练方法，让青少年接触到最好的技战术教学，在巩固技战术的基础上，得到最好的成长，从而为天津市成年排球运动的发展奠定基础。

表 7-2　"排球之城"天津市排球传统特色学校名单

| 区县 | 学校 |
| --- | --- |
| 滨海新区 | 天津市滨海新区大港油田一中 |
| | 天津师范大学滨海附属小学 |
| | 天津市滨海新区塘沽渤海石油第一小学 |
| | 天津市滨海新区塘沽贻成小学 |
| | 塘沽二中心小学 |
| | 塘沽向阳第一小学 |
| | 塘沽第五中学 |
| | 天津师范大学滨海附属学校 |
| | 塘沽渤海石油第一中学 |
| | 天津滨海高新技术产业开发区第一学校 |

| 区县 | 学校 |
| --- | --- |
| 滨海新区 | 天津经济技术开发区第一小学 |
| | 天津港保税区空港学校 |
| | 天津经济技术开发区第一中学 |
| | 天津港保税区空港实验小学 |
| | 大港栖凤小学 |
| | 大港第十二小学 |
| | 大港第二小学 |
| | 大港第一中学 |
| | 大港实验中学 |
| | 大港第四中学 |
| | 大港海滨第二学校 |
| 和平区 | 天津市耀华中学 |
| | 天津市和平区西康路小学 |
| | 天津市和平区万全中学 |
| 河北区 | 天津市第七十八中学 |
| | 天津市河北区育婴里小学 |
| 河西区 | 天津市新华中学 |
| | 天津市海河中学 |
| | 天津市河西区东楼小学 |
| 河东区 | 天津市第七中学 |
| | 天津市河东区实验小学 |
| | 天津市河东区第二实验小学 |
| | 天津市河东区第一中心小学 |
| 南开区 | 天津市南开区中心小学 |
| 红桥区 | 天津师范学校和苑附属小学 |
| 东丽区 | 天津市东丽湖未来学校 |
| | 天津市东丽区华明小学 |
| | 天津市东丽区丽泽小学 |
| 西青区 | 天津市西青区杨柳青第一中学 |
| | 天津市西青区实验小学 |
| 津南区 | 天津市咸水沽第五中学 |
| 北辰区 | 天津市北辰区普育学校 |
| 宝坻区 | 天津市宝坻区第一中学 |
| 静海区 | 天津市静海区实验中学 |

| 区县 | 学校 |
|------|------|
| 宁河区 | 天津市宁河区桥北街实验学校 |
| | 天津市宁河区潘庄镇朱头淀小学 |
| 武清区 | 天津市武清区杨村第八中学 |
| | 天津市武清区杨村第十小学 |
| | 天津市武清区杨村街第二小学 |
| 蓟州区 | 天津市蓟州区燕山中学 |

# 第三节　实践经验和效果评估

## 一、实践经验

首先，天津市青少年排球运动员在训练中可以观看其他队伍或者其他城市优秀排球队的比赛视频，总结他们在比赛中的技战术发挥，并将这些技战术运用在训练中，从他人的实践中借鉴优秀经验；其次，青少年排球运动员应根据教练员制定的针对性训练计划进行训练，队伍之间分组，通过模拟比赛等形式总结实践经验；最后，青少年在排球比赛中，对实际的比赛经验进行归纳总结，对于成功的经验予以巩固和发扬，在后续的训练和比赛中才能有更好的发挥，对于失败的比赛经验要在总结的基础上予以优化，从而在后续的比赛中能够在失败经验的基础上，采取相应的补救措施，扭转比赛局势，获得比赛的胜利。

## 二、效果评估

对参与天津市青少年排球比赛运动员的训练计划及比赛成绩进行搜集整理，根据实际情况设计调查问卷，通过对青少年排球运动员的经验调查，得出目前青少年排球运动员在训练和比赛中存在的问题，通过数据对比，体现训练效果与成绩之间的相关性，从而得出训练效果的评估。

1. 成都市排球活动月案例分析

（1）成都市排球活动月历史背景

成都市自"排球活动月"开展到现在以后近百年的历史，该项活动是在 20 世纪 50 年代所开展的"排球活动月"的基础上发展起来，参与的对象以中小学生为主，回顾这一项全市性体育活动发展的历史，给人留下深刻的印象。"排球活动月"是一些具有深远历史的体育项目，由校内的排球活动、各区县的排球交流活动到全市性的体育活动，涉及面积较广，覆盖面积较大，在成都市中小学体育活动中具有较强的代表性。

（2）成都市排球活动月的规模发展情况

成都市自开展排球运动项目以来，规模也在不断地扩大，中小学学生的参与人数也在逐渐提高，在排球协会精心组织下，"学生阳光体育排球活动月"开展了包括基层校园排球活动、各区县排球相关赛事、市中小学生排球冠军赛和锦标赛等系列活动。通过查阅关于《成都体育年鉴》发现，2000 年成都市排球活动已遍布成都市 20 多个区中的中小学，共计 400 所学校参与了大型的体育活动，参与人数达到了 26 万多人，如今已有 500 多所学校共计 45 万人的参与，其涉及面之大、覆盖面之广在中小学体育活动中具有很强的代表性。

（3）成都市排球活动月面临的挑战

通过对近几年中小学"排球活动月"开展情况的调查发现，如今成都市中小学"排球活动月"的发展呈现出分化的态势，小学中开展的效果越来越好，中学开展的效果越来越差，进一步调查发现，导致"排球活动月"越来越差的主要原因是中学生受到学习压力的影响，为了能够提升自身的文化成绩，不得不在文化课的学习上投入更多的精力及时间，加上中考体育项目中没有涉及此项目，学生为了能够在中考中获得较好的成绩，会将更多的时间及精力训练中考体育项目，从而导致中学生参与排球活动的频率越来越少。近年来成都市中学开展的排球活动呈现出单一的态势，排球运动在中学的发展面临着巨大的挑战。

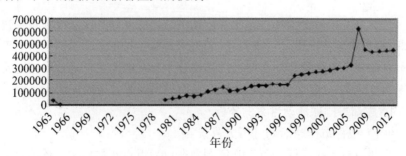

**图 1　成都市排球活动月开展参与人数趋势图**

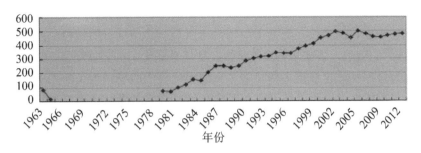

**图 2　排球活动月学校参与数量趋势图**

（4）"运动成都"第 39 届"学生阳光体育排球活动月"官方文件概述

总体目标：为认真贯彻落实《中共中央国务院关于加强青少年体育增强青少年体质的意见》、《国务院办公厅转发教育部等部门关于进一步加强学校体育工作若干的通知》、《学校体育工作条例》、《成都市体育条例》等文件的精神，以及相应三大球战略的号召，学校会设计出天天锻炼、健康成长、终身受益的目标，其主要的目的是为了能够让学生能够对排球运动月有进行深入的了解，提高其参与频率及时长，达到提高学生参与度及增强体质以及培养学生体育意识、运动水平、体质健康实现学生的全面培养。

活动内容及安排情况：整个活动安排共分为三个阶段，第一阶段中主要的任务是对排球运动进行宣传、进行基础的理论知识及技术练习、组织学生单项（发球、垫球）技术比赛、班（年）级对抗赛等活动；开展排球主题绘画、知识竞猜等活动。第二阶段中学校之间进行相互的交流，各区（市）县内组织排球比赛、题绘画、知识竞猜等活动，优胜者将有资格参加市级比赛。第三阶段中会进行排球活动月活动，其内容中包含学生排球集体操比赛。

活动的宗旨：为了响应振兴三大球战略的号召，促进排球运动在青少年中的发展，丰富中小学生的群体活动，培养青少年对排球运动参与的兴趣，学校部门树立"健康第一，终身受益的思想"，为推动我国排球运动的进一步发展，培养更多的排球后备人才。

（5）成都七中排球活动月的案例分析

成都七中是一所全日制的学校，在全国具有一定的国际影响力，也是教育改革的一面先锋旗帜。学校在学生综合素质培养、课程改革、创新人才基础培养以及推进现代化和国际化教育方面有着非常显著的成果，2000

年被四川教育厅评定为首批国家级的师范高中，也是教育部门确定国际师范性建设项目的学校。成都七中作为一所具有传统项目的学校，排球素有"校球"的美称，排球文化底蕴浓厚，是体育课程中的必修项目，学校中有着优秀排球队，也在诸多赛事中多次取得优异的成绩。为了深入了解成都七中排球情况，分别从排球文化历史传承、体育教学对排球活动月的推动作用、组织管理及影响三个层面对成都七中展开深入的研究。

①成都七中排球文化历史与传承

排球运动在成都七中的历史可以追溯至改革开放初期，成都七中在成都市相关部门的号召下，开始开展排球项目校园活动。1979—1989年是"成都市排球活动月"的快速发展时期，1979年成都七中启动了学校第一届排球活动月活动，至2018年已历四十届。受校园排球的影响，分别组建了男子排球队和女子排球队，也在比赛中取得了优异的成绩。20世纪末印度尼西亚排球队员到成都七中进行排球交流，开启了国际化的大门，之后学校男子排球队员代表中国参与亚洲青年的排球赛，推出了当时的排球明星（如男排主力副攻朱刚）。进入新时代后，排球运动在成都七中获得了持续发展，成都七中排球队的成绩进一步提升，队员也相继进入高水平的运动队。学校设立了专门进行排球活动的场地，并每年都会举办排球活动月，2017年实行一个校区一支排球队，2018年进行了模板化改革，教学中排球项目占很重要的位置，为成都市中的排球文化奠定了良好的群众基础。

| 项目 | 参与单位 | 赛制 |
|---|---|---|
| 班级排球比赛 | 全校所有班级 | 按年级性别分为六个参赛组别 |
| | | 每个组别分别进行小组赛-交叉赛-决赛 |
| | | 比赛采用三局两胜制，第一、二局19分 |
| | | 决胜局15分，每局领先两分获胜 |
| | | （排球队特产生限参加第一、三局比赛） |

图3　成都七中排球活动日赛制

| | 排球 | 篮球 | 足球 | 羽毛球 | 乒乓球 | 田径 | 武术 | 健美操 | 休闲体育 |
|---|---|---|---|---|---|---|---|---|---|
| 高一 | 选+必 | 选修 | 选修 | 选修 | 选修 | 选+必 | 选+必 | 选修 | 无 |
| 高二 | 选+必 | 选修 | 选修 | 选修 | 选修 | 选+必 | 选+必 | 选修 | 无 |
| 高三 | 选+必 | 选修 | 无 | 选修 | 选修 | 无 | 无 | 选修 | 选修 |

图4　体育教学模板化教学的内容设置

②体育教学对排球活动月推动作用

体育课改之前，成都七中的体育课程内容与其他的学校内容大致相同，以形制班为单位进行体育教学，教学的内容也是根据中小学体育教学大纲而设置，将排球作为必修、必练必考的项目，全校统一训练，逐渐形成了全校学生个个都会垫球的校园排球氛围。学校排球活动月也在学校也最受欢迎。从课改我们可以看出，虽然成都七中采用体育模板化的教学，却将排球运动作为体育课程中的必修项目，引导和督促学生学习，进一步的调查发现，该校采用此教学模式的原因在于，将排球设为必修项目能够提高排球项目在校园中的普及度，达到提高排球技能的目标，从整体情况看，模板式的教学不仅可以提高排球技能，还能够提高排球活动月的参与性及观赏性。

③成都七中排球活动月组织及管理

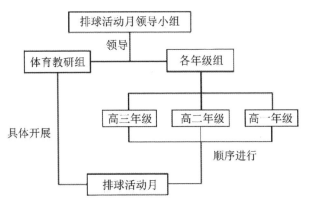

**图5　成都七中排球活动月组织管理示意图**

从成都七中排球活动月组织管理示意图发现，为了可以推动排球活动月顺利推行，专门设置了排球活动月小组，小组成员包含总务处、教育处、教务处、校团委相关领导；年级分管领导和年级组长；体育教研组长和全体体育教师。主要负责活动计划的制定、赛前准备、竞赛组织的任务。

# 第八章 结论与展望

> **本章提要：** 总结概括全书内容，提出展望。

## 第一节 结论总结与价值评估

天津市排球运动的发展是天津市体育事业发展的具象化体现，同时也是具有天津市地域发展特色的城市名片。2020年，天津市"排球之城"建设方案一经提出，便受到社会广泛关注，排球事业发展与排球文化建设是天津市体育事业迈向全新发展轨道的重要途径。2019年，习近平总书记在会见中国女排时便表示，要实现体育强国的宏伟目标，中国女排精神的弘扬与发展是必经之路。要将中国女排精神和中国体育精神相结合，树立文化自信与民族自信，开创新时代体育事业的新局面。"排球之城"建设的实施与发展，极大地推动了天津市排球运动与体育事业的发展。本研究以多重视角，分析探讨通过开展青少年排球运动来打造天津"排球之城""运动之都"的路径，研究结论如下。

（1）以宏观视角和微观视角分析天津市排球运动发展阶段。世界排球的发展史分为三个主要阶段：娱乐排球阶段、竞技排球阶段、现代排球阶段。我国体育发展史的阶段划分标准众说纷纭，一般来说，根据历史阶段和正式发展阶段进行划分，比较符合我国体育事业的发展特点。对我国排球运动发展史，不同的学者提出了不同的划分标准。天津市排球运动发展的阶段分为传入阶段（1905—1949）、推广普及阶段（1950—1965）、停滞阶段

（1966—1971）、恢复阶段（1972—1991）、崛起阶段（1992—2002）、稳定发展阶段（2003—2012）、全面发展阶段（2012 年—至今）。每一阶段的发展都见证了我国排球运动发展和天津市排球运动发展的艰辛和荣誉，以及排球运动员们不畏艰难、勇敢拼搏的排球精神。天津市排球运动发展与政治、经济和文化之间有着密不可分的联系，天津市排球运动的发展，为天津市民带来了巨大的荣耀，也扩大了天津排球在全国的知名度。天津女排一度成为天津的城市代言，为天津的城市推广发展起到了重要的促进作用。天津市各类排球运动和赛事的开展，满足了不同人群对排球运动的需求，同时也为天津市全民健身提供了良好的契机。排球运动是天津市经济发展的重要组成部分，经济发展水平越好，资金投入越多，排球场地设施越完善，排球运动的发展也就越好，也就能够更好地满足人民群众对排球运动的需求。天津女排经过几十年的艰苦奋斗而形成的女排精神，是天津市排球文化的核心。天津女排奋勇拼搏的精神为排球运动爱好者树立了积极正面的榜样力量，也塑造了健康正确的价值观，鼓舞着每一个人。天津女排精神滋养着每一位天津人，激发了天津市民对排球运动乃至体育运动高涨的热情，同时也促进了天津排球事业的发展。未来天津市排球运动将朝校园化、产业化方向更好更健康地发展。

（2）以培养的角度分析排球运动作用及不足，排球运动与青少年的人际交往能力、自我意识形成、青少年规范行为、青少年竞争意识等有着极大的关联。青少年排球运动具有教育特点、教改特点，能有效促进青少年的智力发展、情绪调控，有助于青少年培养良好的意志品质、提高自我价值感和社交能力。天津市青少年排球运动发展至今存在一些问题，包括对"排球之城"认知不足的问题、排球专项经费不足、排球师资力量欠缺、排球教材与训练大纲不够完善、排球建设的激励措施不够完善等。

（3）介绍天津"排球之城""运动之都"建设情况。当前天津市"排球之城"的主要任务包括全面提升天津市排球竞技水平，推广、发展和普及校园排球运动，开展职工排球活动，大力推动职工排球和气排球的发展、开展大众排球活动，丰富大众排球赛事活动、构建排球产业体系，打造排球竞赛体系、弘扬女排精神，积极推动排球运动的国际交流与合作、加强排球人才队伍建设、加强排球场地设施建设、建设排球科研阵地。天津"排球之城""运动之都"建设成果包括：以天津女排为核心，发挥"排球之城"的引领作用，以青少年为重点开展排球之城的校园工作、以大众为中心激发排球之城的活力、组建高水平的排球专业团队，扩展排球传统特色学校，加大天津市职工排球基地建设、加强校园排球建设、举办排球竞赛活动、加强排球文化建设、加大与科研单位的合作，积极推进排球之城的建设发展。

（4）深入剖析天津"排球之城""运动之都"建设的精神文化底蕴，以青少年排球运动建设为契机，青少年排球文化包括体育行为、排球规则、排球技术和排球规范等方面，通过青少年行为和行为方式体现出来，是联系物质文化和精神文化的形式，是青少年排球运动文化中关键的环节，是联系青少年排球运动物质文化和精神文化的纽带。青少年排球文化基本特征包括传承性、创新性、时代性与精神性。从女排精神历史演进的几个阶段具体分析女排精神文化的渗透：女排精神的萌芽（1972—1981 年）、中国女排精神的形成（1981—1986 年）、中国女排精神传承（1986—2012 年）、新时代女排精神的发展（2013 年至今）。新时代女排精神以祖国至上为核心、以团队协作为精髓、以顽强拼搏为实质、以女排精神为根本，全方位深化排球精神文化底蕴，为建设体育强国提供精神支撑、为坚定文化自信提供精神源泉。

（5）天津"排球之城""运动之都"路径规划，包括加强发展天津市青少年排球文化、开展青少年排球运动、引导业余排球队的组建和发展、注重排球文化传播趋势等多个层面。

（6）提出天津"排球之城""运动之都"政策建议和实施方案，包括加强政策引导，完善法规制度、加大投入力度，优化资源配置、创新人才培养模式、建立有效的宣传推广机制、树立品牌意识，定期举办排球赛事活动等。

（7）通过分析台山市成功打造"排球之乡"的案例分析，从中得到一定的启示，将天津市及其他地区青少年排球运动的实践经验进行总结与分享，提出实践经验与效果评估，为天津市"排球之城""运动之都"的建设发展提供经验借鉴。

天津市应当在"排球之城"建设的东风下，乘风破浪、抓住发展机遇，充分发挥天津女排精神、弘扬中国女排精神，丰富校园排球、竞技排球和大众排球的竞赛活动形式，构建完善的排球赛事体系；以政府为引导、以群众为基础、以校园为拓展、以竞技排球为突破点，全力推进天津市"排球之城"的建设与实施，形成具有地域文化特色的天津市城市文化特色，将排球作为天津市的城市活名片，将天津市的排球运动发展推向全国乃至全世界，实现天津市排球运动的健康可持续发展。

# 第二节　未来展望与挑战应对

建设"排球之城"是天津市排球运动项目发展的里程碑，排球运动的发展在一定程度促进了天津市整体经济与社会的发展，竞技排球为天津市的体育事业发展提供了巨大的助力。面对风云变化的世界排球运动发展，如何在现有排球运动发展基础上更好地应对挑战，成为天津市"排球之城""运动之都"建设发展亟待解决的问题。

1. 天津女排在国内和国际上具有一定的影响力，但仅靠天津女排的力量还远远不够，需要大力发展天津市男子排球队的运动水平，使天津市排球俱乐部的管理水平和排球品牌影响力不断扩大，进而带动整个天津市的大众排球与校园排球的发展。

2. 重视青少年排球运动的开展，包括排球传统特色学校的建设与发展，大力推进体教融合。在我国体育快速发展的过程中，曾有一段时期竞技体育与学校体育出现了脱离状态，在此之后，尽管学校体育快速复建，但是学校体育的水平较低。政府部门牵头引导体育部门和教育部门之间进行有效沟通，使竞技体育与学校体育合理融合，加强排球传统特色学校建设，并重视排球特色学校的教学质量，投入足够的经费支持排球传统特色学校的场地设施教学等方面的发展，使排球运动真正走向校园，让学生了解排球、喜欢排球并自发加入排球训练，为我国后备人才培养储备力量。

3. 需要完善排球后备人才培养体系。重视对青少年排球后备力量的培养，根据天津市各区的发展情况，建立小、中、大一体化的人才培养体系，并充实各地区的排球协会组织，扶持大众排球组织的建设与发展。以校园排球发展为重点，大力开展大众排球运动，增加排球市场与排球人口。促进竞技排球、校园排球与大众排球后备人才培养体系的建立。

4. 理顺各级赛事之间的关系，完善竞赛制度。明确小学、初中、高中以及大学四个阶段的校园联赛目标，鼓励学生积极报名参与全国排球赛事。同时政府牵头引导社会力量举办市级、区级的排球赛事，吸引全市排球爱好者参与排球竞赛活动，并举办不同群体和不同年龄阶段的赛事，以满足参与人群的差异性。排球赛事的举办，有助于带动全市排球运动水平的提升，助力天津市"排球之城"建设发展。

5. 加大科研和创新的扶持力度。竞技体育运动想要长远地发展，需要科学技术的支持。天津市排球之城的发展也同样需要加大科研投入，使训练方法和手段更加科学化、现代化，从而加快天津市排球运动的创新发展。

6. 重视排球文化建设。天津女排是天津市的城市名片，也是天津市排球文化的核心，要弘扬女排精神，加强排球文化建设，推动排球公益文化展览，提高全市人民的精神文明发展，助力"排球之城"的建设。

习近平总书记倡导建设社会主义现代化强国，实现体育强国目标，大力弘扬新时代女排精神。这样的时代发展背景下带给天津市的不仅仅是挑战，更多的是发展机遇。天津市应当在中国排球运动快速发展的道路上紧跟其后，大力建设与发展"排球之城""运动之都"，将天津市排球运动打造成具有地域特色的天津市城市名片。

天津及其他地区青少年排球运动的实践经验总结与分享

唐中林,王世伟（2023）经过研究，得出当代青少年学生的身心健康和体质健康的提升与排球运动的出现密不可分的绪论。为了提升青少年身体素质，经分析提出多条参考意见：

（1）教育部门：保障体育场地设施供应的及时，保障体育教师在排球运动课堂上的所有需要设施与教学工具，比如训练场地，竞赛场地等等，保障学校排球运动的基础设施建设，加强各级学校体育项目建设推进。继续实施全国体育教育方面教师的培养，要求学校体育教师不断学习理论知识，加强自身排球专业知识的累积。各级相关体育教育部门应加大对青少年排球运动技能的培养并定期查看训练结果。广泛开展青少年排球竞技比赛，通过比赛设置奖项吸引青少年积极参与，在比赛中获得好的成绩，另一方面提升青少年良好的心理素质的养成。

（2）学校：提高学校体育课堂的质量和课时，拒绝任课老师随意调课或是霸课行为，确保体育课可以按时上课。学校除了要保证学生按时上体育课，也要合理安排课后体育训练，同时对学校体育场地和体育器材要合理分配，确保学生可以有场地有设施有器材。

（3）教师:随着排球运动的不断发展,教师在传统教学模式的基础上,改变思路,结合当下排球运动的特点,寻找适合学生的排球运动训练方法。

从原来的主动交被动教改为主动学。教师在日常教学中注重学生的学习方向，根据学生的个体情况因材施教，激发学生对排球运动的兴趣爱好，建立公平公正的赛制鼓励学生踊跃参加。

（4）家长：在青少年成长的过程中，家长要树立好的榜样，不管是对待学习还是体育运动方面，青少年身心的健康发展离不开家长的陪伴和鼓励以及督促。闲暇时间可以和青少年一起参与各项体育运动，创造一个相对放松的环境给到青少年，培养和鼓励青少年进行体育锻炼的思想。

（5）青少年：合理安排学习和体育运动的时间，做好规划，主动参与学校的排球运动，积极训练，提高自我的身体素质和身体机能。将学习和体育做到劳逸结合，做好坚持不懈的心理建设。

张家衡（2023）以"排球之城"天津市 25 所排球传统特色校作为研究对象。通过文献资料法、问卷调查法、专家访谈法等研究方法，对当下的天津市 25 所传统特色学校现状开展调研，并且对调研中出现的问题进行研究与分析，提出一些建设性的意见和解决方案：

（1）天津市下发的第一批"排球之城"25 所排球传统排球学校，包括滨海新区 5 所、和平区 4 所、南开区 4 所、河西区 4 所、红桥区 4 所和津南区 4 所，里面包含了小学和初中。

（2）学校管理方面：各排球传统特色学校的校园管理机制中，都有比较健全的规章制度和比较完善的未来发展走向，并且各学校都比较重视，组建了领导带队的监管小组来监管排球的日常业务和球队管理。

天津市排球传统特色学校在校园管理方面较有特色，而且各学校都特别重视校园排球工作的开展现状和教学内容。校园排球体育课程不光合理安排课时，还增加用于教授排球知识的相关教材和书籍。日常课堂中教授的内容包括：基本技术、比赛规则、比赛得分规则、日常身体训练和素质提升等，课堂中采用多种教学方法将知识传授给学生，是细致讲解和亲身示范都是常用到的，学生也比较容易理解与学习。

校内排球队的组建有多种形式，有男、女排球队，有根据年级不同组建的年级排球队，还有以班级为单位的班级排球队，大多数的排球队都会分为男、女球队。对日常训练时长会有中学生和小学生的区分，不管球队的组建还是日常的训练模式或训练时长等，都由校内相对专业的体育排球老师们一起制定。

（3）文化宣传方面：天津市排球传统特色校的各个学校均重视和培养

校园排球文化的发展和建设，在校内设有专门的宣传栏，运用新媒体的媒介开展各种相关校园排球运动的宣传，将女排精神和排球运动的方方面面写成报告发布在校园官方网站上，并将学校排球取得的成绩和奖状发布于校园官网内。

（4）安全保障方面：学校领导特别重视排球训练中的安全问题，预防为主，加强排球体育老师和学生的安全教育和安全意识的养成。学校在安全管理上方面加强管理，应对训练或是比赛中的突发情况以及后续保障，完善场地和设施的安全性。

（5）排球经费方面：排球活动的经费是由相关教育部门下发补贴的，比如校园内的排球场地或是排球运动器材方面其实并不完善，经费其实很紧张。再者排球教师队伍的师资力量建设不雄厚，存在欠缺。所以天津市对于 25 所排球传统特色学校的教师队伍要完善，加快排球体育方面的教学和日常训练，要有规划、有目的地开展排球的各项活动，并且在资金上给予支持，还要完善排球传统特色学校的排球课程教材。

周云（2022）以四川大学生的排球比赛作为研究对象，采用文献资料法、专家访谈法、问卷调查法、数理统计法和逻辑分析法等方法，对参与过赛事的运动员和教练员，以及裁判员来进行研究分析，得出以下结论：（1）四川省大学生排球比赛的动力因素：内部因素有来自排球运动本身的动力，以及运动员和教练员的动力因素；外部动力因素首先是国家相关政策的出台推动和保障了排球运动的发展，还有就是学校支持和加大对排球运动的推进工作，再有就是家庭方面和社会方面的辅助作用。（2）排球比赛赛事的发展空间狭隘：排球赛事的宣传不到位，比赛中的公平公正原则有待加强，比赛过程中没有相应的赛制体系作为基础，排球活动的经费明显满足不了排球运动发展的需要，教练和裁判员的排球专业知识需要提升。此外，四川省大学生的排球比赛将各个高校与社会的结合融入比赛项目中，在赛事的发展和协调中构建可持续发展的赛事。得出以下建议：（1）在排球联赛的运作下，建立一套完善的比赛制度和严谨的监管制度，监管者要认真负责，面对出现的问题及时沟通解决，对排球运动做好监管。（2）关于排球赛制中裁判的选取问题要慎之再慎，裁判员在排球赛制中要为公平公正的赛制保驾护航，裁判员要始终牢记。（3）各地方的高校管理者要高度关注排球项目的发展，保障排球发展中需要的各项资源，比如经费等。对排球项目要加大宣传力度，进行多渠道宣传。在高校内选择排球运动项目各方面条件比较好的学生起到带头作用,也就是利用当下的"明星效应",提升排球运动的热度。(4)高校领导阶层要重视排球教练的培养,一支好的队伍"领头羊"的能力不可缺少。高校要针对教练员制定比较系统的规章制度,调整薪资待遇,还要定期对教练员进行排球运动的专项培训。(5)高校要定期举办排球项目的比赛,校园或是高校之间的比赛都可以,要始终关注运动员的参赛热情,支持高校学生积极踊跃的参加排球比赛。(6)四川省教育相关部门要帮助学校加大对排球体育运动的宣传,学校保障校园排球运动的持续发展,积极组织各高校排球联赛的各项事宜。(7)开展多渠道媒体助力,多方位宣传排球赛事,在宣传方面加大投入。

吴捷(2020)以开封市 4 所排球传统特色学校的 4 位教练员和 153 位排球参赛学生作为研究对象,综合采用文献资料法、访谈法、问卷调查发、数理统计法等研究方法进行调研。主要调研结果如下。(1)开封市 2000 年后设立的多排球传统项目学校,不仅通过了正式审批下来,还被一直保留下来。排球传统特色学校都有团队人数在 20 人左右的 2 支校园排球队伍。而且这些学校还在不断地培养排球运动员,提前储备人才壮大排球队伍。(2)开封市排球传统特色学校的教练员年龄层次普遍偏高,男教练员要多于女性教练员,排球教练员的执教年限平均 15 年左右,经验丰富,而且排球教练员个人的文化素质较高,都是本科毕业的二级运动员。(3)排球运动的参赛运动员男女比例不均衡,开封市排球传统特色学校的主要参赛年级分布在 2 年级和 3 年级,而绝大多数的学生并没有参与排球等级的评定。开封市排球传统特色的参赛学生对文化课的重视程度较低,学生的文化课水平没有拔尖的,大多数处在中间位置,不太理想。

通过调研得知,开封市排球传统特色学校设立的室外排球场地比较广泛,但是室内排球场地比较缺乏,学生对日常训练中的设施场地及配套措施存在一些意见,总体来说,学生的满意度比较持中,当然不太满意的学生也有。

开封市排球传统特色学校的排球经费并不富裕,有时存在经费紧张或是不足的情况,排球经费主要来源或学校的专款专用,或者是出现学生家长众筹,再者是社会相关机构赞助,就当前情况看,排球经费多数还是不足。

开封市排球传统特色学校的相关教练员在训练的选取教材上有着一定的局限性,虽然他们在制定训练内容和训练方法上是标准的,但是在一些细节的选取并没有很全面,如每天的训练总时间、每次训练时长或者训练周期等，因为训练时间不够细致导致会有一部分时间被浪费，所以在制定日常训练计划时，教练员要将训练课时和训练周期进行比较具体的划分，不断提升和改善训练计划或是训练的方法，争取尽可能完善每一项训练内容。教练员一方面应根据目前的训练需要去选取适合的教材，另一方面应打破传统，将理论与实际相结合，以提升学生的兴趣为主要方向。

开封市排球传统特色学校的排球运动员参与正规比赛的次数很少，缺乏比赛经验，在正规比赛中没有实战基础，所以在排球后备输送力度上明显不足。

关于开封市排球传统特色学校发展之路的建议：（1）定期组织学校之间的排球比赛，为排球运动员创造更多的比赛机会，可以按照不同年级，不同性别定期组织排球运动员的友谊赛，以增进彼此间的交流或是沟通。排球运动员在这种模式下可以更好地提升自身的专业水平，校区之前能够更好地输送排球文化。（2）排球教练员要在教学方面和专业能力方面不断提升，最好具备执教能力。在日常训练方面要根据运动员的自身差异选择更加适合的训练方法，达到最大的训练结果。（3）排球运动的训练场地和训练器材方面，要保障器材的日常维护和避免安全隐患发生，并且在训练物质基础方面保障资金的供给，具体落实到相关责任人身上。（4）关于资金供给不足方面，可以一方面借助政府的各项政策以及对校园排球的资金资助，另一方面可加强与社会企业的联系，引导企业走入校园参与投资，实现共赢的局面。（5）开封市排球传统特色学校可以引进排球运动方面的高级人才来校参与学校排球项目建设，对于高级人才除了要给予一定的高薪，还要开出一些比较吸引人才的发展待遇。而本校的排球教师也定期参加相关专业的培训，最好都是有执教等级的。（6）关于排球运动训练中的学生，因为男女比例失衡，女生参与的排球运动人数比较少，所以要尽可能提升女子排球运动的发展优势。

马喜云（2020）采用文献资料法等方法，以参加比赛中的运动员、教练员、裁判员为研究对象，针对目前甘肃省大学生排球联赛的发展现状进行综合研究分析，并对调查结果进行解析。

（1）甘肃省大学生排球联赛的内部动力指的是运动员、教练员和裁判员的自身因素；而外部因素范围较广，比如家庭方面、社会方面或是经济方面等等，都可作为外部动力影响着排球运动。内部动力和外部动力的结合是相辅相成、不可缺失的，将内部动力作为基础，外部动力为辅，致力于提升排球项目的发展创新。

（2）校内领导对体育项目的重视程度是该项目是否可以在校园普及的关键点，而排球运动是否可以在校园内广泛开展，也取决于校内领导的重视度。

（3）制约大学生排球联赛的因素是多方面的，如运动员自身对于排球联赛赛制的认知度不高，比赛中容易造成情绪不稳定，或者是参赛队伍参差不齐，人员混乱，没有组织纪律性。教练员方面执教经验是否不足，整体业务水平不高。

（4）在学校和政府相关部门的协作下，定期举办排球联赛，排球联赛需要的经费也是由相关政府单位拨款；运动员之间的团队合作以及优秀运动员的培养，都可以通过排球联赛培养出来。

针对结果提出以下建议：

（1）排球教练员在日常授课中，要根据学生的个体差异细致划分不同的受教内容；要引导大学生主动参与训练，并且在训练中尽可能提升身体的综合素质和专业技能；在高校校园中利用新媒体传播排球文化，激发大学生对于排球运动的好奇心，确保排球运动的宣传是丰富多彩的。

（2）政府部门要根据排球赛制的需要制定一套完整的政策，保障赛制的公平公正、合理合法，各高校都应当积极参与排球联赛，将排球联赛的成绩作为内部考核优秀运动员的指标之一，鼓励大学生运动员积极参与。教练员的选聘条件需要完善，不能以单独的联赛结果作为单一的参考条件。

（3）体育教师要摒弃以往的传统教学模式，让学生在趣味课堂中掌握排球运动的相关知识。转变大学生对与排球的认知，发展创新型教育模式。

（4）发挥政府的主导作用，借助社会机构的辅助作用，多方联合共同发展排球运动项目，促进大学生排球联赛的后续发展。

孙爽（2015）对济南市小学生课余时间用于排球训练的现状展开调查，并对调查结果进行研究，指出当前济南市小学生课余排球运动方面存在的问题，给出以下观点。

济南市作为山东的省会，是一座集教育和经济共同发展的一体化城市，它不仅拥有很多的教育资源，也吸引了很多的人才。济南市教育局、体育局都非常重视校园排球的教学，目前学校排球的基础设施可以保障学生的日常训练需要，而且相关的教材方面也比较专业，但是因为校园体育项目种类繁多，校园排球的影响力有被低估，而且资金供给不足，这些都制约着校园排球的发展。

济南市小学的排球运动员虽然经过排球运动的训练，提高了自身的机能，但因为是课余排球运动，所以参与排球比赛的次数很少或者没有，而这些排球运动员的文化课成绩不是很突出，需要加强文化课的学习。

济南市小学的排球教练员在年龄方面以中年为主，有少部分是青年，身体素质还是比较好的。教练员方面会有针对性的训练方法，因为每个学生自身的身体差异，所以教练员在教材选取方面也会适当进行对比。虽然教练员的身体素质不错，但是也需要进行专业和理论知识的培训，以及提升自身的职称。

有关济南市小学课余排球发展的因素影响，需要对存在的优势和不足之处进行细致分析，针对分析结果进行合理整改和加强。

济南市小学课余排球训练的总体情况并不令人满意，真正参与训练的人数明显不足，而且人员分布不均衡，有的队伍人数过多有的太少，可以用于人才储备的排球运动员质量太低。

作者提出发展对策：（1）针对小学课余排球教练员的执教水平，可以采用多项政策用来引进专业人才；提高教练员的薪资水平；可以将退役的专业排球运动员招揽进来，给他们合理的教学空间；加大对排球教师的业务培训，提升其执教水平和自身的专业水平。（2）对不同年级的排球运动员，教练员们需要制定多变的训练内容，以训练结果作为参考数据，用来提高训练计划的创新。

占嘉嵘（2022）采用文献资料法、调查法、数理统计法、问卷调查法等多种方法，对台山大众排球运动的发展影响进行研究，并得到以下结论。

（1）大众排球运动的历史由来已久，它是一种地方属性的民俗运动，具有当地特色，作为一项健身运动，既包含娱乐性又可以开展运动，所以，大众排球运动对于当地人来说，也是闲暇时间的一种娱乐健身方法。

（2）大众排球运动在地域文化视角中的发展形势，结合当下所有的体育运动项目来看，我国在体育基础设施方面基本涵盖了所有项目。然而排球场地设施虽足，但是承办的排球赛事很少，球队或是队员之间想要交流排球运动的比赛经验是无法达到的。政府部门要加强关于大众排球的宣传，因地制宜出台相关政策，用于辅助大众排球的推广和科学发展，对于大众排球的发展要有长远的科学眼光。

（3）大众排球运动的发展，因为享受了地域文化的厚待，所以大众排球文化发展历史中不断得到先天条件的加持。许多华人华侨通过参赛或是观赛，领略大众排球的魅力所在，并且为大众排球的发展贡献自己的力量，其中之一就是为大众排球的发展提供物质基础，增加基础设施或是场地设施等。正因为有了华人华侨的加入，大众排球的发展才会走入新的发展阶段。大众排球运动的民俗文化既提升了区域文化，也影响排球运动的发展，是自身特有的一种民俗文化运动的体现。

（4）大众排球运动在我国的发展除了受到地域文化的影响，也和城市经济发展水平相关联，所以每个地方大众排球运动发展是有差异性的。当然不管发展目标如何，各级政府部门应当制定相关政策，以保障排球运动的发展，结合现状，将本区域的民俗文化和体育运动相结合，打造属于自己的大众排球运动。

作者结合上述内容提出以下建议：在发展大众排球运动的基础上和当地的地域文化相结合，不仅可以实现大众排球的发展，还为大众排球的发展注入动力；将台山市各级各部门之间的工作相互细致化，既纵观全局又细致入微，加强部门合作开展工作；

加大对台山大众排球的宣传，按照宣传周期进行特定的文化宣传和体育运动宣传。

金铄（2023）采用文献资料、专家访谈法、问卷资料法、逻辑分析法等方法，对影响江西省大学生排球联赛开展的主次要因素和一般因素进行调查分析，情况如下。

（1）江西省每年都会有大型的排球竞技比赛，其主办单位多数都是由政府主导，如江西省教育厅主办的江西省大学生阳光体育竞技赛中的大学生排球比赛，江西省人民政府每四年都会举办的省运会所包含排球竞技比赛等等，从这些排球比赛中发现优秀运动员，为我国的培养排球后备人员做贡献。

（2）江西省大学生排球联赛举办的资金主要是由当地政府和各级相关单位拨款，赛制合理，联赛赛程公平公正；排球运动员的整体数量较之前呈上升趋势，但是缺乏高质量的队伍和排球运动员；排球队伍之间友好竞争。

（3）影响大学生排球运动比赛的因素除了运动员自身因素，还有缺乏资金支持，资金缺失不仅限制了排球运动场地设施的更新和日常维护，也影响大学生排球运动的推广；教练员的专业能力不足，执教能力欠缺；各高校的领导对排球运动的重视程度不一样，所以对排球运动的支持度也不一样；各高校排球运动的教学模式不同，传统教学模式在很大程度上制约排球发展，难以提升学生学习的积极性；排球竞技比赛经验的缺乏会对运动员的心理造成恐慌，缺乏团队意识；排球运动对运动员自身的身体有着较高的要求，很多学生在这方面基础薄弱，很难胜任。

（4）高校排球运动场所的基本设施可以满足日常训练，但是场地设施没有维修或是更新，在比赛中存在隐患。

（5）江西省大学生排球比赛既是展示排球运动技术的平台，也是提升自身竞技能力的平台，运动员参与排球比赛的同时可以积累比赛经验。

针对上述问题作者提出以下建议：各高校在教授排球理论知识的同时也要组织相应的排球竞技比赛，目的是激发学生的参与兴趣，并且排球联赛可以当作宣传排球运动的一种方式，吸引大学生参与进来；针对目前高校排球运动场地的设施老旧等状况，可以分别建立室内和室外的排球场地，以满足不同需求，还可以将室外场地进行细致划分，同时容纳多种不同的体育运动项目，避免造成资源浪费；为了促进高校排球运动的开展，传统教学模式需要创新改革，调动学生学习的积极性和主动性，在授课时利用学生的个体差异性实行分类教学，便于学生理解掌握；排球教练员的业务水平要根据需要不断优化和提升，使其做到排球专业水平拔尖，业务水平全面，训练方式科学；注重高水平排球运动员的培养，为排球竞技比赛培养后备人才，排球运动员需要参加高水平的竞技比赛，用来提升专业水平和自身综合素质。

# 参考文献

［1］艾京科. 广西"国标"气排球发展趋势研究［J］. 体育视野，2022，（14）：26-28.

［2］毕玉娟."排球之城"背景下天津市排球文化建设研究［A］第十三届全国体育科学大会论文摘要集——墙报交流（体育社会科学分会）［C］. 中国体育科学学会，2023：4.

［3］毕玉娟."排球之城"背景下天津市排球文化建设研究［D］. 天津：天津体育学院，2023.

［4］蔡聪彬. 青少年气排球发展现状及对策探析［J］. 文体用品与科技，2022，（23）：150-152.

［5］蔡嘉欣，徐开娟，黄海燕. 墨尔本全球体育城市建设经验及其对上海的启示［J］. 体育科研，2018，39（06）：41-47.

［6］蔡勇. 大数据对排球运动发展的影响研究［J］. 文体用品与科技，2023，（24）：127-129.

［7］蔡宗森，邱霞，余央. 健康中国背景下青少年气排球训练体系探究［J］. 文体用品与科技，2022，（24）：118-120.

［8］曹庆荣，齐立斌，雷军蓉. 论体育城市品牌构建［J］. 体育文化导刊，2018，（01）：18-21.

［9］常磊. 我国气排球运动发展的现状及趋势［J］. 体育视野，2023，（24）：32-34.

［10］陈丽怡，张尧. 青少年排球运动员体能训练方法优化措施探讨［J］. 健与美，2022，（06）：100-102.

［11］陈林华，刘东锋."欧洲体育之都"评选促进体育城市建设实践经验与启示［J］. 体育文化导刊，2020，（06）：40-46+91.

［12］　陈圣逸．浙江省青少年排球运动后备人才可持续发展问题研究［D］．南昌：南昌大学，2019．

［13］　陈世伟．"双减"政策下西安市中学校园排球发展策略研究［D］．西安：西安体育学院，2023．

［14］　陈铁成，汪焱，褚斌．排球运动文化的内涵与特征［J］．福建体育科技，2016，(03):6-8.

［15］　陈先华．气排球运动在自贡市的推广与发展［J］．拳击与格斗，2021，（08）：120-121．

［16］　陈彦泽．山东省青少年排球教练员队伍现状及发展对策研究［D］．曲阜：曲阜师范大学，2015．

［17］　陈泽辉．全国排球之乡—广东台山大众排球运动衰退影响因素的分析研究［D］．昆明：云南师范大学，2015．

［18］　程汝孟．山东省女子沙滩排球后备人才的培养模式研究［D］．山东：山东师范大学，2019．

［19］　崔宁宁．河南省青少年排球后备人才培养模式调查研究［D］．新乡：河南师范大学，2019．

［20］　崔扬．世界排坛的发展趋势"大型、全面、多样"［J］．西安体育学院学报，2018，(01)：77+76.

［21］　戴彬，钟婷婷，张继尧．排球运动中情绪体验对青少年一传效果的影响［A］第七届中国体能训练科学大会论文集［C］．中国班迪协会、澳门体能协会、广东省体能协会，广东省体能协会，2022：5．

［22］　邓之飞．青少年排球训练现状及实践步骤研究［J］．拳击与格斗，2022，（04）：37-39．

［23］　丁海波．中小学体育健康课程开设气排球的可行性研究［J］．当代体育科技，2017，4(18)：54-55．

［24］　丁艺轩．排球初学者垫球辅助练习器［J］．青少年科技博览，2022，（05）：9-10．

［25］　奋力书写中国式现代化体育强市新篇章［N］．天津日报，2023-02-13（006）．DOI：10.28789/n.cnki.ntjrb.2023.000609．

［26］冯丽蓉．体教融合下成都市中小学排球训练体系重构［D］．成都：成都体育学院，2023．

［27］冯泽凯，张凯，周树民．内涵与嬗变：女排精神的诠释——基于 1981—2019 年《人民日报》的内容分析［J］．四川体育科学，2024，43（01）：15-20．

［28］高新俊．符号学视角下对中国女排精神文化效力的研究［D］．天津：天津体育学院，2023．

［29］葛香香．全民健身战略背景下排球赛事发展策略研究［J］．文体用品与科技，2023，（24）：46-48．

［30］龚德贵．论排球运动的社会文化意义［J］．体育学刊，2021，(01):39-40+46．

［31］顾问．排球运动对青少年健康体适能及心理健康的影响研究［J］.冰雪体育创新研究，2023（08）：179-181．

［32］郭星原，张媛．浅谈排球运动与青少年学生个性发展［J］．体育世界(学术版)，2017，(08)：41-43．

［33］国务院办公厅关于印发体育强国建设纲要的通知［J］．中华人民共和国国务院公报，2019，(26)：6-13．

［34］还谷威，叶巍.TPSR 教学模式推动高校排球公体课程思政教育研究——基于"女排精神"融入课堂的思考［J］.体育科技文献通报，2022，30（10）：143-147．

［35］韩静，王红娟．我国排球的文化内涵及社会价值研究［J］.体育风尚，2021，（06）：5-6．

［36］何玉新.天津女排一支球队的城市精神［N］.天津日报，2024-03-12（009）．

［37］贺莉.排球运动的特点以及发展趋势分析［J］.体育视野，2021，（01）：63-64．

［38］洪庆.我国青少年排球发展的优化路径［J］.湖北体育科技，2023，42（08）：706-708．

［39］侯海波，李桂华，宋守训，王跃新，常利华．国外竞技体育强国

后备人才培养体制及启示[J]. 上海体育学院学报，2015，(04)：1-5+15.

[40] 黄昌光. 中国排球文化结构的审视与发展[J]. 文体用品与科技，2021，（06）：120-121.

[41] 黄国阳. 体能训练在高校气排球运动中的训练探析[J]. 冰雪体育创新研究，2021，（15）：75-76.

[42] 黄莉. 为何女排精神能入选中国共产党的精神谱系？[A]第十三届全国体育科学大会论文摘要集——专题报告（体育史分会）[C]. 中国体育科学学会，2023：3.

[43] 黄伟锋. 广东省台山市中青年参与排球运动的行为特征研究[D].广州大学，2022.

[44] 黄卓帆. 广州市校园排球推广学校发展现状研究[D]. 广州：广州大学，2022.

[45] 黄祖浩，杜宁. 影响我国气排球运动发展因素研究[A]第十三届全国体育科学大会论文摘要集——墙报交流（体育史分会）[C]. 中国体育科学学会，2023：3.

[46] 黄祖浩，杜宁. 影响我国气排球运动发展因素研究[A]第十三届全国体育科学大会论文摘要集——墙报交流（体育史分会）[C]. 中国体育科学学会，2023：3.

[47] 纪增长. 我国排球"后备人才基地"女排身体素质与专项技术特征研究[D]. 福建：福建师范大学，2020.

[48] 姜学森. "体教融合"及"双减"背景下中国校园排球训练发展的建议[J]. 内江科技，2023，44（12）：31-32+72.

[49] 蒋晨曦. 女排精神融入大学生思想政治教育研究[D]. 天津：天津工业大学，2021.

[50] 金思琪. 新时代弘扬"女排精神"对实现"中国梦"的作用研究[D]. 厦门：集美大学，2019.

[51] 靳小雨. 质疑、思辨与创新发展：构建现代竞技排球专位技战术分类新体系[J]. 山东体育学院学报，2023，39（03）：81-88.

[52] 康帆，孙杰. 校园排球文化的结构审视[J]. 山西师大体育学院

学报，2019，24(02)：50-52.

［53］孔年欣，柳鸣毅，但艳芳，敬艳. 中国"女排精神"的发展历程、基本内涵与传承路径[J]. 成都体育学院学报，2022，48（05）：59-64+96.

［54］劳洪涛，高飞，田晓亮. 新时代女排精神传承的困境与纾解路径[A]第十三届全国体育科学大会论文摘要集——专题报告（体育史分会）[C]. 中国体育科学学会，2023：3.

［55］李国梁. 课程思政视域下"女排精神"融入高校排球课的实践路径研究[A]第十三届全国体育科学大会论文摘要集——墙报交流（体育史分会）[C]. 中国体育科学学会，2023：3.

［56］李宏然，关景军. 文化势能视域下"一带一路"国际排球赛事语言服务提升路径研究[A]第十三届全国体育科学大会论文摘要集——书面交流（体育信息分会）[C]. 中国体育科学学会，2023：1.

［57］李欢. 四川省南充市气排球运动可持续发展研究[D]. 成都：成都体育学院，2023.

［58］李慧，李红霞，杜雅，邹秀春，张凯. 女排精神的演进逻辑与价值意蕴[J]. 成都体育学院学报，2022，48（05）：53-58.

［59］李金，罗心蕊，蔡峰，苏斌，许思毛. 中国女排精神的发展历程与价值旨归——基于电影《夺冠》的体育叙事[J]. 南京体育学院学报，2021，20(06)：29-34.

［60］李娟，孙敬，齐芳. 天津女排核心竞争力评价模型的构建与应用研究[A]天津市社会科学界第十四届学术年会优秀论文集：加快构建中国特色哲学社会科学 推进"五个现代化天津"建设（中）[C]. 天津市社会科学界联合会，天津市社会科学界联合会，2018：10.

［61］李娟，徐莉. 新时代天津市排球进校园：价值定位、现实困境与优化对策[A]第十二届全国体育科学大会论文摘要汇编——墙报交流（学校体育分会）[C]. 中国体育科学学会，2022：3.

［62］李莲珠，徐长红. 女排精神的传承与弘扬：基于体育档案的管理[A]第一届湖北省体育科学大会论文集（第二册）[C]. 湖北省体育科学学会，湖北省体育科学学会，2023：3.

[63] 李亮. 历史回顾、现实机遇与未来选择：论中国女排国家形象的媒介呈现[J]. 南京体育学院学报，2023，22（12）：9-15.

[64] 李敏. 青少年排球运动可持续发展战略研究[J]. 青少年体育，2019，（05）：73-74.

[65] 李淑玲，边永红. 女排精神在体育文化建设中的价值及影响[J]. 内蒙古民族大学学报（自然科学版），2023，38（04）：382-384.

[66] 李文学. 体教融合背景下天津市高校排球队高质量发展的研究[D]. 哈尔滨：哈尔滨体育学院，2022.

[67] 李晓琨. 女排精神缘起、演进、传承与新中国发展历程的多维契合[J]. 北京体育大学学报，2023，46（09）：142-152.

[68] 李艳芸. 沈阳市气排球运动发展现状研究[D]. 兰州：西北民族大学，2021.

[69] 李禹诺. 基于SWOT-AHP分析的黑龙江省普通高校气排球运动发展研究[D]. 大庆：东北石油大学，2023.

[70] 李长江. 体育电影《夺冠》：中国女排精神的影视书写与表达[J]. 影视制作，2023，29（06）：90-93.

[71] 连政. 2021年全国学运会高校男子组排球决赛队伍（高水平组）的调查研究[D]. 南昌：南昌大学，2022.

[72] 廖芳芳. 江西省高校教职工气排球运动开展现状与对策研究[D]. 南昌：华东交通大学，2021.

[73] 林楠，史友宽. 由"金牌至上"到"拼搏至上"：中国女排精神的价值回归——基于2000—2022年《人民日报》文本分析[A]第一届湖北省体育科学大会论文集（第一册）[C]. 湖北省体育科学学会，湖北省体育科学学会，2023：3.

[74] 林伟，连道明. 林伟;连道明. 中国梦背景下的女排精神研究[M]. 厦门大学出版社：202012.231.

[75] 凌国钊，郭鼎文，盖洋. 我国青年女子排球运动员的身体形态和专项身体素质[J]. 体育学刊，2017，(02)：113-116.

[76] 刘红，肖静雅. 排球城建设进程中漯河市中学排球开展现状的调

查研究［J］中国学校体育，2012，（S2）：4-5.

［77］ 刘艳．改革开放以来我国学校体育发展历程及经验启示［C］//. 2020 年体育史年会论文摘要集，2020：29-30.

［78］ 刘颖婷.四川省竞技排球后备人才培养分析研究［D］.成都：成都体育学院，2021.

［79］ 卢梓华.台山市全国青少年校园排球体育传统特色学校发展现状研究［D］.广州：广州大学，2022.

［80］ 芦树宝.2015 年女排世界杯一攻系统对中国青少年排球发展的影响分析［D］.大连：辽宁师范大学，2016.

［81］ 马新阳．从体育到体娱——洛杉矶体育城市建设的历程、经验与启示［J］.浙江体育科学，2022，44(01)：20-27.

［82］ 毛亚杰．青少年排球运动可持续发展战略研究［J］.当代体育科技，2020，10（01）：211-212.

［83］ 毛艺谋.四川省青少年女子沙滩排球后备人才培养研究［D］.兰州：西北民族大学，2021.

［84］ 孟祥.体教融合视域下海南省校园排球体育传统特色学校排球运动发展路径研究［D］.海口：海南师范大学，2023.

［85］ 牟羿名．我国竞技体育后备人才培养的演进历程与展望［J］.当代体育科技，2023，13(06)：195-198.

［86］ 宁广靖.津城赛事经济催热"运动之都"［N］.天津日报，2023-10-26（009）.

［87］ 牛海英，孙杰．排球文化元素审视［J］.甘肃高师学报，2018，16(02)：110-112.

［88］ 潘梅，张玮玮.体育元素融入高校思政课程的创新思考——以女排精神为例［J］.大学，2023，（31）：93-96.

［89］ 潘迎旭．我国排球运动可持续发展的理论研究［D］.北京：北京体育大学，2018.

［90］ 拼搏奋斗以女排精神凝聚强大势能［N］.天津日报，2020-10-03（001）.

[91] 秦浩. 新中国成立后我国竞技体育的发展历程及未来展望[A]2021中国体育史年会 暨国家社科基金重大项目"中华人民共和国体育史研究（1949-2019）"学术研讨会论文摘要集[C]. 国家体育总局体育文化发展中心、中国体育科学学会体育史分会，国家体育总局体育文化发展中心,2021：1.

[92] 任思缘,韩颜羽,杜宁. 国际排球专项体能训练发展研究——基于Citespace的可视化分析[A]第十届中国体能训练科学大会论文集（下）[C]. 中国智慧工程研究会、中国班迪协会、广东省体能协会，广东省体能协会，2023：8.

[93] 桑留成. 江苏省排球后备人才培养现状及协同策略研究[D]. 南京：南京师范大学，2021.

[94] 施永健.青少年排球训练中的常见问题和解决策略[J]. 体育风尚，2023，（11）：53-55.

[95] 石佳磊.陕西省气排球运动发展现状研究[J]. 科技资讯,2022,20（10）：220-222.

[96] 石磊. 辽宁省排球运动后备人才培养的现状分析及对策研究[D].吉林：东北师范大学，2015.

[97] 石松源，王祥. 基于大数据背景下的甘肃省青少年排球发展模式构建[J]. 中国包装，2018，38（03）：84-86.

[98] 石智涵. 体教融合视域下我国小排球运动发展策略研究[D].太原：山西大学，2022.

[99] 史文亚，邢荣鑫，王宁，蒿莹莹. 思政背景下"女排精神"融入高校排球普修课程路径探讨[J]. 科学咨询（科技·管理），2023,（12）：220-222.

[100] 舒为平，李军，王世伟，李方姝，石翔宇. 改革开放40年中国女排的发展历程与时代意义[J]. 成都体育学院学报，2018,44(06)：18-23.

[101] 宋爱菊,刘琪. 青少年排球战术意识的训练探究[J]. 体育风尚，2022，（11）：110-112.

[102] 苏玉凤. 排球文化的特性及社会价值探析[J]. 南京体育学院

学报(社会科学版)，2017，(04)：34-37.

［103］孙铭聪，王勇. 青少年排球可持续发展战略研究[J]. 青少年体育，2015，（10）：10-12.

［104］谭小勇，成瑜，张程龙. 上海建设全球著名体育城市语境下体育法治建设的探索[J]. 体育科研，2021，42(01)：43-51.

［105］天津市人民政府办公厅关于印发天津市"运动之都"建设行动方案(2022—2030 年)的通知[J]. 天津市人民政府公报，2023，(Z2)：41-46.

［106］天津市人民政府办公厅关于印发天津市加快推进"排球之城"建设实施方案(2021—2030 年)的通知[J]. 天津市人民政府公报，2021，(15)：2-6.

［107］涂迪. 中国排球运动项目协会运营模式研究[D]. 成都：成都体育学院，2021.

［108］万桂春. 排球竞赛规则 60 年（1947—2007）发展变化研究[D]. 江苏：苏州大学，2019.

［109］王博文. 黑龙江省普通高校气排球运动开展现状及发展对策研究[D]. 哈尔滨：哈尔滨师范大学，2022.

［110］王国宇，李永平. 运动之都背景下智能体育场馆发展路径研究——以天津市巫师运动方形运动中心为例[A]第十三届全国体育科学大会论文摘要集——墙报交流（体育产业分会）[C]. 中国体育科学学会，2023：2.

［111］王海燕. 我国排球二线后备人才地域分布特征[J]. 科技信息(学术研究)，2017，(32)：238-239.

［112］王宏伟.《体育强国建设纲要》深度解读及其对我国青少年体育发展的战略启示[J]. 田径，2024，(08)：39-41.

［113］王佳佩. 女排精神的内涵与时代价值[J]. 体育视野，2023，（17）：1-3.

［114］王晶. 中国女子排球竞技体育后备人才现状研究[D]. 北京：首都体育学院，2018.

［115］王珏. 论核心力量训练对排球技术发展的重要性［J］. 体育世界，2024，（01）：116-118.

［116］王立华. 探析影响我国排球文化发展的外部动因［J］. 体育世界(学术版)，2018，(10)：8-9.

［117］王立华. 我国排球文化结构的初步探析［D］. 北京：北京体育大学，2019.

［118］王琳琳，祝凯. 漯河排球城建设现状调查［J］. 少林与太极（中州体育），2011，（10）：36-38.

［119］王飒. 现代排球运动员的体能特征及其训练研究［J］. 体育风尚，2020，（12）：228-229.

［120］王文华. 合肥市气排球运动开展现状与发展对策研究［J］. 安徽体育科技，2021，42（04）：67-69.

［121］王先驰，梁辰，温亦馨. 青少年排球规则：美国经验及启示［A］第十三届全国体育科学大会论文摘要集——书面交流（运动训练学分会）［C］. 中国体育科学学会，2023：2.

［122］王鑫. 排球规则改变对排球运动发展影响的研究［J］. 文体用品与科技，2020，（21）：142-143.

［123］王旭阳，古松，陈冰婉. 科学技术助力对青少年排球发展的探讨［J］. 青少年体育，2022，（06）：71-72+64.

［124］王永顺，姜宇航，杨毅祥. 世界女子排球职业赛事发展的历程、困境与启示［J］. 天津体育学院学报，2023，38（03）：342-346.

［125］王越茂华，乔昕鹏. 校园排球对青少年体育素养的提升研究：以石嘴山市第一中学为例［A］第十三届全国体育科学大会论文摘要集——墙报交流（学校体育分会）（五）［C］. 中国体育科学学会，2023：2.

［126］王真真，漆昌柱，张大超. 女排精神媒介记忆的官方话语建构与实践取向——以《人民日报》（1981—2020）的报道为例［J］. 武汉体育学院学报，2023，57（01）：27-33.

［127］王征宇，邓飞. 青少年排球运动员体能训练特征研究［A］2023年全国运动训练学学术研讨会论文摘要集（墙报交流）［C］. 中国体育科学

学会运动训练学分会，中国体育科学学会，2023：2.

　　［128］魏智丰，王子朴，李子豪，姜文宇. 优秀青少年男排运动员基本动作模式的运动功能障碍特点及训练需求分析[A]第十三届全国体育科学大会论文摘要集——专题报告（运动训练学分会）[C]. 中国体育科学学会，2023：3.

　　［129］吴昊天. 全民健身背景下广州地区职工气排球运动开展特征及对策研究[D]. 广州：广州体育学院，2023.

　　［130］吴来文. 青少年排球运动员赛前目标定向、竞赛焦虑与比赛成绩的关系研究[D]. 兰州：西北师范大学，2022.

　　［131］吴美霖，孟晓. 影响青少年排球运动员稳定性的因素分析[J]. 产业与科技论坛，2022，21（09）：100-101.

　　［132］吴佩璋. 浅析排球教学中存在的问题[J]. 安徽体育科技2016，(02)：55-58.

　　［133］吴天昊. 中国排球文化演进研究[D]. 天津：天津体育学院，2021.

　　［134］吴小朋. 天津市排球运动的发展历程研究[D]. 天津：天津体育学院，2023.

　　［135］武凤珠. 女排精神助力青少年成长——访中国中学生体育协会排球分会秘书长、北京景山学校副校长刘洋[J]. 人民周刊，2022，（21）：49-50.

　　［136］夏静，李赞，谭洋洋. 我国竞技体育竞赛体制改革的发展历程、模式优化及前瞻思考[J]. 天津体育学院学报，2022，37(01)：80-86.

　　［137］肖焕禹，李文川，方立. 上海建设国际知名体育城市研究[J]. 体育科研，2016，31(02)：1-6.

　　［138］肖静雅. 在排球城建设进程中漯河市区中学排球开展现状的调查研究[D]. 河南：河南大学，2012.

　　［139］辛付浩，汪流. 历史与记忆：女排精神的社会记忆构建研究——以《人民日报》中国女排的报道为例[J]. 南京体育学院学报，2023，22（12）：1-8.

[140] 辛玲，张孔军. 校园排球发展的机遇、问题及其发展模式研究[J]. 当代体育科技，2023，13（21）：156-160.

[141] 徐艳，张亚琼. 女排精神融入高校课程思政的研究[J]. 高教学刊，2023，9（17）：66-70.

[142] 许冬明. 安徽省排球竞技后备人才培养现状与可持续发展的研究[D]. 江苏：扬州大学，2015.

[143] 许珂，冯斌，孙昌辉，陈月. 融合中国女排精神培养高校国际化人才的探索研究[J]. 公关世界，2022，（24）：87-88.

[144] 许瑞勋，汪全先. 排球运动文化的概念、研究进展及研究趋势[J]. 河北体育学院学报，2018，(01)：12-14.

[145] 薛砚丹. 天津市共青团系统协同治理青少年体育活动的对策研究[D]. 天津：天津体育学院，2023.

[146] 闫昕. 北京市青少年排球培训教练员的职业生涯管理与工作体验研究[D]. 北京：首都体育学院，2022.

[147] 严德一. 影响中国竞技体育后备人才资源开发的主要因素[J]. 武汉体育学院学报，2015，(07)：7-10.

[148] 杨朋飞. 人口老龄化背景下河南省老年气排球运动的开展现状及发展对策研究[D]. 天津：天津体育学院，2023.

[149] 杨萍. 排球运动发展与训练模式探析[J]. 当代体育科技，2021，11（24）：45-47.

[150] 杨涛，李军，易凤. 改革开放 40 年来我国学校体育发展历程与展望[J]. 田径，2021，(12)：75-77.

[151] 杨阳. 上海市竞技排球后备人才培养模式研究[D]. 上海：华东师范大学，2015.

[152] 杨一芃. 北京市东城区中学排球课程开展情况的调查研究[D]. 北京：北京体育大学，2016.

[153] 杨毅祥. 美国女子排球职业赛事发展研究[D]. 福州：福建师范大学，2022.

[154] 杨玉瑛. 深圳市高端排球赛事社会效益的研究[D]. 深圳：深圳

大学，2018.

[155] 姚欣怡. 铜仁市校园排球特色学校排球文化建设研究[D]. 贵阳：贵州师范大学，2023.

[156] 叶婷婷，李焕玉. 湖北省青少年排球发展现状的调查研究[J]. 文体用品与科技，2014，（14）：17-18.

[157] 殷浩. 青少年排球训练中接发球技术训练方法探究[J]. 文体用品与科技，2022，（19）：104-106.

[158] 殷洁森. 新时代女排精神践行路径研究——以媒介报道为中心的考察[J]. 南京体育学院学报，2022，21（07）：21-26.

[159] 尹作亮，戴俊，王立杰. 建党百年学校体育价值取向的变迁历程、特征与路径选择[J]. 体育文化导刊，2022，(03)：91-97.

[160] 游伟东. 青少年排球运动中的战术教学与训练方法研究[J]. 拳击与格斗，2022，（07）：43-45.

[161] 于雅光，蒋家珍，钟秉枢. 排球的城市化、品牌化——以天津女排为例分析中国地方排球队的发展[A]第九届全国体育科学大会论文摘要汇编（3）[C]. 中国体育科学学会（China Sport Science Society），中国体育科学学会，2011：2.

[162] 袁凤姣，王健，陶岩. 将"女排精神"融入"体育思政"——中小学"体育思政"教学理念与实践路径[A]第十三届全国体育科学大会论文摘要集——墙报交流（学校体育分会）（二）[C]. 中国体育科学学会，2023：3.

[163] 袁威. 可持续发展视角下天津市女子排球后备人才培养情况及对策研究[D]. 北京：首都体育学院，2018.

[164] 院柯. 漳州市排球传统特色中学排球资源跨界整合现状与对策[D]. 福建：闽南师范大学，2023.

[165] 岳立杰，戴枭翔. 滨海新区体教融合推动青少年体育全面发展[N]. 滨城时报，2024-01-27（003）. DOI：10. 28019/n. cnki. nbfjs. 2024. 000214

[166] 泽门. 四川省阿坝藏族羌族自治州校园排球推广与发展对策研

究[D]．成都：成都体育学院，2023．

［167］占嘉嵘．地域文化视角下大众排球运动的发展研究[D]．天津：天津体育学院，2022．

［168］张波，鲍婷，夏天，韩重阳，葛春林．经验，反思，启示：新中国70年中国女排发展历程口述史研究[J]．天津体育学院学报，2021，36(01)：117-124．

［169］张波，葛春林，王世伟．不同位置青少年排球运动员心智能力选材研究[J]．青少年体育，2022，（08）：56-58+51．

［170］张弘，马晓颖．青少年排球运动员体能训练方法优化研究[J]．冰雪体育创新研究，2022，（18）：149-152．

［171］张佳．新时代女排精神融入高校体育文化建设的研究[D]．武汉：武汉体育学院，2023．

［172］张家衡．"排球之城"背景下天津市排球传统特色学校建设现状研究[D]．天津：天津体育学院，2023．

［173］张菊．打造"排球之城"背景下天津市农村中学排球运动发展研究[J]．文体用品与科技，2021，（17）：141-143．

［174］张明，袁芳，梁志军．体教融合背景下高校排球课程思政理论与实践研究——女排精神融入排球普修课程的设计[J]．北京体育大学学报，2021，44（09）：156-165．

［175］张巧巧．全国老年气排球之乡[D]．贵阳：贵州师范大学，2022．

［176］张清，韩雯．积极推进"排球之城"建设[N]．天津日报，2023-01-14（003）．DOI：10.28789/n.cnki.ntjrb.2023.000219．

［177］张祥府，孙晋海，代刚．共同体视域下我国青少年竞技体育后备人才培养的历史演进、逻辑理路与展望[J]．成都体育学院学报，2022，48(02)：138-142．

［178］张欣．我国排球后备人才可持续发展研究[D]．上海：上海体育学院，2012．

［179］张欣．我国排球后备人才可持续发展影响因素及其未来趋势分析[J]．武汉体育学院学报，2013，47（12）：87-91．

［180］张欣. 制约天津市三大球后备人才培养的主要因素及对策［J］.
当代体育科技，2019(36)：235-236+238.

［181］张雪伟. 四川省竞技排球后备人才基地建设研究［D］. 成都：
成都体育学院，2021.

［182］张雅楠. 河南省青少年排球后备人才非智力因素与赛前情绪关
系研究［D］. 河南：河南大学，2022.

［183］赵吉峰，邵桂华. 新中国成立以来竞技体育赶超发展的演进历
程、现实问题与转型方向［J］. 天津体育学院学报，2021，36(02)：241-248.

［184］赵静. 现代排球运动技战术发展探析［J］. 文体用品与科技，
2021，（06）：53-54.

［185］赵亮，张欣. 天津女排后备人才培养模式与启示［J］. 山东体育
科技，2020，42（05）：28-34.

［186］赵亮，张欣. 新时代完善我国"三大球"后备人才培养模式的探
索——以天津女排为例［A］第十一届全国体育科学大会论文摘要汇编［C］.
中国体育科学学会，2019：3.

［187］赵敏敏，朱新妍. 区域性排球项目文化的发展与提升路径研究
［J］. 当代体育科技，2022，12（31）：179-182+187.

［188］赵鑫. 高中女子排球校队组建与训练的探索［J］. 青少年体育，
2021，（05）：61-62.

［189］郑华. 影响重庆市青少年排球运动发展的社会环境因素研究
［J］. 体育科技文献通报，2008，（05）：60-61.

［190］钟喜婷. 广东青少年排球发展困境与对策［J］. 体育文化导刊，
2017，（11）：88-92.

［191］周坤，王华倬，高鹏. 中国共产党建党百年来学校体育的发展
历程及经验研究［J］. 北京：首都体育学院学报，2021，33(03)：233-240+247.

［192］周星瀚. 高职院校排球运动的发展现状及创新路径研究［J］.
当代体育科技，2023，13（30）：58-61.

［193］朱瑞岗. 北京市排球后备人才培养体系研究［D］. 北京：首都
体育学院，2015.

［194］朱淑玲.　我国国家中心城市建设与体育城市建设之融合研究[J].山东体育学院学报，2017，27(06)：11-16.

［195］朱岩，李国红，梁万栋.我国排球后备人才培养影响因素及优化策略[J].北京体育大学学报，2020，43（11）：91-101.

［196］朱岩.我国排球后备人才培养政府购买公共服务研究[D].北京：北京体育大学，2018.